中国后妃传

刘浏　艾长青◎编

北方联合出版传媒（集团）股份有限公司
万卷出版公司
VOLUMES PUBLISHING COMPANY

ⓒ 刘浏 艾长青 2017

图书在版编目（CIP）数据

中国后妃传 / 刘浏, 艾长青编. —沈阳： 万卷出
版公司，2017.6（2022.11重印）

ISBN 978-7-5470-4502-2

Ⅰ. ①中… Ⅱ. ①刘… ②艾… Ⅲ. ①妃－列传－
中国－古代 Ⅳ. ①K828.5

中国版本图书馆CIP数据核字（2017）第083462号

出版发行：北方联合出版传媒（集团）股份有限公司
　　　　　万卷出版公司
　　　　　（地址：沈阳市和平区十一纬路29号 邮编：110003）
印 刷 者：辽宁新华印务有限公司
经 销 者：全国新华书店
幅面尺寸：170mm×240mm
字　　数：300千字
印　　张：19
出版时间：2017年6月第1版
印刷时间：2022年11月第2次印刷
责任编辑：朱婷婷
装帧设计：张　莹
责任校对：高　辉
ISBN 978-7-5470-4502-2
定　　价：39.80元
联系电话：024-23284090

第一卷　西汉后妃

第二卷　东汉后妃

第八卷　清朝后妃

第一卷

西汉后妃

第一章 西汉高帝刘邦皇后吕雉

　　吕雉作为汉高帝刘邦的皇后，一生堪称不凡。在群雄并起战乱不断的秦末，吕雉与刘邦同甘共苦，终使刘邦取得了天下。此后吕后又多次预闻朝政，平息叛乱。她计杀韩信、彭越等异姓诸王，为翦除分裂势力、巩固汉初政权起了重要作用。同时，她也有将戚夫人制为人彘的冷酷一面。

　　吕雉能够成为汉朝的开国皇后，与其父吕公的慧眼独具是分不开的。吕公因躲避仇人带着全家投奔自己的好友沛县县令。县令大摆宴席为他接风，沛县的头面人物都纷纷前往祝贺。萧何总管宴会事宜，对宾客宣布，凡是贺礼不满千钱的座位就排在堂下。当时刘邦仅仅是个亭长，囊空如洗，却又不愿屈居下座，就在拜帖上写"贺仪一万钱"，然后便大摇大摆地走进大堂。吕公善于看相，见刘邦相貌堂堂，举止气度颇为不凡，认为他是大贵之相，便不顾老伴儿的反对，将女儿吕雉嫁给了刘邦。

　　公元前209年，陈胜吴广起义，天下大乱，刘邦也随之起兵举义。吕氏宗族几乎全都跟随他转战南北，其中吕雉之兄吕泽和吕释之都是带兵的将领。公元前205年，刘邦被项羽打败，连父亲太公和吕雉都被项羽扣作人质，只带了儿子刘盈两姊弟与数十骑逃亡。正是吕泽带领一支汉军迎接了疲惫不堪的刘邦，又收拢了汉军的溃兵，才使刘邦暂时有了立足之地。直到公元前203年9月楚汉签订以鸿沟为界两分天下的停战协定以后，项羽才将太公和吕雉释放归汉。后来项羽败灭，刘邦正式称帝，遂立吕氏为皇后，立其子刘盈为太子，封女儿为鲁元公主。吕雉由此开始逐渐参与政事，为刘邦出谋划策。当时险恶的政治环境磨炼出了她干练的才能和果决无情的性格。她除掉韩信与彭越的事最为充分地说明了这一点。

韩信是刘邦手下最得力的大将，在楚汉战争中立功最大。刘邦对韩信的统兵能力和巨大功劳极为忌惮，因怀疑他谋反，将他从楚王降封为淮阴侯，并留在长安加以监视。韩信知道自己的前程已经到此为止，十分沮丧。他先是消极反抗，长期称病，后来因为心中怨愤，逐渐走上了谋反的道路。公元前197年，代相陈豨反叛，刘邦亲自前去讨逆。韩信则在长安与陈豨串通，打算趁刘邦不在京城发动政变，一举颠覆刘邦的政权并取而代之。韩信只待陈豨密报一到就会开始行动，却不料有人连夜向吕后告密。于是吕后同相国萧何合谋，让人装作报捷，诈称陈豨已兵败身死，令群臣皆上朝祝贺。韩信得知后十分惊惧，告病不去上朝。相国萧何特来见韩信，对他说："你虽然身体欠安，但也应该强打精神上朝祝贺，这是在表忠啊。"韩信听信萧何的话入宫朝贺，结果一进宫门就被擒下。吕后立即宣布他的罪状，将他斩首，同时夷灭他的宗族。吕后就这样靠着自己的果决消弭了一场大祸。

彭越则是刘邦的另一个得力大将，被封为梁王。刘邦征讨陈豨时曾请彭越协助进剿，而彭越却称病，只遣一将率兵赴邯郸敷衍刘邦。刘邦见状大怒，遣使去责难彭越，彭越仍然称病。恰巧这时梁国的太仆向刘邦告密说彭越密谋反叛，刘邦马上把彭越拘捕并押送到洛阳。刘邦本想处死彭越，但最后还是决定让彭越免死，贬为庶人并流放到蜀地。彭越在被流放的半路遇到吕后，向她哭诉自己的冤情，希望能够让他回老家安度晚年。吕后假装答应为他说情，把彭越带回洛阳，却对刘邦说："彭越才高望众，如让他去四川，鞭长莫及，万一复反，岂不是自遗祸患？不如现在就杀了。"刘邦听了后觉得有理，将彭越交吕后全权处理，吕后便为彭越罗织谋反的罪名，最后夷灭了彭越的宗族。

吕后不但在对待刘邦的敌人时果决而又无情，在后宫争宠的时候也是如此。她在后宫中最大的敌人是刘邦的宠妃戚夫人。戚夫人是刘邦起兵之初在山东所娶，这时吕后已年老色衰。戚夫人不但几乎独霸刘邦的宠爱，还威胁到了太子刘盈的合法地位。刘邦觉得戚夫人的儿子刘如意像自己，因此甚为宠爱，在如意十岁时封他为赵王，而生性仁和的太子刘盈却被刘邦评价为懦弱无用。刘邦有意要改立赵王如意为太子，他的这个意图虽然在朝中提出时遭到众臣一致反对，但仍然让吕后十分恐慌。她不得不听从周围人的建议，派吕释之去向张良讨问对策。

张良足智多谋，果然献出一计："有四位贤士为避秦乱隐居在商山，称为商山四皓。皇上曾经厚礼聘请他们，但他们认为皇上粗鲁不文，不肯出山做皇上的臣子。如果太子能谦恭厚礼，成功敦请这些皇上没能请到的人出山，必能彰显太子的人望，巩固太子的地位。"

吕后依计而行，竟然真的让太子请到了这四位贤士。后来刘邦又重提改立太子的意旨，恰逢朝中举行庆宴，太子带着四皓上朝拜贺。刘邦看见四皓非常尊重太子，十分惊奇地问："我以前请你们，你们却拒不出山。现在为何反而乐于追随我儿？"四皓回答说："皇上一向轻侮儒士，我们不愿受辱。而太子仁孝恭敬，礼贤下士，士子们自然都愿为太子所用。"庆宴结束后，刘邦无奈地对戚夫人说："我本想改立太子，但现在太子有这四位贤士辅佐，羽翼已成，怕是动不得了。"于是这一场废立太子的斗争，最后以吕氏胜利而告终。

刘邦在公元前195年驾崩，太子刘盈即帝位，是为惠帝，尊吕后为皇太后。惠帝年方17岁，仁弱无力，朝中大权全由垂帘听政的吕后掌握。刘邦的葬礼甫毕，吕后便开始利用自己皇太后的权力，向戚夫人及其子刘如意进行疯狂的报复。她先将戚夫人囚禁于永巷，剪去她的头发，让她戴上脚镣手铐，穿上罪衣裙，做苦工舂米。戚夫人时常一边舂米，一边悲歌："子为王，母为虏，终日舂薄暮，常与死为伍！相离三千里，当谁使告汝？"吕后知道后大怒，便起了斩草除根的念头。

当初刘邦不得不打消改立太子的念头时，就担心自己死后戚夫人母子性命难保，便选中了敢言力争的御史周昌担任赵国的相国，希望他能保全赵王的性命。当吕后派使者传令要赵王去长安时，周昌见来者不善不肯奉诏。吕后便先派人召周昌到长安问话，待周昌离开赵地再派出第二个召赵王的使者。如此一来赵王也不敢不动身赴长安了。仁厚的惠帝刘盈不想让自己的兄弟被害，便抢先赶到长安城外去迎赵王，将他接到自己宫中，起居饮食都在一起，使吕后一时难以下手。不料吕后某日趁惠帝晨起出外习射的空当，遣人携毒酒强行将独自在宫中的赵王毒死。吕后杀死了赵王还不解恨，又想出一个灭绝人性的酷刑来。她派人先砍断戚夫人的四肢，再将她的眼珠挖去，又用药物使其聋哑，然后放在厕所中，称之为"人彘"。几日后她还得意地召来对戚夫人持同情态度的惠帝，让他前往观赏。惠帝见状差点儿吓晕过去，觉得自己的母亲实在太残忍了。他让人告诉吕后："这不是人做得出来的事，我为太后之子，太后所为如此，我将何以治天下？"

在吕后专权的淫威下，惠帝日益消沉，在后宫纵情享乐，不问政事。然而惠帝本就体弱多病，又这般放纵，眼见不能长寿，偏偏皇后还一直未生孩子。这可难坏了吕后，如若惠帝死后让刘邦的其他儿子来继承皇位，她便没有理由继续把持朝政。于是她将惠帝一个姬妾所生的儿子交给皇后抚养，还杀掉了孩子生母。公元前188年，年仅二十三岁的惠帝病逝，吕后就立张皇后的养子为帝，称之为少帝，吕后以太皇太后之尊临朝听政。

惠帝死后，吕后掌握朝政的名分被大大削弱了。为了巩固自己的权威，吕后不得不大力提拔自家亲族。她知道守卫京师的军队十分关键，就让吕台、吕产、吕禄当了这支军队的统帅，同时又把吕氏家族成员一一安排到重要岗位上，还大封诸吕为王。除此之外，吕后又将诸吕之女嫁给刘姓的王侯，以使吕氏家族永远兴旺下去。

不想惠帝的儿子少帝也不能长久，他意外知道自己并非皇后亲子，不知利害地说出了"太后杀我母，我以后一定要报仇"的话。吕后知道后立即把他囚于永巷，对外宣布小皇帝生病，后又将少帝鸩杀，立惠帝另一庶子常山王刘弘为帝。

公元前180年，年近七旬的吕后预感到自己将不久于人世，也清楚自己死后势必会有一场你死我活的斗争，因此她让吕氏宗亲控制了首都和宫廷的卫戍部队，任命吕产为相国，以吕禄的女儿为皇后，为巩固吕氏的权力做了最后的努力。不久之后，吕后病逝。刘氏诸侯王立即声讨诸吕之罪，共同发兵讨伐吕氏集团。刘氏集团在周勃、陈平等人的组织带领下，通过一场宫廷政变，几天时间便将吕氏集团一扫而光，然后迎刘邦另一个儿子代王刘恒为帝，是为汉文帝。

吕后在先后把持朝政的十六年间，推行稳定社会秩序、发展农业生产、与民休戚相关的政策，使社会经济有了一定程度的发展。

吕后死后葬于高祖长陵。

第二章　西汉惠帝刘盈皇后张嫣

　　汉惠帝的皇后张氏，她的名与字皆是魏晋文学家皇甫谧所杜撰：名嫣，字淑君，而其真名已不可考。她的生母是汉高帝刘邦与吕后之女鲁元公主，生父则是曾被封为赵王后又被贬为宣平侯的张敖。若按血缘关系和辈分来论，张皇后其实是汉惠帝的外甥女。

　　这两人堪称乱伦的婚姻悲剧完全是由皇太后吕雉为了巩固自己和吕氏一族的权势，一手包办造成的。惠帝对于吕后残忍狠毒的作为十分不满，因此对张皇后也颇为冷淡。而且张皇后本就年龄过小，尚无生育能力，自然就无法怀孕。张皇后对惠帝的冷淡极为不安，急需诞下皇子以巩固自身地位。吕太后尝试了各种方法让张皇后怀孕，均告失败，最后只得教张皇后用衣物及枕头把肚子支撑起来，佯装怀孕，然后放出风来说皇后有喜。待假孕足月之时，再将生子不久的一个妃子杀掉，把婴儿抱给张皇后，并诏告天下皇后喜得皇子。不久后，汉惠帝便在吕太后的操控下立这个婴儿为皇太子。

　　公元前188年，年仅二十三岁的汉惠帝病死。皇太子继位，史称"少帝"。张皇后成了皇太后。吕太后的位号也升了一格，成为太皇太后，继续执掌朝政，政局一直比较平安。不料四年之后宫廷内部出了乱子。已有七八岁的少帝不知怎么知道了自己的身世，对杀害他生母的太皇太后和冒称他生母的张太后极其愤恨，说等自己长大了，就要清算这件事。有人将少帝的话密报太皇太后。吕雉大惊失色，便命令把少帝幽禁在永巷并鸩杀，另立惠帝子常山王刘弘为帝。

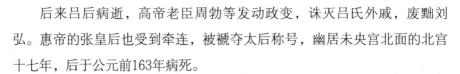

后来吕后病逝，高帝老臣周勃等发动政变，诛灭吕氏外戚，废黜刘弘。惠帝的张皇后也受到牵连，被褫夺太后称号，幽居未央宫北面的北宫十七年，后于公元前163年病死。

张皇后葬于惠帝安陵。

第三章　西汉文帝刘恒皇后窦氏

汉高帝刘邦病死后，吕太后下令把皇宫中皇帝未曾御幸过的宫女分赐给诸侯王，每王赐给五人。窦氏就这样被赐给了代王，后来做了代王刘恒的嫔妃。

窦氏貌美伶俐，很得刘恒喜爱，几年后便诞下女儿刘嫖。公元前188年，她又生下了一个男婴，取名刘启。同年，长安传来汉惠帝病死的噩耗。即位的少帝不久后也被吕后幽杀。常山王刘弘被立为新皇帝。大约在这场变故前后，窦氏又生了一个儿子，取名刘武。

吕太后死后，大臣周勃等人发动宫廷政变，废黜刘弘，迎立代王刘恒为帝，是为汉文帝。刘恒在称帝之前王后便已经病逝，而王后所生的四个儿子也相继在刘恒登基后不久病亡。文帝即位数月，群臣上书奏请立皇太子。当时文帝诸子中数刘启年龄大，文帝便立他为太子。窦氏也母以子贵成了皇后，入主后宫。窦皇后的小儿子刘武被封为代王，两年后又被改封为淮阳王。她的女儿刘嫖被封为"馆陶长公主"。

几年后，窦氏在一场大病中失明。年长色衰的她逐渐失宠，无可奈何。使她欣慰的是，最喜爱的小儿子刘武在公元前168年被改封为梁王。又过了十一年，汉文帝病逝，皇太子刘启即位，是为景帝。窦皇后成了皇太后。

景帝即位的第四年，梁王刘武入朝。景帝款待他的皇弟时，对窦太后酒后戏言称将来会把帝位传给皇弟。太后十分高兴，谁知她的侄子詹事窦婴出言反对，称父子相传是汉家的制度，皇上传位给梁王与制度不合。恼怒的窦太后不久就下令把窦婴从皇戚的名簿上除名。后来，吴王刘濞等叛乱，景帝强令征召窦婴为大将军，与太尉周亚夫督兵东进，一举平定了七国的叛乱，窦婴才又当了官。

窦太后想让景帝立刘武为接班人，而景帝并不真的愿意传位给弟弟，但又不敢明确违背母后的意愿。公卿大臣倒是以古制、祖训为由，坚决反对兄终弟及。景帝便借着这个由头立了儿子刘荣为皇太子。但不到一年，景帝便瞧着刘荣不顺眼，又把太子废掉了。窦太后见状，又旧事重提要景帝立刘武为嗣。

有个叫爰盎的大臣听闻此事，便上书景帝，说立梁王为嗣不妥。景帝乘机立刘彻为太子。梁王刘武听说此事，便派刺客刺杀了爰盎。景帝龙颜大怒，追查凶手，最终发现是刘武动的手。虽说在窦太后的干预下，梁王最终无罪开释，但从此以后，景帝对梁王刘武便再无兄弟情分了。公元前144年，梁王刘武病死。窦太后闻讯后整日涕泣，不吃不喝，骂道："皇上果然杀了吾儿！"景帝只好找姐姐馆陶长公主商议对策，终将梁国一分为五，刘武的五个儿子都封为王，五个女儿也都赐给汤沐邑，窦太后方转悲为喜。

三年之后，景帝病死，太子刘彻即位，是为武帝，尊窦太后为太皇太后。武帝的舅舅田蚡颇受信任，田蚡便推荐窦婴出任丞相。武帝以窦婴为相，拜田蚡为太尉。窦婴、田蚡都崇尚儒术，他们荐举以传《诗》闻名的儒学大师申公的学生赵绾、王臧为御史大夫、郎中令，还打算在长安建一座太学，以弘扬儒学。

汉文帝在位时沿用惠帝以来的黄老思想治国理民。太皇太后窦氏也十分热衷这一思想，听说此事，一向崇奉黄老思想的她怒不可遏，把武帝责备了一通，罢免窦婴、田蚡的官职，迫令赵绾、王臧自杀。其实到了此时，黄老无为而治的思想已经不适应统治的需要了，改弦更张，用儒家思想来治国理民已经成了必然的历史趋势。太皇太后窦氏在这件事上扮演的是个逆历史潮流而动的角色。

公元前135年，太皇太后窦氏病死，与文帝合葬霸陵。

第四章 西汉景帝刘启皇后薄氏、王氏

　　王娡的母亲是项羽灭秦后所封燕王的孙女，名叫臧儿。后来项羽败灭，臧儿就变成了平民。臧儿早年间曾求神问卜，得知她的女儿皆当富贵，十分高兴。可是其长女王娡早已嫁给平民金王孙，并生有一女。臧儿要女儿离婚，金家当然不同意。臧儿索性偷偷把王娡姐妹送进了皇宫，金家自然不敢到皇宫去要人。

　　王氏姐妹进了皇宫，被派去侍奉皇太子刘启。刘启对长女王娡很是钟情，封她为王夫人。王夫人为刘启生了两个女儿。与此同时，汉文帝的遗孀薄氏为巩固自家外戚势力，将侄孙女小薄氏配给刘启为妃。小薄氏在众妃中地位最高，却不被刘启所喜。

　　公元前157年，汉文帝病逝，太子刘启即位，是为景帝。景帝极不情愿地封薄妃为皇后。薄氏虽贵为皇后，但仍不被景帝所宠，常独守空房，只能独自悲伤落泪。她虽做皇后六年，终无生育。而王夫人在景帝即位之年喜得贵子，取名刘彘。

　　景帝登基六年后，群臣上书请立太子。皇后薄氏无子。景帝的两个儿子中，宠妃栗姬所生的刘荣年长，便立刘荣为皇太子。同时封王夫人生的刘彘为胶东王。

　　母以子贵，栗姬身价倍增，得意至极。景帝的姐姐馆陶长公主想把自己的女儿许给皇太子刘荣为妃，谁知栗姬竟一口回绝。馆陶长公主在栗姬那里碰壁，心中十分不快，转而与王夫人联姻，把女儿嫁给胶东王刘彘，王夫人欣然应允。

公元前155年，薄后的靠山薄太后病死。景帝马上废去薄后之位。薄后被废四年后，于公元前151年忧郁而亡。后被安葬在长安东郊。

薄皇后被废黜，栗姬高兴万分，以为皇后非自己莫属。然而馆陶长公主是绝对不会让凤冠落在栗姬头上的，她一有机会便在弟弟景帝面前诋毁栗姬。但景帝仍意欲立栗姬为皇后。他曾对栗姬说："我死后，你要好好照顾诸妃所生的皇子皇女。"

景帝没想到栗姬如此地短视和心胸狭窄，竟然不肯答应，对她大失所望。同时为了阻止栗妃当上皇后，王夫人又暗中唆使负责礼仪的大行官员上书景帝，称母以子贵，应使皇太子母正位为皇后。景帝对栗妃的气还没消，听完大行官员的奏疏，龙颜大怒："这事岂是汝辈所当言！"盛怒之下，景帝将皇太子刘荣废黜为临江王，后立王夫人为皇后，刘彘为皇太子，并改名叫刘彻。

公元前138年，景帝病逝，太子刘彻即位，是为武帝，立陈妃为皇后。尊王皇后为皇太后，迁居长乐宫。皇太后王娡在长乐宫度过了她的晚年。

公元前126年，皇太后寿终正寝，与景帝合葬阳陵。

第五章 西汉武帝刘彻皇后陈阿娇、卫子夫

陈阿娇是馆陶长公主刘嫖之女。刘嫖本欲将她许配给当时的皇太子刘荣，却被太子生母栗姬所拒。刘嫖便转而将陈阿娇许配给了王夫人的儿子刘彻。刘彻尚幼时便已经知晓此事，曾说："我若娶了阿娇姐，就建一座金屋让她住。""金屋藏娇"这个典故便来源于此。

刘彻多赖刘嫖这位姑妈兼岳母之力，才幸得立为太子。后景帝去世，太子刘彻即位为武帝，遂册立陈阿娇为皇后。刘彻和陈阿娇本是青梅竹马，感情确实不错。然而陈阿娇比刘彻大出好几岁，婚后多年无子而又擅宠娇贵，嫉妒他人，刘彻对她的感情渐渐冷却，关系开始变得疏远。

一次，武帝去姐姐平阳公主家。平阳公主见武帝多年而未有一子，便为武帝进献了一名歌伎，这个美貌女子名叫卫子夫，后宫佳丽在她面前皆失颜色，武帝大为倾倒，便把卫子夫带回皇宫。然而后宫佳丽成群，武帝转眼便把她忘记了，以至于她一年多都未能再见上武帝一面。适逢武帝遣散多余的宫女，心灰意冷的卫子夫便请武帝把她遣散出宫。武帝这才想起了卫子夫，觉得对不住她，便把她留在身边侍奉。卫子夫从此得宠，她的兄弟卫长君、卫青也被授予侍中官职，成为武帝的近臣。

与此同时，备受冷落的陈皇后不敢对武帝撒泼，便迁怒于武帝的新宠卫子夫，几次想置她于死地，但都没有得手。陈皇后虽然是暗中下手，但还是被卫子夫和嫔妃们觉察到了。她们奏告武帝后，武帝龙颜大怒，但又念着馆陶长公主对自己的恩德，最后只得把怒火压下去，没有处置陈皇后。

陈阿娇暗害卫子夫没有成功，反而使武帝对她更加厌弃。她决定铤而走险，转而寻求用"巫蛊"来达到目的，让手下的宫女楚服等用"巫蛊"诅咒卫子夫和那些得宠的嫔妃。连咒数日，不但毫无效果，她的诅咒行为反而被人发现了。武帝闻知此事后，更加忍无可忍，严查巫蛊之事。楚服等宫女被以"大逆不道"的罪名斩首示众，牵扯此案而被杀的，多达三百余人。陈皇后被废，退居长门宫。

陈阿娇于公元前110年病亡，时年约三十八岁，后埋在她祖父汉文帝的霸陵附近。

汉武帝的新宠卫子夫为他生下了四个孩子，前三个都是女儿，最后一个则是儿子。汉武帝二十九岁才得了这个儿子，甚是喜爱，取名刘据。母以子贵，卫子夫生下刘据不久，便被立为皇后。刘据七岁那年，武帝下诏立他为太子。

汉武帝雄才大略，好大喜功，而皇太子却秉性仁慈、温厚恭谨。随着皇太子渐渐长大，武帝对太子越瞧越不顺眼，嫌他的继承人缺少气魄。武帝的其他皇子又接连降生，其中赵婕好所生的刘弗陵长得又高又壮，聪睿多智。武帝常对人说："此儿像我。"有心让他继承帝位。皇太子刘据失宠，卫皇后也人老珠黄被冷落在了深宫。

征和二年的一天，皇太子派一个使臣去甘泉宫向武帝请示一件事。因不谙宫中礼仪，使臣无意中有僭越之举。这事不巧被绣衣使者江充瞧见了，他立即下令逮捕那个使臣投入监狱。皇太子听说后，马上派人去找江充求情。江充不但不买账，还上奏武帝。武帝龙颜大悦，赞道："为臣者，就应当这样！"

这个江充看似刚直不阿，其实是个卑鄙小人，他的作为只是为了讨好武帝。然而当时汉武帝已是六十八岁，衰老多病。江充害怕武帝死后，太子即位报复，就想先下手除掉太子。于是他便上书说武帝染疾，是被巫蛊作祟。有被废的陈皇后巫蛊诅咒之事在先，武帝对于巫蛊之事十分敏感，听江充一说，便敕令江充到他的后宫中查处，命韩说、章赣等协助江充。于是江充派人到太子宫中东刨西掘。他们拿着事先准备好的木偶，硬说那是从太子宫中挖出来的。

此事一出，太子急忙找他的师傅石德商议对策。石德说："江充奸贼扬言木偶是在太子宫中挖出来的，您有口难辩，不如矫诏逮捕江充，查究他的阴谋。您难道忘了赵高诈杀公子扶苏而立胡亥之事吗？"

太子已经无路可退，只能铤而走险。他下令打开武库，取出武器，征发皇后的卫士，告令百官江充造反，由皇太子指挥缉捕江充、韩说、章赣等一帮奸佞。韩说被杀，章赣逃往甘泉宫给武帝报信去了。江充则被怒不可遏的太子下令处死。然而太子图一时痛快杀了江充，查证江充诬告一事却因无人证而落空。太子不但冤案难以澄清，还落了个杀人灭口的罪名。万般无奈的太子只好举兵起事，以图来日。

正在甘泉宫养病的武帝听说太子起兵，顿时龙颜大怒，抱病移镇长安城西的建章宫，征发长安一带的军队，由刘丞相统率，镇压叛乱。双方血战五日，最终太子寡不敌众，兵败逃跑，二十天之后绝望自杀。

太子刘据逃走、京中乱事平息之后，皇后卫子夫在汉武帝的逼迫下自杀。就这样，曾被武帝百般宠爱的卫皇后含冤而死。她死后没有仪式、没有陪葬，被装进又薄又小的棺材里，埋在了长安南郊。直到汉宣帝刘询即位，因为宣帝是太子刘据遗世的唯一血脉，这才改葬卫后，追谥为"思后"。

第六章 西汉昭帝刘弗陵皇后上官氏

公元前87年，武帝驾崩，皇太子即位，是为昭帝。昭帝即位时年仅八岁，需人养护辅佐。三年之后，随着四大辅政之臣之一的金日磾病死，大司马大将军霍光、御史大夫桑弘羊、左将军上官桀成了三巨头。霍、上官两家结亲，霍光的女儿嫁给上官桀的儿子上官安为妻。由于这层关系，在三巨头中，上官桀的权势仅次于霍光。然而上官父子仍不满足，千方百计地往上爬。昭帝的养护人鄂邑长公主是个寡妇，不甘寂寞，与儿子王受的门客丁外人私通。霍光等人为了讨好公主，竟以昭帝的名义下诏，让丁外人专职侍奉鄂邑长公主。上官父子竭力巴结丁外人，以讨好鄂邑长公主。

事实证明，上官父子的心血没有白费。上官安有个年方六岁的女儿，他一心打算让女儿入主后宫，不料鄂邑长公主看中了一个姓周的女孩，打算把她许配给昭帝。上官父子见公主打算选周家女入宫，顿时急了。上官安先风风火火地去找岳父霍光，请他出面，让他的女儿、霍光的外孙女入主后宫。霍光觉得这事情为时尚早，没有答应。上官安便又跑去找丁外人，说动了他帮忙劝说。长公主对情夫言听计从，遂改初衷，答应立上官女为皇后。于是年仅六岁的上官女被迎入皇宫，封为婕妤，一个月后又被封为皇后。她是汉代年龄最小的一个皇后。

上官安欠了丁外人一个大人情，便天天去找霍光为丁外人求封。霍光觉得这事情太荒唐，不答应。上官安说："封侯不行，给他个光禄大夫总可以吧。"霍光还是不答应。上官父子和鄂邑长公主见霍光油盐不进，都颇为怨恨。上官桀等人便暗中收集霍光的材料，交给与霍光有怨的藩王——燕王刘旦。刘旦遣人上疏，弹劾霍光专权自恣、图谋不轨。不料昭帝看破此计，把燕王的奏疏留下，不肯下发。

上官桀一伙不甘心失败，企图铤而走险发动政变，伏兵格杀霍光，除掉燕王刘旦，废除昭帝，拥立上官桀为帝。不料他们的阴谋泄露，霍光果敢地捕杀了上官父子、丁外人，燕王刘旦、鄂邑长公主自杀身亡。上官皇后年幼，没有参与父祖的阴谋活动，加上她是霍光的外孙女，故不但保全了性命，且皇后的凤冠也没被摘掉。这在历史上是不多见的。

霍光想让外孙女生个皇储，为此使用了种种手段，上官皇后专房擅宠，却没如愿以偿生个皇子皇女。上官皇后十六岁那年，昭帝驾崩。昭帝无嗣，霍光等迎立武帝之孙昌邑王刘贺为帝。上官皇后被尊为皇太后，移居长乐宫。后来刘贺荒淫无道，霍光等人来到长乐宫，奏告刘贺无道，不可为帝。上官太后批准他们的请求，并乘车来到未央宫主持废黜刘贺的宫廷大会。废黜刘贺后，霍光等欲迎立武帝曾孙刘询为帝。上官太后诏准。于是刘询登上了帝位，是为宣帝。年方十六岁的上官太后的身份又高升了一级，成了太皇太后。自此以后，上官太皇太后不问政事，在长乐宫中颐养天年。

公元前37年，上官太皇太后寿终正寝于长乐宫，与昭帝合葬于平陵。

第七章 西汉宣帝刘询皇后许平君、霍成君

刘询为汉武帝时太子刘据之孙，因受巫蛊案牵连，襁褓中的他也被关进了监狱。昭帝即位后赦免了刘询，把他送进宫女居住的掖庭养育。掖庭令张贺曾在刘据门下做过事，对刘据的孙儿很是照顾，自己掏钱供他读书。许广汉受张贺管辖，与刘询同居掖庭，结识了刘询。

刘询到了娶妻生子的年龄，张贺便给他张罗婚事。许广汉有个年龄相配的女儿，名叫平君。她本已许配一个姓欧侯的宦官子弟，谁知未及嫁娶，欧侯便暴病而亡。张贺替刘询向广汉提亲。许广汉见顶头上司来提亲，对刘询又颇有好感，便不顾妻子的反对，将许平君嫁给了刘询。

一年后，他们喜得贵子，取名刘奭。刘奭出生不久，宫中传出噩耗：昭帝驾崩。昭帝无子嗣，权臣霍光等人迎立武帝孙、昌邑王刘贺为帝。刘贺登上帝位后马上便荒淫起来。霍光等人后悔不已，奏请昭帝皇后上官氏，废黜刘贺。在拥立新帝的人选方面，他们觉得武帝曾孙刘询操行节俭、慈仁爱人，便奏请上官皇后以刘询为继承人，诏准。于是刘询即皇帝位，是为宣帝。许平君也被封为婕妤。

宣帝即位后，群臣上书请立皇后。霍光自昭帝以来便受遗诏辅政，权倾朝野，宣帝是他主谋迎立的。霍光的小女儿又是上官太后之姨，故群臣提议迎立霍光小女儿为皇后。但是宣帝仍然没有忘记贫贱时的患难妻子许平君。他解下宝剑，对侍者说："朕寒微时所佩的剑在哪里？给朕拿来。"群臣马上明白皇上属意许平君。于是他们交口称誉许婕妤，请立为皇后。宣帝诏准。于是，许平君被封为皇后，从此入主后宫。

宣帝不忘旧情，却不承想为爱妻招来了灾祸。霍光的夫人一心想让女儿入主后宫，不肯就此罢休，便在第二年借许皇后妊娠患病之机，让与她私交很好的女御医淳于衍在诊疗时毒死了许皇后。不久，有人上书说皇后死因不明，御医侍疾有奸。宣帝大怒，诏令逮捕御医。

霍夫人担心淳于衍招供，只好把事情前后如实告知霍光。霍光大惊失色，但也只能入宫奏请宣帝。宣帝刚即位不久，还不敢得罪这位权倾朝野的勋臣，只得释放淳于衍，不予追究。

霍夫人终于如愿以偿，把小女儿送进宫中做了皇后。然而她的肆意妄为不择手段终究为家族埋下了祸根。汉宣帝依然怀念着许皇后，对霍氏恨之入骨，但他不敢得罪掌握大权又对自己有拥立之功的霍光，所以宣帝只好装出一副宠爱她的样子，晚间总是召她侍宿。霍皇后十分得意，生活奢侈，行为也相当招摇嚣张。

然而霍家的好日子没过上多久。三年之后，霍光病死，宣帝隆重安葬了霍光，然后亲理朝政。他首先剥夺霍氏集团的领兵权，然后把部分霍氏集团的成员流放边郡，分散、削弱霍氏集团的势力。宣帝还扶持祖母史良娣和皇后许氏两家的子孙，形成一个可以与霍氏相抗衡的核心集团，并且立许皇后之子刘奭为皇太子。

霍夫人闻讯，又指使女儿霍皇后毒杀太子。然而霍皇后几次召太子赐食，太子的老师都先尝试，霍皇后无法得手。霍氏众人见宣帝有复仇的打算，只能铤而走险密谋发动政变废掉宣帝，拥立霍禹为帝。然而他们的叛乱很快被严阵以待的宣帝瓦解，霍氏集团宣告覆灭。霍皇后被废，居于上林苑中的昭台宫，十二年后，宣帝又命她徙居云林馆。霍氏深感绝望，最后抑郁自杀而死。

第八章　西汉元帝刘奭皇后王政君

　　公元前53年，即宣帝甘露元年，王政君应选进宫。适逢皇太子刘奭的爱妃司马良娣病死，司马良娣在临死前曾对皇太子说："妾死不是天命，而是那些嫔妃咒的。"太子宠爱司马良娣，每每想起司马良娣说过的话，就心痛不已，发誓不再接近嫔妃。

　　汉宣帝知道这件事后，怕儿子断了后嗣，便命皇后另选一名宫女送去东宫侍奉太子。皇后皇太子前来朝见时叫出挑好了的五个宫女，让身边的一个女官长御问皇太子喜欢哪个。皇太子无意于这五个宫女，碍于母后，便随口说道："这个就行。"当时距太子最近的就是王政君，长御以为太子指的是王政君，马上回奏皇后。皇后看王政君长相还说得过去，更何况皇太子点头，于是忙命人把王政君送去东宫。相貌平平的王政君就这样在一个偶然的机遇下成为了太子妃。

　　太子实际上并不喜欢王政君，谁知政君侍宿一夜而怀孕生子。此后太子再也没临幸她。宣帝听说嫡孙诞生非常高兴，亲自给他起名为骜，字太孙，而且时常抱刘骜，逗他玩。

　　公元前49年，宣帝驾崩。皇太子刘奭即位，是为汉元帝。刘骜是他的长子，元帝遂立刘骜为皇太子。按理说母以子贵，刘骜被立为皇太子，他的母亲王政君也应该被立为皇后才是。但元帝犹豫不决，因为他并不宠爱王政君，更想把皇后封给他宠爱的傅妃。元帝整整踌躇了三天，最后还是不愿引来非议，无可奈何地立王妃为皇后。

　　王皇后徒有皇后尊号，却一直被冷落在一边，而且皇太子刘骜也越来越让元帝不满。刘骜曾好读经书，恭谨有礼，一度让元帝很高兴。但好景不长，刘骜对经书渐渐厌烦了，整日游手好闲，宴饮嬉戏。元帝认为刘骜没有才能，德行又不佳，多次训斥，但太子屡教不改，于是元帝打算废黜刘骜，另立爱妃之子刘康。公元前33年元帝病重的时候，傅昭仪、刘康在侧侍奉，皇后、太子则被拒之门外。

在一次元帝与其近臣的交谈中，他无意中透露了自己想要另立太子的意图。元帝的宠臣侍中史丹闯进元帝寝宫，顿首涕泣向他进谏："皇太子名闻天下，臣民归心。今臣听陛下有废立之意。若是这样，请陛下先赐死我吧！"元帝见状，长叹一声，说："没有这回事。先帝疼爱太子，寡人岂敢违先帝之意！"刘骜和王政君总算是分别保住了皇太子和皇后的地位。

竟宁元年（前33）五月，元帝驾崩，刘骜即位，是为成帝。王政君成了皇太后，移居长乐宫。成帝不欲理政，整日斗鸡走狗，朝政大权实际上掌握在皇太后王政君和她哥哥王凤的手中，天子也得看他们的眼色行事，所以王氏外戚都趾高气扬、骄奢淫逸。然而王太后那年仅十三岁的侄子王莽却与众不同，他被服简陋，举止恭谨，与母亲相依为命，过着贫苦的生活。与自家那些纨绔相比，洁身自好、恭俭有礼的王莽自然更得太后和王凤的喜欢，逐渐被委以重任。

公元前7年，成帝驾崩，定陶王刘康的儿子刘欣即皇帝位，是为哀帝。公元元年，哀帝又驾崩。哀帝无子，太皇太后在哀帝驾崩的当天迫使哀帝把军政大权交给王莽。王莽登上了大司马的宝座。他和太皇太后迎立中山王刘兴年仅九岁的儿子刘衎为帝，是为平帝。平帝年幼有病，不能临政。于是，太皇太后临朝称制，代行皇帝的权力。她在政事上倚重王莽，王莽渐渐大权在握，又诱骗王政君交出了政权，开始乾纲独断。

后来王莽觉察逐渐长大的平帝对他专权十分不满，便杀了平帝，拥立了年仅两岁的刘婴为"孺子"，自己做起"摄皇帝"来。太皇太后没想到自己一手栽培的侄儿竟欲篡夺她儿孙的天下，悔之晚矣。此时朝中大权完全落入王莽手中，自己已经没有力量去阻止王莽代汉自立了。

居摄三年（8）十二月，王莽将小皇帝刘婴废黜，在爪牙的欢呼声中称帝，建立新朝。翌年正月初一，新朝皇帝王莽接受百官朝贺。奉太皇太后上"新室文母太皇太后"的玺绶，去掉汉朝的称号。而昔日的太皇太后如今却只能在那里独自愤慨不已。

王莽代汉的第五年（13），太皇太后王氏忧愤而死，享年八十四岁。她历经汉室七朝，最后却是她亲手培植的侄儿王莽改换了汉室江山，至死她都悔恨不已。太皇太后的遗体被运往渭陵，与元帝合葬。

第九章　西汉成帝刘骜皇后许氏、赵飞燕

汉成帝的第一位皇后许氏乃是来自于宣帝被霍氏害死的许皇后许平君的家族。许氏是一位非常秀美的佳人，而且她聪明伶俐，知书能文，写得一手好字，被元帝所选中并送往东宫后，太子刘骜对她一见钟情，颇为宠爱。过了几年，许妃喜得贵子，朝野上下大加庆贺。皇上、太子都非常高兴，太子更是不离许妃左右。谁知这个孩子有一天突然失踪，此事追查无果，后来竟不了了之。母以子贵，丢失儿子对许妃来说是致命的一击。

刘骜即位后，许妃随之成为皇后，一面倾尽全力侍奉成帝，一面处理后宫事务，算得上一个律己修行的皇后。然而成帝为了平衡母家王氏外戚和妻家许氏外戚的权益，在后父与帝舅之间，成帝选择了王凤。他以家重身尊不宜以吏职自累为名，免了许嘉的职务。国家的大权落到王凤手里。

失去了家族的帮衬，许皇后的命运开始急转直下。她先是遭到皇太后和权臣王凤的诽谤，说她的所作所为僭礼越制了。许后无故受责，遂上书成帝为己分辩。成帝虽宠爱许后，但迫于朝臣的压力，便下了一道谕旨答复皇后，要她克己修行，毋违古制，以息众议。到最后皇后的身上还是出现了污点。更加要命的是，成帝新宠赵飞燕与赵合德这对姐妹的出现，严重动摇了成帝对她的喜爱与呵护。

赵飞燕本是官奴出身。社会最底层的官奴生活，使她养成了工于心计、争强斗狠的禀性。她在长安宫里做了几年婢女，后又几经周折，被打发到了阳阿公主府。阳阿公主见她容貌美丽，体态轻盈，人也很伶俐，心里十分喜爱，就让人教她演歌习舞，充作府中的舞伎。公主见她舞技绝

伦，且出落得倾国美色，当下替她取名曰：飞燕。

一日成帝微服来到了阳阿公主的府第。公主便在府中安排了盛宴为成帝接驾洗尘。为了助兴，公主又命府中舞伎宴前献技。成帝对献舞的赵飞燕一见倾心，席罢便要带她一同回宫。君命不可违，公主做个顺水人情，将她献给了成帝。

飞燕入宫，三千佳丽顿失颜色。自此，成帝终日与飞燕如胶似漆。然而虽蒙成帝的格外恩宠，赵飞燕却明白自己出身微贱，在后宫中又势单力孤，便决计要将同样美貌的妹妹赵合德引为己援。在飞燕不遗余力的"枕边风"之下，成帝很快下了一道旨意将赵合德召进了宫里。赵合德入得宫来，只见她与乃姊一起，宛如天仙一般，果然不同凡响。成帝喜不自胜，当即下旨册封飞燕姊妹为婕妤，仅次于皇后。一时间，赵氏二女同时受宠于后宫，可谓志得意满，然而随着地位的提高，她们的野心也越来越大。尤其是赵飞燕，对皇后的宝座觊觎已久，把许皇后视为眼中钉、肉中刺，处心积虑地要搞垮她。

王凤担任大司马大将军，把握了帝国的大权，自然也就负起了治国安民之责。当时国势如江河日下，颓唐不振，王凤自然难辞其咎，颇受指责。然而王凤及其门徒却极力推卸责任，说天灾人祸的根由不在王凤身上，而是在后宫，言下之意是把责任推给了毫不相干的许后。而且许后人老珠黄，好色的成帝也对她逐渐疏远冷落。许后既得罪于外廷，又失宠于皇上，皇后的尊位可谓朝不保夕了。

赵飞燕看准了这一有利时机，她发难告发许皇后之姊许谒，说她诅咒已怀孕的王美人以及王凤，罪连班婕妤。当时成帝膝下无子，皇统无继，飞燕的告发触动了他的敏感神经。王氏外戚也从中推波助澜。盛怒之下，成帝下令将许谒问成死罪，许皇后则被废入冷宫；班婕妤也蒙受了极大的屈辱，避往长信宫。这样，飞燕利用外戚间的矛盾，巧施计谋，终于扫清了通往皇后宝座的两大障碍。

赵飞燕一心要做皇后，成帝也有此打算。没想到一些大臣竭力阻挠立赵飞燕为后之事。直到谏议大夫刘辅因上疏成帝反对立后而被下狱问罪，群臣才再无敢反对者。不过比起群臣来，更大的阻力来自于王太后。王太后十分看重门第，也反对立飞燕为后。成帝百般求情毫无效果，进退维谷，左右为难。最后还是佞臣——太后的外甥淳于长为了讨好成帝不断去太后那里游说，花了一年的时间，才凭着三寸不烂之舌说动太后同意。

永始元年（前16）六月，赵飞燕被册封为皇后，赵合德也晋封为昭仪。此后赵氏姐妹专宠后宫，成为后宫的真正主人。然而姊妹俩虽然长期侍奉成帝，却始终未能生下一男半女；与此相反，成帝偶尔临幸的其他妃嫔宫女，不少人都怀孕、生子。这一直是飞燕姊妹的最大心病。为了保住自己的地位，她们决定铤而走险，合力铲除潜在的对手。

元延元年（前12）十月，后宫中一位叫曹宫的宫女分娩生下了一个男婴。赵合德知道后，立即指使打手田客去除掉曹宫母子。田客用丸药毒杀了曹宫，服侍过曹宫的六个宫女也被迫自尽。最后曹宫所生的男婴也被找到，一个弱小的生命就这样早早结束。此事后被成帝得知，他虽然气恼，但慑于赵家姐妹的骄悍，也只好不了了之。

就在第二年，成帝宠幸过的许美人为其生下一男孩。赵合德知道后，对成帝软磨硬泡，此后不久，成帝向许美人要来那个男婴，送给赵合德。这个男婴便在赵合德的指使下被偷偷地埋掉了。

赵合德连毙曹宫、许美人所生两婴，致使成帝从此绝嗣。最后只能在皇族中另择皇储。赵飞燕又竭力将定陶王刘欣推上太子之位，以为将来的依靠。

在驾崩的前一年，百无聊赖的成帝偶然又想起了被自己废掉的皇后许氏。他自知许氏无辜，动了恻隐之心，诏令先前被放逐的许氏亲属回京居住。幽居于长定宫中的许后听到这个消息后，觉得总算有了一线希望，就在她的姐姐许孊来看她的时候央求姐姐帮忙。许孊是个寡妇，丈夫死后不甘寂寞，与当初说通太后立赵飞燕为后的淳于长私通，后又嫁他做了妾。许氏便想通过姐姐贿赂淳于长让他在成帝面前为自己说情，让她重回后宫。

淳于长是个荒淫好色之人，他对许孊夸口说："我要启奏皇上，重立你妹妹为皇后。"又修书一封，让许孊带给妹妹，信中有许多轻侮调戏之辞。这件事后来被淳于长的政敌、太后之侄王莽侦知。王莽与淳于长是接替权臣王凤担任大司马大将军这一职位的竞争对手。他取得淳于长与许氏来往的书信后欣喜若狂，立即上报皇太后和成帝。成帝闻知大怒，罢免淳于长，又令赐死许氏。许氏悲愤难已，服毒自杀。

许氏死后仅仅一年，成帝也突然于赵合德寝宫暴亡。当时宫廷内外众说纷纭，怀疑的焦点集中在赵合德身上。赵氏姐妹承宠已久，树敌过多，连王氏外戚都对她十分忌恨。所以成帝一死，众人便乘机群起而攻之。王莽在王太后命令下追查此事，矛头直指合德。赵合德最终只得自杀了事。

成帝的驾崩和赵合德的死对赵飞燕是致命的打击。幸亏哀帝刘欣念及她当年推举有功，对她仍是礼仪有加。不久，朝中大臣纷纷揭发赵氏姊妹残害成帝子嗣之事。哀帝本人其实便是此事受益者，所以对此事根本不欲深究，只是将赵飞燕削职发配，敷衍了事。

但是王氏并不打算放过赵飞燕，元寿二年（前1）六月，哀帝驾崩，王氏外戚扶持平帝刘衍登上了帝位。平帝当年才九岁，所以朝中大权一并归于王氏。王氏取得绝对权势后，以赵飞燕残害皇子之罪，废黜其后位，贬为庶人，令其守成帝陵。飞燕终于彻底绝望，含恨自尽。时年四十余岁。

中国后妃传 ◎ 第一卷 西汉后妃

第十章　西汉哀帝刘欣皇后傅氏

汉哀帝刘欣的皇后傅氏是刘欣为定陶王时由祖母做主所娶。刘欣的伯父汉成帝没有皇嗣，便决定立侄儿刘欣为继承人。刘欣的王妃傅氏于是成了皇太子妃，一起入居皇宫。他们到京师一年多，汉成帝便病死于未央宫，刘欣即皇帝位，是为哀帝，诏立傅妃为皇后。

哀帝即位不久，两足患病久治不愈，渐渐不能行走。傅氏虽贵为皇后，但还不到十岁，不能同房，自然也就不被他宠爱。哀帝宠爱的竟是个姓董名贤的美男子。董贤官运亨通，步步高升，做上了大司马。哀帝爱屋及乌，召董贤的妹妹入宫，封为昭仪。董昭仪因其兄故而为哀帝宠爱。哀帝还破例恩准董贤的妻子入侍董贤。董贤夫妇、董昭仪随意进出哀帝居住的未央宫。有时三人一同侍奉哀帝。哀帝赏赐给三人的钱财以千万计。而傅皇后被冷落在一旁，却也无可奈何。

元寿二年（前1）六月，哀帝驾崩，享年二十六岁。哀帝无子，他驾崩的当天，太皇太后接过帝国最高权力。她重新任命侄儿王莽为大司马，领尚书事。王莽与傅氏外戚有旧怨，决心报复。他上书太皇太后，指控傅氏外戚恃势跋扈，暴逆无道。傅皇后从此被幽禁于皇城中的桂宫。王莽觉得还不解气，一个月后又把傅皇后废为庶人。傅皇后受不了这种羞辱，最后含恨自尽。

第十一章　西汉平帝刘衍皇后王氏

王氏是西汉的最后一位皇后。其父王莽当时内靠姑姑太皇太后的支持，外居大司马要职，是汉朝的大权臣。公元前1年，哀帝病死在未央宫，年仅九岁的中山王刘衍被立为皇帝，即汉平帝，大司马王莽操纵朝政，小皇帝成了傀儡。三年后，王氏已经十二岁了，出落得亭亭玉立。王莽向姑姑太皇太后王政君奏报，皇帝即位已有三年却后宫空虚，建议选出一位皇后。

王政君欣然同意，为此专门设置了一个机构。诸多家族的合格女子都位列候选名单，王莽为了让女儿争夺后位，以退为进，上书太皇太后曰："我无才无德，小女各方面条件都不如人家，不应该把我的女儿和其他女子一同选上来。"太皇太后误以为真，就准其所请。这样王莽就把自己的女儿放在了特殊的位置上。王莽的追随者趁机大造舆论，鼓动官员百姓上书要求让其女入选，每天有千余人之多。王莽则稳坐钓鱼台，只令下属向众官员做些鼓动性的答复。于是上书的人越来越多。他的欲擒故纵之计果然奏效，官员们都议论说不应该再选第二个了，就应该是功勋卓著的安汉公王莽之女为皇后。迫于舆论，太后就正式拟订了选聘王莽女的计划。就这样，王氏十二岁时被正式定为皇后的首选。

元始四年二月，十三岁的王氏入主未央宫。但是对王莽来说，当上国丈并不是最终目的，他真正的目的是夺取皇位。为防止十四岁的平帝生下后代扰乱他的夺取皇位的大计，元始五年腊八，王莽鸩杀了平帝。于是王氏仅仅做了二十二个月的皇后就失去了丈夫和尊位。

王莽立两岁的刘婴为太子，封王氏为皇太后。公元8年王莽又废孺子婴，自己称帝，改汉朝为新朝，王皇后又被降为安定公太后。王氏不满父亲的夺权行为，称病闭门不出。王莽将她的封号改为皇室公主，意为她乃是新朝皇帝王莽未出嫁的公主而非汉朝的太后了。王莽对她又忧又气，多次劝说王氏改嫁都被拒绝，又送给她贵重的礼品，王氏依旧拒不接受。王莽无奈，只好听之任之。

王莽称帝后推行的改革过于激进，外加天灾人祸，社会动荡，百姓造反，新朝危如累卵。绿林和赤眉起义愈演愈烈，终于将新朝彻底颠覆。后来绿林军攻入长安，包围了未央宫，高叫叛贼王莽快出来投降。王氏知道自己虽然忠于汉室，却是叛贼王莽的亲生女儿，无从自辩，于是跳入熊熊大火中自杀身亡。她死后葬于汉平帝的康陵。

第二卷

东汉后妃

第一章　汉光武帝刘秀皇后郭圣通、阴丽华

　　阴丽华是个倾城倾国的美人，年方十八的时候她的美貌名声便在家乡南阳新野一带传开了。刘秀到新野的姐夫家时曾听闻阴丽华的貌美之名，便称："做官当做执金吾，娶妻当娶阴丽华。"

　　后来天下大乱，豪杰蜂起，刘秀兄弟也起兵造反。刘伯升、刘秀兄弟进军宛县，拥立刘圣公为天子，刘秀被任命为太常、偏将军。驻军宛县期间，刘秀聘娶年轻貌美的阴丽华为妻，了却了心愿。

　　郭圣通是真定王刘普的外孙女。24年，破虏将军行大司马事刘秀率兵进击王郎。大军进至真定时，刘秀到郭家登门求婚，郭圣通便嫁他为妻。

　　郭圣通与刘秀完婚的第二年，刘秀在郎县即皇帝位，是为光武帝，封郭圣通和阴丽华为贵人。同年郭氏为刘秀生下皇子，取名刘强。第二年，刘秀想立皇后，他觉得贵人阴丽华有母仪之态，意欲立她。阴贵人却谦让说："郭贵人生有皇子，为天下计，应立郭贵人为是。"听了此话，光武帝对阴氏更加喜爱和敬重，于是光武帝刘秀诏立圣通为皇后，刘强为皇太子。皇后的同母弟郭况也被封侯。

　　当时天下未定，阴贵人时常随光武帝出征。28年，光武帝征讨彭宠，身怀六甲随军出征的阴贵人在元氏县分娩，生了个皇子。刘秀高兴万分，为他取名刘庄。阴贵人是美丽而又贤惠的良妻，深得刘秀的欢心。人老珠黄失去光武帝宠爱的郭皇后既没有智慧又没有度量，对她十分嫉恨，时常以皇后的身份呵责阴贵人，那些有姿色的嫔妃也都免不了被她刁难。后来郭皇后的名声在后宫中越来越坏，连光武帝都时有耳闻。

刘秀本就更喜欢阴贵人，再想起当初阴贵人对后位的谦让，自然对郭皇后的恩将仇报愈发不满。郭圣通当初是生有皇子刘强，才得以立为皇后。现在阴贵人也生有儿子刘庄，于是刘秀下了废郭皇后另立阴贵人的决心。

建武十七年（41），光武帝废去郭圣通后位，将其贬为中山王太后，逐出皇宫。诏立阴贵人为皇后，她的长子刘庄被立为皇太子。后来光武帝刘秀念及郭皇后与自己曾经共患难，还为自己生了几个皇儿，觉得对她有所亏欠，就用厚赐郭家的方式进行了补偿。晋任其胞兄郭况为大鸿胪，又赏赐给他丰厚的金银财宝。她的堂兄郭竟及其弟郭匡也都被封为侯。郭废后封为沛太后。

虽然如此，郭圣通还是在建武二十八年（52）抑郁而死，时年四十六岁。她的坟墓在洛阳城北的北邙山，后葬于皇陵区。

阴丽华母子贵显，但毫无骄奢之行。她处理后宫事务兢兢业业，与嫔妃也能融洽相处，颇有母仪风范。

建武中元二年（57）二月，光武帝刘秀驾崩，享年六十二岁。刘庄即位，是为明帝，尊阴皇后为皇太后。阴太后平安地度过了晚年，于64年病逝，享年六十岁，与光武帝刘秀合葬于洛阳城郊的原陵。

第二章　汉明帝刘庄皇后马氏

马氏之父马援曾在刘秀手下南征北伐，累功而获封为新息侯。48年，马援率军进击武陵少数民族时染疾身亡，马家因此而家道中落。马氏的母亲蔺夫人在一连串噩耗的打击下精神失常，年仅十岁的马氏不得不承担起理家的重任。她聪明过人，办事有条不紊。后来蔺夫人在马氏的叔伯马余的建议下将女儿送进了皇宫，马氏便被光武帝诏充太子宫。

马氏身材颀长，又颇有才学和见识，能诵《周易》，好读《春秋》《楚辞》，尤喜《周礼》《春秋繁露》。她成了太子妃后，孝侍阴丽华皇后，礼侍众妃。皇太子刘庄和阴皇后都对马妃很是喜爱。公元57年，光武帝驾崩，皇太子刘庄即位，是为明帝。马妃成了贵人。明帝即位三年后，公卿百官奏请封立皇后。明帝尚未表态，皇太后阴丽华便说："马贵人德冠后宫，皇后非她莫属。"明帝便顺水推舟，下诏立贵人马氏为皇后。

马氏贵为皇后，节操更加谦肃，常穿粗糙缯衣，裙子也无装饰。众妃称誉皇后节俭，皇后却说："这种缯宜上色，故用它做衣。"众人莫不叹息。马皇后还时常劝谏皇上，不要因游玩而荒废了朝政。朝政若有过失，皇后总是及时提醒明帝。

比如楚王刘英图谋不轨案，牵扯的人很多，众人转相诬告，案狱连年不绝。皇后奏谏明帝，不宜株连过多，应早了此案。明帝顿悟，将此案很快了断。马皇后这样匡失救弊是常有的事。

永平十八年（75），明帝刘庄驾崩，皇太子刘炟即位，是为章帝。马皇后成了皇太后。她撰写了《显宗起居注》，如实记录明帝的衣食住行。

同时鉴于前朝外戚之祸，她对娘家亲戚也高度防范和约束。太后在自家厉行节俭，以家法惩治奢侈者。她的三个哥哥皆任高官，但因太后屡次阻止，都未封侯。直到79年，天下安定，农业丰收，章帝考虑这时若再不加封几位舅舅，实属薄待太后、薄待母舅家人，马氏三兄弟这才被封了列侯的爵位，但是同时又在太后的授意下辞官。太后对自家族人管束之严可见一斑。

同年，太后染疾病死，谥号"明德"，与明帝合葬。

第三章　汉和帝刘肇皇后阴氏、邓氏

　　阴氏自幼喜欢读书，并且爱好音乐，加上天资聪明，所以深得家人的宠爱。永元四年（92），年约十三岁的阴氏应选入宫。很快她被封为地位仅次于皇后的贵人，并得到和帝的特殊宠幸。

　　汉和帝刘肇十岁时便即位，一度由窦太后临朝执政。他在十四岁时不满于窦氏专权，便联合宦官灭掉了窦宪一族，开始亲政。和帝是个较有作为的人，总是积极地治理政事，而阴贵人又知书达理，所以，两人感情很融洽。于是在永元八年（96）春，和帝诏立阴贵人为皇后。

　　然而对阴皇后来说，好景不长，随着太傅邓禹之孙女邓绥被选入宫中，阴皇后开始渐渐失宠。

　　邓绥十三岁被选为宫女，恰逢其父去世，她又在家守丧三年。永元八年（96），邓绥终被内廷选中。进宫之日，其母再三叮咛：“皇家重礼法，凡事以谦退柔顺为是。宫禁重地，言谈举止务必谨慎小心。”

　　邓绥进入了汉朝的后宫，她的身段和容貌都卓然超群，令左右诧然。不久，和帝巡幸后宫时发现了邓绥，血气方刚的和帝很快便与邓绥如胶似漆。邓绥立即被册封为贵人。邓绥侍奉和帝极能体贴人意，委婉柔顺且小心翼翼。她身长玉立，端庄中有妩媚，谈吐文雅，合乎礼仪又略带风趣。和帝得此佳人喜不自胜，自是极为宠爱。

　　受宠的邓绥自然遭到了阴皇后的强烈敌视。阴后咄咄逼人的架势使明晓事理的邓绥更加小心。邓绥深知争宠结恨极易招致祸患，平时恭敬小心，动有法度，严守宫律，对阴后丝毫不敢怠慢，事事逢迎。她常常自称有病，另选其他宫女入御，以分薄自己身上的宠爱。每有宴会，诸姬妾贵人争奇斗艳，而邓绥总是身着素妆。服装颜色若是与阴后相同，她便及时更换，以避攀比争宠之嫌。和阴后同时进见时，她总是站在一旁不敢就座。和皇后并行时还弓身细步以示卑微。和帝提问时，她不敢先皇后答话。邓绥这种谦让不妒的做法上得和帝爱重，下得妃嫔宫女的敬佩，德冠后宫，声誉日隆。

永元十三年（101）夏，和帝染病不起，病情严重。皇帝病重期间，自皇后以下，没有皇上宣召的御旨均不得进见。后宫都知道皇上病重，却不知详情，只能为天子祷告祈福。阴后见和帝抱病垂危，便密语左右说："我若得志，决不让邓氏再有遗类！"

然而宫人多同情邓贵人，竟将密语转告给了邓绥，要她多加提防。邓绥听到这话，流泪不止，几欲饮毒自尽。侍女赵玉见状想出一条缓兵之计，向邓绥谎报说："适才章德宫有人传话过来说，皇上的病已痊愈大半，很快就能康复了。"邓绥信以为真，才放下毒药。事也凑巧，第二天，和帝的病果真好了。

和帝永元十四年（102）夏，有人告发皇后外祖母邓朱为皇后供奉巫蛊诅咒，和帝对阴后巫蛊诅咒的消息早有耳闻，对此极为憎恶，便私下派人调查此事。中常侍张慎等人调查后回禀说确有此事。和帝大怒，命令彻查此案。他觉得阴后失德，便下诏废掉阴后，将其迁于待罪的桐宫。当和帝决意废阴后之时，邓绥却宽宏大量，极力在和帝面前为阴后说情。

同年阴后不堪折磨，忧郁身亡。她的家族满门也都受到牵连。

同年冬，内外大臣奏请和帝续立皇后。和帝说道："皇后之尊，唯有德冠后宫的邓贵人才可胜任。"邓贵人闻讯上书辞谢，而和帝已决计立她为后。邓贵人推让再三，只好从命。就这样，二十二岁的邓绥凭借自己的美貌与德行终于登上了皇后的宝座，取得了施展其政治才干的立足点。

邓绥贵为皇后，依旧毫不自傲，处处以谦让宽厚为怀，明智识礼。依照汉家旧例，皇后宗亲子弟多以贵戚受封，因此汉朝多次出现外戚集团专权的局面。这种态势终究会为皇帝所不容，外戚遭废徙甚至灭族的事情也屡有发生。饱读经史的邓绥对此早有戒备。和帝要加封邓氏亲属官爵时，邓后坚决谢绝。她还劝谏皇上不再让各地进献奇珍异宝，因而渐有贤名。

元兴元年（105）末，和帝突然染病而死，年仅二十七岁。不足半岁的刘隆继位，是为殇帝，尊邓后为皇太后。邓太后临朝听政，改元延平。不料小皇帝刘隆登位才八个月便夭殇了。邓太后又很快拥立和帝之兄清河王刘庆的儿子刘祜为安帝。

当时刘祜仅十三岁，所以朝政大事仍由邓太后掌握。为了避邓氏专权之嫌，邓太后故意做了一些裁抑外戚势力的举动。她诏告司隶校尉、河南尹、南阳太守，命令他们对外戚明加检敕，不得庇护。邓氏亲属犯罪者再也没有特别赦免的事。

邓太后对于权力握得更紧，凡是有臣下奏疏提到让她归政的，她就毫不客气地加以处置。然而她虽不肯还政，在治国方面却极为勤勉。她多次下诏选举贤能之士，把他们吸收到朝廷之中，参与谋议。而大将军邓骘等人也与太后极力配合，荐举闻名天下的才士如何熙、羊浸、李郃、陶敦等人列于朝堂；征辟杨震、朱宠、陈禅等置于幕府。鉴于当时学校荒废，邓太后先后创办了两所宫邸学，她还亲自监督考试，足见她对教育的重视。她还根据经书指导制定和实施国家的大政方针，从而扭转了经学衰落的局面，解决了许多实际问题。

安帝建光元年（121），邓太后终因操劳过度而患病过世，时年四十一岁。

不料邓太后尸骨未寒，其家族即惨遭安帝报复屠戮，天下称冤。大司农朱宠冒死为邓氏申冤，安帝才有所感悟，赦免邓氏子弟，准其归还洛阳。

第四章　汉安帝刘祜皇后阎姬

阎姬出自典型的外戚家族。她自幼受家庭环境的熏陶，喜好读书，性格独特奔放，但妒忌心极强。

安帝元初元年（114），阎姬应召入宫。她虽比安帝小了几岁，但成熟较早，对安帝百般体贴，甚得安帝喜爱。于是安帝很快便封她为贵人，第二年阎姬又被册立为皇后。

阎姬虽受安帝宠爱，但却一直无子。倒是安帝偶尔临幸的宫女李氏恰好怀孕生子，取名刘保，并立为太子，这对阎皇后极为不利。于是阎后便暗中派人将李氏鸩杀。阎后还担心日后太子即位，必对自己不利，于是她指使阎氏势力勾结宦官江京等人诬陷太子刘保谋反。安帝软弱无奈，只好将年仅十岁的太子刘保废去，贬为济阳王。

延光四年（125），安帝驾崩，阎后遂立章帝之孙刘懿为少帝，尊阎皇后为皇太后临朝执政。不料少帝在位不满八个月就又死去。正当阎太后、阎显、江京等人秘密筹划选立新帝之时，宦官孙程等十多位太监当机立断，将江京等人杀死，迎回废太子刘保即位，是为汉顺帝。顺帝将阎家兄弟下狱处死，又逼阎太后交出玺绶，禁于离宫。

永建元年（126），阎太后忧愤而死，时年约二十八岁，合葬于安帝墓陵。

第五章　汉顺帝刘保皇后梁妠

梁妠才貌出众，聪明伶俐，九岁时便能背诵《论语》，谈论《韩诗》，也能略举大义，她常把古时贤淑之女的图画放在身边，自我劝诫。公元128年，顺帝刘保诏令在全国择选良家童女以充后宫。负责相面的茅通一见十三岁的梁妠便认定她贵不可言，直接选中了她。她的姑姑也同时入选。入宫之后，梁妠姑侄俩皆封为贵人。为了区分梁家两贵人，后宫称梁妠为"梁小贵人"。

顺帝对"梁小贵人"格外宠爱，几乎不再临幸其他嫔妃，而"梁小贵人"从容辞谢说："后妃若不妒忌，陛下能有众多子孙，国之福也。若陛下平等对待众妃，妾也可免遭诽谤。"顺帝听后，对"梁小贵人"愈加喜爱，很是欣赏。

四年以后，百官上书请立皇后。年方十七岁的梁妠成了母仪天下的皇后。梁皇后谨慎言行，虽贵为皇后，然无骄专之心。梁氏一家因梁妠为后而贵显，士大夫们担心重蹈外戚专权的覆辙，纷纷上书顺帝，建议给梁氏外戚们高爵厚禄，不可委之权柄。顺帝不纳其言，拜国丈梁商为大将军，总理朝政。梁大将军身居大位，柔和谦恭，虚己进贤，每有饥荒，他都以身作则放粮赈济。朝野上下对他颇多称誉，顺帝也更加倚重。

梁商病故，顺帝任命梁氏其兄梁冀为大将军，继父辅政，把朝政大权再一次交给了梁氏外戚。建康元年（144），年方三十岁的顺帝驾崩。梁妠侍奉顺帝十六年，但没有生子。和她同年入宫的虞美人生有一子，取名刘炳，年仅两岁，继位为帝，是为冲帝。梁妠被尊为皇太后，临朝听政，掌起了帝国的大权。

梁太后有志重振朝纲，提拔了一些正直有才的重臣，但是梁妠的兄长大将军梁冀是个游手好闲且心狠手毒、睚眦必报的纨绔，他倚仗梁太后而专权跋扈，恣肆妄为。梁太后不忍除去兄长的权势，反而越来越顺从、倚重他。

永嘉元年（145）年初，小皇帝刘炳重病垂危。梁大将军瞒着百官和太后寻找帝位继承人。他看中了渤海王刘鸿年仅八岁的儿子刘缵，便派人把刘缵偷偷地接到洛阳都亭，准备冲帝一死便立刻拥刘缵为帝。不久，冲帝驾崩。梁太后便依其兄之意立刘缵为帝，是为质帝。

质帝年幼，却颇为聪慧，深知自己不过是梁氏兄妹手中的一个傀儡而已，曾言"梁冀为跋扈将军也"。梁大将军知道后，便将质帝毒杀。质帝死后，梁氏兄妹意欲把妹夫扶上帝位，以稳固梁氏的权益。但是太尉李固执意反对，后由太后下诏，将她曾经重用的李固罢免去职，后又诛杀。于是梁太后的妹妹梁女莹的未婚夫刘志被立为皇帝，是为桓帝。朝政大权仍由梁太后掌握。

和平元年（150）春，梁太后重病缠身，归政桓帝。安排好后事之后，梁太后仅过两天便一命呜呼，死后与顺帝合葬宪陵。

第六章　汉桓帝刘志皇后梁女莹、邓猛女、窦妙

大将军梁冀将质帝刘缵毒杀后，刘志因与梁太后之妹梁女莹有婚约而被梁太后兄妹立为皇帝，即汉桓帝。建和元年，梁女莹被迎娶入宫，不久便册立为皇后。

梁女莹倚仗梁氏外戚权势，专制后宫，生活奢侈，日常开支是以前皇后的二倍还多！她虽专房侍寝皇帝多年，但与其姐梁妠一样一直无子。为防有人危及后位，她又严格控制后宫，独占皇帝，对有孕妃嫔则加以迫害。桓帝对此十分不满，但慑于梁氏一族的权势，也只好忍耐。梁太后死后，桓帝临朝亲政，虽还忌惮梁大将军的权势，不敢公开触怒梁女莹，但也不像以前那样听任其摆布了，就此疏远梁女莹。

梁女莹见自己失宠，整日愤恨不已，终愤闷成疾，于桓帝延熹二年（159）死去，时年约二十六岁。后桓帝与身边宦官密谋策划，彻底铲除了梁氏外戚，梁冀自杀。梁冀死后不久，桓帝废去梁女莹皇后封号，并将其墓从懿陵迁出，葬于贵人墓地。

继梁氏之后被封为皇后的邓猛女为邓香之女。邓香病逝，她即随改嫁的母亲到了梁家，改姓梁。梁皇后、梁太后和梁冀相继死去，梁、孙两家宗亲被杀者数十人。猛女虽为孙家亲戚，但因受到桓帝宠爱，非但没受任何牵连，反而被封为皇后。桓帝对"梁"这个姓特别反感，便将猛女改为"薄"姓。又过了两年桓帝得知猛女原来是郎中邓香的女儿，觉得不宜改为他姓，遂复为"邓"姓。猛女至亲们被大量封官，位到校尉、将者不可胜数。

桓帝荒淫好色，他的后宫充满了各地挑选来的美女佳人，多达五六千人。邓后渐受冷落，倚仗皇后身份与其他嫔妃争宠，其中尤以与郭贵人的争斗最为激烈。好色的桓帝偏爱郭贵人，不能容忍邓后对他爱妃的诋毁攻击。延熹八年（165），桓帝下诏废邓皇后。邓猛女被打入暴室软禁，二十六岁就忧愤而死，葬于洛阳城北的邙山。桓帝还将相关邓氏外戚罢官或下狱问罪。

不过继而被立为皇后的并非郭贵人，而是延熹八年被选入掖庭的窦妙窦贵人。窦妙虽然贵为皇后，但桓帝却宠幸采女田圣等人而很少临幸她。窦妙对田圣等人恨之入骨，伺机报复。

桓帝年仅三十六岁便驾崩了，窦皇后便临朝执政。她生性就暴戾善妒，为泄失宠之恨，竟在桓帝尸骨未寒之时便斩杀了田圣。要不是中常侍管霸、苏康等人的苦口劝谏，其他几位贵人恐怕也已做了她的刀下鬼。

桓帝无子。窦后与其父窦武商议后立年仅十二岁的解渎亭侯之子刘宏为帝，是为汉灵帝，朝廷大权实际上仍操纵在窦氏父女手中。为巩固窦氏权力，窦氏一家均封显爵，掌实缺，煊赫一时。然而窦氏外戚与朝中宦官的矛盾渐渐激化，窦太后对诛废宦官一事又表现得优柔寡断，反被中常侍曹节先下手为强。最终窦氏失败，窦武及其亲信被杀，太后也被赶出宫，软禁在南宫云台。

熹平元年（172），窦太后因母亲去世忧而染疾，不治而崩，与桓帝合葬宣陵。时年约二十四岁。死后谥号为"思"。

第七章　汉灵帝刘宏皇后宋氏、何氏

宋氏于建宁三年（170）应选入宫当了贵人。第二年便被册封为皇后，她的父亲也被封为琅琊郡的不其乡侯。

然而宋氏虽贵为皇后，但在当时并不是很得灵帝宠爱。她有一个姑姑是渤海王刘悝的妃子，因受宦官中常侍王甫诬陷刘悝图谋叛乱的牵连死于狱中。现如今宋妃的侄女做了皇后，王甫恐遭皇后报复，便先下手为强，诬告皇后"挟左道祝诅"惑乱后宫。

灵帝听信谮言，大怒，于光和元年（178）下诏废宋皇后，贬禁于暴室。宋皇后终日忧愤，后于二十二岁时含冤死去。

灵帝的第二位皇后何氏出身于地位低下的屠户之家，生得聪明伶俐，姿色颇佳，深得汉灵帝宠爱，不多时又喜添贵子，生下皇子刘辩。在此之前，灵帝的皇子均已夭折。何氏母以子贵，被立为贵人。

光和三年（180），何氏被册立为皇后。她生性暴躁，加之生子有功，更是骄横一时。她暗令后宫所有嫔妃宫女不得生子，违者将遭杀害。当时深得灵帝宠幸的王美人却偏偏怀上了孕，因为害怕，竟然三番五次服药想打掉胎儿，谁知胎儿却安然不动。光和四年（181），王美人生下皇子刘协。果如何皇后所言，王美人生子不久，就被毒杀了。灵帝知道后大怒，要废掉何皇后，最后碍于何皇后之异母兄大将军何进当时握有重兵，只得就此作罢。

中平六年（189），灵帝驾崩，太子辩即位，是为汉少帝，何氏以太后身份临朝，掌握朝政。后并州刺史董卓率兵进入洛阳，篡夺了大权，废掉少帝刘辩，转而立刘协为帝，是为献帝。何太后被迁居永安宫，后于二十八岁时被鸩杀，死后与灵帝合葬于文昭陵。

第八章　汉献帝刘协皇后伏寿、曹节

中平六年（189），刘辩登基为帝，是为少帝。并州刺史董卓进洛阳后，废少帝，立九岁的陈留王刘协为帝，是为献帝。拥立献帝后，董卓自封为相国，后又加封为太师，完全掌握了中央大权。各地的州郡牧守纷纷起兵讨伐董卓，董卓被迫挟持献帝由洛阳迁都长安。侍中伏完也伴随献帝西迁。到长安后，伏完将年约十五岁的女儿伏寿送入掖庭为小贵人，陪伴十一岁的小皇帝。

兴平二年（195），伏寿被立为皇后。伏完任执金吾卫戍京师。不久，献帝和伏后一行在杨奉、董承等护卫下逃离长安，于兴平三年（196）回到洛阳。曹操得知献帝东归，抢先把献帝迎到许昌，取得了"挟天子以令诸侯"的优势地位。他独揽大权，后又自封为大将军、武平侯。伏皇后的父亲伏完被封为辅国将军。

献帝在许昌，只是个傀儡皇帝。皇宫的侍卫、仆从，都是曹操的党羽亲信。曹操不允许其他官员和献帝接触，违反者都被曹操用各种罪名处死。献帝无法忍受这种任人宰割的生活，他写好密诏，让车骑将军董承于衣带中藏好带出，密谋除去曹操。建安五年（200）春，董承等人的密谋泄露，董承被杀，其女董贵人时有身孕亦被杀。

曹操的残暴使伏皇后非常震惊，觉得董贵人的今日可能是自己的明日，于是写密信给父亲嘱他设法除掉曹操。此事被人告发，曹操闻讯大怒，胁迫献帝废掉伏皇后，并代献帝写好了废伏皇后的诏书，命令郗虑和华歆一起带兵包围皇宫搜捕皇后。当时献帝在外殿陪郗虑坐着，伏皇后披

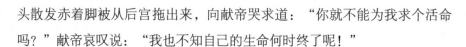

头散发赤着脚被从后宫拖出来，向献帝哭求道："你就不能为我求个活命吗？"献帝哀叹说："我也不知自己的生命何时终了呢！"

郗虑将伏皇后关在密室中幽囚而死，她所生的两个儿子也被毒死。伏氏宗族被株连而死的达百余人。

建安十八年（213），曹操将其三个女儿曹宪、曹节和曹华荐为献帝的夫人，献帝以黑色和红色的束帛五万匹作为聘礼。姐妹三人均被立为贵人。建安二十年（215），曹节被立为献帝皇后。

建安二十五年（220），曹操病死，同年十月，其子曹丕代汉称帝，建立魏国，自立为魏文帝。献帝被贬为山阳公，曹节也由皇后降为山阳公夫人。

魏明帝青龙二年（234），汉献帝去世，谥号为孝献皇帝，以汉天子礼仪葬于禅陵。景元元年（260），年约六十岁的曹节逝世，死后仍以汉礼与汉献帝合葬于禅陵。

第三卷

隋朝后妃

第一章　隋文帝杨坚皇后独孤氏

独孤氏是北周的名将上柱国大都督河内公独孤信的小女儿。她生于将门，自幼不喜欢做女红等家事，而偏爱读书，很有个性。十四岁时，独孤氏已经出落得亭亭玉立，许多世家大族的子弟纷纷慕名前去求聘。独孤信左挑右拣，最后选中了生得一表人才、相貌非凡的杨坚。杨坚是北周开国勋臣杨忠的长子，不仅相貌气度不凡，而且为人深沉稳重，不苟言笑，谈吐表现极有见识。

独孤信有意将女儿许配给杨坚，但又觉得不能仅凭相貌取人，还要亲自考察一番。一日，独孤信摆下酒筵，宴请杨忠父子及几个知己朋友。席间，独孤信与杨坚谈及兵事，杨坚对答如流，颇有见地。独孤信就此放下了疑虑，这门亲事很顺利地完成了。

独孤氏个性不凡，新婚不久她就要求杨坚不纳妾、不乱爱，杨坚答应她，即使到杨坚贵为帝王时，也不会破坏这个原则。

二人成婚不久，杨坚就荫官为车骑将军。他声誉日隆，引来了北周明帝宇文毓的忌惮和警觉。明帝密遣相术家赵昭去为杨坚看相，试探他的虚实。不料赵昭见到杨坚后被他的至尊之相所折服，对杨坚直言相告，回到皇宫又骗明帝说杨坚顶多只是柱国。而杨坚听了赵昭对自己面相的断语，回到内室将详情一五一十地对独孤氏讲起。独孤氏略一思索，正色对杨坚说："现在权臣宇文护当道，你不能不特别小心。成大事的人，一定要有志同道合的人帮助才能成事。你应该结交几个真心朋友才是。"从此，杨坚听从独孤氏的话，广交朋友，为将来的大业做准备。

后来宇文护毒死明帝，立宇文邕为武帝。武帝亲政以后，杨坚袭爵为隋国公，多次征战，立下显赫功勋，声誉日渐上升。武帝的太子宇文赟十六岁时，择杨坚的长女为太子妃。杨坚三十七岁时，武帝驾崩，太子宇文赟即位，史称周宣帝。宣帝暴躁自大，喜怒无常。杨坚作为国丈被任命为大后丞。杨坚的地位渐渐升高以后，对宣帝则时常规劝，要他注意政事。宣帝渐渐对杨坚不满。杨坚知道皇帝对自己的不满，便打算外放避祸。于是杨坚被外放任扬州总管，然而正当杨坚即将启程上任之时，内史郑译传来消息：宣帝因饮酒过度已昏迷两天，近期恐有变故。杨坚得知后，是去是留摇摆不定，于是与独孤氏商议。独孤氏审时度势，说道："现在机不可失，你决不能走。你装作失足扭伤，暂时延缓行期。同时赶快找刘昉一班人密议。"杨坚依独孤氏的主意而行，一面装着脚痛，宣布行期延缓，一面秘密与刘昉、郑译等商议，定下策略。一旦宣帝驾崩，便由郑译、刘昉做内线，相机推荐杨坚为辅政。

郑译趁宣帝昏迷草拟诏令，命杨坚入朝辅政，并都督内外军事。杨坚在杨皇后支持下就这样轻易取得辅政大权。两天后，宣帝驾崩，七岁的太子宇文阐继位，杨坚身为辅政，大权独揽。几个重臣对他不满，相州总管尉迟迥、益州总管王谦联合起兵，声讨杨坚。杨坚用将得人，短时期内先后平定叛乱，将这些反对者都毫不留情地杀戮殆尽。

杨坚的作为渐渐显出野心，他自己躬行节俭，布衣素食，勤劳治事，一方面布置心腹分掌重要位置。宇文氏诸王对他欲除之而后快，几次想要暗杀他。杨坚的安全环境日益险恶，独孤氏就对他说："现在我们退一步就没有生路了。无毒不丈夫，你不要顾忌太多。"

独孤氏的"无毒不丈夫"，对杨坚产生了很大的影响。他命人告发赵王等人同尉迟迥的叛乱有牵连，一气杀光了五个亲王和他们的全家老小。凡是不附和他的朝臣也被一一翦除。杨坚执政两年以后，时机成熟。开皇元年（581），杨坚逼静帝宇文阐禅位于他，建立隋王朝。杨坚被称为隋文帝，独孤氏则被立为皇后。

独孤氏柔顺恭孝，谦卑自守，生性节俭，不好华丽，遇事能从大局出发，毫不顾念私情。同时，由于她在言及政事时往往与杨坚不谋而合，宫中并称他们为"二圣"。独孤皇后与隋文帝几乎形影不离，即使隋文帝上朝，独孤皇后也在后殿等候。隋文帝每天下朝都会和独孤皇后谈论当日的政事，文帝如有失误，独孤皇后就会立即指出。

杨坚对独孤氏既爱又畏，直至独孤氏去世，杨坚的后宫才设立妃嫔，这在历史上也是前所未有的。这时的杨坚年方四十出头，精力旺盛，因此后来又闹出了一阵风波。无事时，杨坚就到处察看。一天，他来到后院洗衣局，几个女子正在洗衣，见文帝驾到，慌忙伏跪行礼。他平日所见的宫女，都是独孤后所选，皆是粗短或瘦弱之人，以防杨坚见色起意。然而这其中有一个年约二十岁的女子，眉清目秀，丰润饱满，杨坚不由心动。问过之后，知道这个女人姓尉迟。杨坚知道独孤皇后绝对不会允许他出轨，但又对尉迟氏念念不忘。后来杨坚有一日利用皇后午睡的机会，命内侍引尉迟氏来御书房，和尉迟氏温存一番。事后，杨坚问起她的家世，才知道她是当初起兵反对自己的尉迟迥的孙女。尉迟迥被杀后，她被没入官府为奴。杨坚与尉迟氏时常暗中欢聚，日子一久，自然被独孤皇后得知。

独孤皇后为此找到杨坚。杨坚一向敬爱独孤皇后，又有些心虚，希望把事情冲淡，对独孤氏说自己只是一时之兴，皇后不必认真。独孤皇后却毫不相让，认为对方是尉迟迥家的人，留在身边实在太危险。杨坚深知独孤后的脾气，没法缓和，只好答应将尉迟氏打发出宫。

这件事还没有结束。次日，杨坚退朝后，独孤后命人提来一个盒子，杨坚一看，大惊失色——盒内盛着尉迟氏的人头。杨坚被气得说不出话来，愤然单骑直出长安，跑出了约二十里。独孤后见杨坚怒气冲冲地离开，也生怕出事，叫近侍召来杨坚的两个亲密大臣——高颎和杨素，告知他们事情的原委，命他们前往找回杨坚。二人追上杨坚，杨坚对他们叹道："朕贵为天子，却不能自由。"杨坚在高颎、杨素的劝慰下，直到天黑才怒气稍平，回到宫中。独孤皇后早已在宫中阁道前迎候，一见杨坚，便呜咽流泪，跪在地上请罪，高颎、杨素也都好言规劝。独孤皇后为讨杨坚欢心，之后的一段时间里也对杨坚刻意逢迎。经过这一番波折，夫妻二人总算重温旧情，和好如初。

独孤后这种对男人专情的执念，也使她厌弃花心的太子杨勇。杨广取得帝位，杨坚辛勤建立的大业也随之覆亡。

隋文帝杨坚有五个儿子，皆为独孤氏所生。杨坚的长子杨勇品性宽厚，但是有些恣意任性，又没有心计。次子杨广仪态俊美，善于察言观色，极有城府。杨坚登基以后，杨勇因是长子，被立为太子，杨广被封为晋王。五个儿子中，独孤后最喜欢杨广。杨坚兴兵伐陈时，杨广作为行军元帅战功卓著，也赢得杨坚的喜爱。

杨勇的妃子元氏门第高贵，但不够美丽。太子并不宠爱她，而是宠爱出身低微的幸姬云氏。独孤后常因此斥责太子，要他礼爱元氏，太子只是表面应付。后来，元氏暴病而亡，而云氏这时却生了一个儿子，这孩子就成了杨坚的嫡长孙，杨坚很高兴。但独孤后却不以为然，她认为可能是云氏谋害了元氏。她常常派人监视太子，结果令她愈发不满，因此她在杨坚面前说了太子不少坏话。而杨勇不但不自我约束，还觉得父母对自己有误解，私下也对此表示不满。晋王杨广觉得有机可乘，遂设计图谋夺取太子宝座。

杨广与杨勇的性格迥然不同。他心机深沉，知道文帝崇尚节俭，就投其所好，衣食住行都朴素无华。杨广表面上谦逊有礼，倾心结交群臣，因此广受称赞。不但如此，杨广和夫人萧氏，还在母亲独孤后面前大献殷勤，显得十分恭敬孝顺。天长日久，杨坚也对他刮目相看。杨勇渐渐觉察到自己的太子地位发生动摇，便在自己的后园中搭了一个小草屋，布衣草褥栖息其中，表示悔过自新。杨坚得知太子不安，派杨素去东宫观察太子言行。杨素知道皇后对太子不满，决定帮助杨广。他来到东宫外通报进见，杨勇冠带整齐在台阶下等候，但杨素故意迟迟不进，杨勇果然被激怒，见面时还把愤怒流露了出来。杨素回宫报告说太子有怨气，恐怕有变。独孤皇后也在派人秘密刺探太子的过失，杨广甚至用重金买通了太子的幸臣姬威。于是总有人报告太子怀恨，图谋不轨。久而久之，杨坚也认为太子不轨。杨广见时机成熟，派人胁迫姬威诬告太子谋反。杨坚大怒，命令杨素负责调查。杨素一手遮天，为太子罗织了蓄谋政变的罪名。杨坚遂将太子杨勇废为庶人，立杨广为太子。仁寿二年（602），独孤后病故，时年五十岁。

精明一生的独孤皇后无论如何也没有想到，正是她苦心将其推上帝位的宝贝儿子杨广，断送了大隋王朝。

第二章　隋炀帝杨广皇后萧氏

　　隋文帝的次子晋王杨广到了选王妃的年龄，杨坚和独孤后正是考虑到隋立朝不久，有赖于大贵族的支持，所以想凭借这个机会笼络南方大族。当时南方的名门望族中最为门当户对、最有影响的莫过于江陵后梁王萧岿了。于是，杨坚派使者陈中带厚礼去萧家提亲。经过看相和卜卦的筛选，萧氏被选中作为杨广王妃的候选人。

　　不久，萧氏被迎到长安。文帝和独孤皇后召见她的时候，文帝问了些南方习俗和萧家的情况，萧氏对答得体，独孤皇后甚为满意。当文帝言及梁王才学很高还精研易理，以至于每有行动必先占卜吉凶一事时，萧氏说："臣父因为过信占卜，以致废弃事务。一个人倘能行正立端，自不必求诸占卜。"文帝听后觉得她的见解十分正确，对她愈发喜爱。这门婚事就这样最后拍板敲定了。不久，举行册封礼，萧氏进为晋王妃。

　　萧妃性格随和温顺，自幼好学敏记、能书善画、善解文理，尤其对占卜颇有造诣，深得文帝的赏识和独孤后的青睐。晋王杨广仪容俊美、才思敏捷，萧妃嫁得如意郎君十分欢慰。杨广对这样一个温柔贤慧、美丽端庄的妻子更是百般恩爱。夫妻十分相得。

　　大业元年（605），杨广登基，是为炀帝。下诏册封萧妃为皇后，立萧皇后所生之子杨昭为太子。杨广继位后便原形毕露，不仅在其父死后即召其父贵人宣华、容华二夫人寻欢作乐，还广选美女，大兴土木营造宫室，极尽奢华之能事。萧皇后对此十分痛心，几次婉言规劝，杨广都听不进去。后来萧皇后特地写了一篇《述志赋》，表达了对隋炀帝的希望和规劝。不想杨广看了之后不但不以为然，反而训斥了她一番。萧皇后明白自己的规劝不可能有效果，说多了反而还破坏夫妻感情，只有暗自流泪叹息。

炀帝不但不听劝告，一意孤行，而且对拂逆他的进谏大臣必置之死地，朝廷上下人人自危。炀帝两次巡游江都，一次巡长城，三次攻打高句丽，损兵折将，劳民伤财。连年的横征暴敛、穷兵黩武使民怨沸腾，将士离心。自邹平人王薄在长白山首先发难后，全国到处都有逃亡的将士聚众为盗。豪杰之士乘机称雄一方，割据而立。州郡官吏无力平盗、惧怕隋朝刑律，反与盗匪暗通。全国渐渐失去控制，隋朝统治变得名存实亡了。

大业十四年（618），宇文化及发动兵变，杀死了炀帝和他的幼子赵王杲。萧后眼见炀帝死在御座之上，痛哭失声："你享尽人间荣华富贵，却落得这样下场，是何苦呢？"隔了许久才令人用床板临时钉成两口棺材，将他们草草葬于扬州西苑流珠堂。宇文化及以萧皇后的名义立炀帝之子秦王浩为傀儡皇帝，自己位居大丞相，霸占六宫妃嫔，以皇帝的姿态处理一切大事。

远在突厥的义成公主闻知隋朝江山破灭，萧后被执，为报从前萧后折节相交的情谊，便促使启明可汗之子处罗可汗发兵救出了萧皇后。萧后举目无亲，从此只得背井离乡、流落异域。直到贞观四年（630），唐朝大将李靖率军大败突厥。唐太宗李世民得知萧皇后尚在塞外，便派特使礼迎她返回长安，颐养天年。

大唐王朝又有一番新景象，可这对萧氏来说毫无意义。在孤寂与悲伤中，她悄悄地结束了坎坷波折的一生，享年七十八岁，卒后以皇后礼与炀帝合葬。

第四卷

唐朝后妃

第一章　唐高祖李渊皇后窦氏

窦氏为北周上柱国窦毅之女，母为北周武帝宇文邕姊襄阳长公主。窦氏长得聪明伶俐，读书过目不忘，故深受周武帝宠爱，并养于宫中。窦氏渐渐长大，到了许亲的年龄。窦毅与妻子商量后，决定在府中设"雀屏选婿"。数十位贵胄王孙前来"试射"求婚，结果只有年十六七岁的李渊连发两箭，分别射中孔雀的左眼和右眼。窦毅和妻子大喜，遂聘李渊为佳婿。

婚后，李渊与窦氏相亲相爱，感情甚好。隋开皇九年（589），窦氏为李渊生下长子李建成，后又生下次子李世民，继生三子李元霸、四子李元吉和女儿平阳公主。

窦氏聪慧贤德、宽厚仁慈。她侍奉性情暴躁的婆婆从不怠慢，婆婆患病期间她衣不解带侍奉在侧，使李渊及全家人备受感动。她对子女言传身教，精心培育，令李渊及众人赞叹。李渊多年仕隋征战，她整日牵肠挂肚，长期过着迁延不定的艰苦生活，为李渊成就大业付出了全部心血。

隋大业八年（612），窦氏病逝于涿郡，享年四十五岁。李渊称帝后，追封窦氏为"太穆皇后"，命名窦氏之墓为"寿安陵"。李渊死后与窦氏合葬于献陵。

第二章 唐太宗李世民皇后长孙氏

长孙氏是隋右骁卫将军长孙晟之女。其父长孙晟文武双全，母亲也出身名门，是隋朝扬州刺史高敬德之女。长孙氏自幼博闻强记，具有很高的学识和道德修养，加上天生丽质、相貌出众，所以到长孙氏该许亲的年龄时，家中上下很为此费了一番脑筋。

长孙氏的伯父、学者长孙炽对北周武帝的外甥女窦氏印象特别深刻。长孙炽认为这样明智贤慧的母亲教养出来的孩子必然不平凡。窦氏已经嫁给李渊，生有四男一女，要给侄女找女婿，李渊的儿子应成为第一目标。长孙一家经多方打听，李渊的次子李世民文武双全，年龄相若，所以就打算把李世民作为许亲的对象。李渊也听说长孙家的女儿美貌而博学，双方条件般配，郎才女貌，一拍即合。

长孙氏嫁给李世民后要面对种种复杂的矛盾。李世民的母亲窦后去世太早，整个后宫缺少权威，各妃嫔结派成系，争权争宠。最大的麻烦是李世民与李建成、李元吉三人的夺嫡之争，李渊虽然心中明白李世民无论是功劳、才能、人品，还是号召力，都要比太子李建成出色得多，把李世民定为接班人更合理些，而且唐初开国的文臣武将大多都是跟着李世民一起打天下的，更爱戴和拥护他，而对太子李建成则并不服。所以李世民就构成了李建成继承皇位的最大威胁。而李元吉也觊觎皇帝的宝座，他认为李建成比较好对付，李世民才是他最大的对手。于是李建成、李元吉结成了统一战线，处处针对李世民。

长孙氏明白，要想取得胜利，必须滴水不漏，让别人无从下手。长孙氏尽心尽力地侍奉公公李渊，给李渊留下了很好的印象。在妯娌中间，她多承担家务，凡事忍让几分，尊敬顺从她们，从不顶撞，处处忍辱负重，让她们挑不出刺儿，找不到借口。到玄武门兵变真刀真枪打起来的时候，她一反软弱顺从，毫不畏缩地帮助李世民激励将士，以取得彻底的胜利。

626年，李世民终于成为唐朝皇帝，长孙氏也被封为皇后。长孙皇后反而觉得肩上的担子更重了。她认为丈夫胸有抱负，日理万机，很是辛劳，后宫应该有一个安定舒适的生活环境供他放松。为此，长孙皇后以身作则不专宠幸，处处关心体贴太宗，尽量不让后宫事务影响他。有时唐太宗下朝后心情不畅，会不经调查地严厉训斥宫中侍役者。长孙皇后便也会装作很生气的样子，命令把惹太宗生气的人抓起来，等她有空亲自审问处理。然后等到唐太宗气消的时候，再把事情的经过曲直告诉太宗，既取得太宗的谅解，又不冤枉任何一人。长孙后对待其他妃嫔如亲姐妹，对太宗的孩子不论嫡出庶出一视同仁、待如己出，宫中气氛宽松和谐。豫章公主母亲早死，长孙皇后主动收养，妃嫔、宫女有病的时候，长孙皇后总是亲自去探望，给予安慰。她自己长年有病，却常置自己于不顾，把自己用的好药、食物送给生病的妃嫔和宫女，使之尽快痊愈。宫中自然上下都十分爱戴长孙皇后。

长孙无忌是皇后的哥哥，曾在玄武门之变中立下大功。唐太宗几次想让他做右仆射。当太宗告诉长孙皇后时，她语重心长地对太宗说："妾位居三宫之首，贵宠至极，实在不愿父兄之辈再位居显要。历史上外戚弄权误国的事太多了，他们最后都因谋反篡位而被杀，祸及家族，希望皇上矜察。"

只是太宗对长孙无忌太了解，两人是布衣之交，出生入死，太宗看中长孙无忌的才能，因此仍然打算任用他。长孙皇后见对太宗劝阻无效，便把长孙无忌叫到宫中，直言相劝。长孙无忌也理解妹妹的良苦用心，便亲自拜见太宗，坚决请求辞去职务。太宗无奈，只得接受了长孙无忌的请求。

长孙皇后对后妃干政的历史教训深以为戒，并不干涉朝政。她知识渊博，与太宗私下闲谈时，总是滔滔不绝，可一旦太宗与她提到朝政，她就引开话题不肯发言。有的皇后在皇帝活着的时候不干预朝政，一旦皇帝先她而死，马上就大权独揽、垂帘听政了。长孙皇后却全无这等心思，有一次唐太宗病重，长孙皇后偷偷在裙子里带着毒药，一旦太宗比她先去，她马上就服毒自杀。

但是另一方面，每当太宗做事不够理智时，她又总是用心良苦地进行规劝。太宗最喜爱的女儿长乐公主出嫁之时，所陪嫁妆什物超过其姑永嘉长公主的一倍。大臣魏徵劝谏太宗说这不合情理，应该更改。太宗表面装作很高兴的样子，下令公主的嫁妆按永嘉长公主的一半陪送，内心颇为不满。太宗把这件事告诉了长孙皇后，生怕皇后不满。不料长孙皇后盛赞魏徵处事公正、令人信服，并请求太宗采纳魏徵之谏。长孙皇后还派人带着四百缗钱、四百匹绢去魏徵府上表示感谢，希望他保持忠言劝谏的作风。此后，魏徵又多次对太宗直言进谏。忠言逆耳，即使是以从善如流而著称的太宗，也几次气得对魏徵动了杀心，每当此时，长孙皇后都会连劝带哄地消去太宗的怒气。太宗与魏徵最终能够成就直谏与纳谏的君臣佳话，长孙皇后功不可没。

为了在宫廷内部树立勤俭节约的风气，长孙皇后亲自率领宫廷内外贵妃、女官、内外命妇栽桑养蚕，向人民示范朝廷对农桑的重视。在日常生活中长孙皇后也率先垂范，任何东西决不多领，旧的还能用就决不换新的。太子的乳母遂安夫人向皇后启奏说太子的生活用具不够排场。结果长孙皇后把遂安夫人训斥了一番，让她们引导太子修养德行，而非为太子要这要那。

长孙皇后早年就患有咳喘病，贞观八年（634）旧病复发，能请到的名医都诊视多次，能用的好药都用上了，但是病情无丝毫好转。太子私下里向她请示要大赦天下罪犯崇佛尊道，祈求神仙保佑她早日康复。长孙皇后却说死生有命，自己一生行善不曾作恶，再行积德也是无用。大赦关乎国家大政，不能因她一人而随便使用。尊崇佛道于国无益，更是不应为她一人而开例。太子把这事告诉了房玄龄，房玄龄又把这件事奏知太宗，太宗君臣听后莫不感动。于是大臣们一致请求太宗大赦天下，太宗就答应了。长孙皇后知道后，却对太宗说皇上若真那样办，我只求速死。太宗无奈，只好作罢。

长孙皇后自己也预感到将不久于人世了，便开始安排身后之事。她力劝太宗继续任用房玄龄，又说自己已经荣华显耀，死后自己的亲族不可再掌实权，只要有个虚职即可，还请求对自己实行薄葬，不修陵墓，一切从简。

636年，长孙皇后与世长辞了，这位贤德的内助永远地离开了唐太宗。享年三十六岁，葬于昭陵。

第三章　唐高宗李治皇后王氏、武则天

王氏出生于望族名门，唐太宗为晋王李治择妃时，王氏的曾祖母同安长公主以王氏貌美贤淑，极力推荐。太宗也觉得王氏出身高贵，年龄相若，便选定王氏为晋王妃。翌年，李治被立为太子，王氏遂为太子妃。

贞观二十三年（649），太宗死，太子李治即位为高宗，次年册立王氏为皇后。王氏宗族多有赐封高官。王皇后可谓是春风得意，然而迟迟没有生育成了她的心病。而貌美出众的萧淑妃受高宗宠爱，生下皇子李素节。萧淑妃容貌艳丽，体态丰腴，在以丰满为美的唐代，纤细的王氏很难与之争宠。王皇后渐渐失去了应该属于她的宠幸，当然也就没有怀孕的征候。

王皇后权衡利弊之后，决定收养宫女所生皇子李忠为子，拟立李忠为太子以巩固自己的皇后地位。而萧淑妃得李治恩宠，又与王皇后争立太子，以至于争夺后位。王皇后为了对付萧淑妃，便将高宗非常喜爱的武则天从感业寺召回，献给高宗，高宗十分高兴。王皇后原本是想借武则天之力使萧淑妃失宠，却没想到这个决定为她带来了大祸。

武则天，本名曌——这是武则天特为自己的名字所造的字，意为日月当空，普照四方。太宗为她取名媚娘，后得尊号则天。她是中国历史上唯一一位女皇帝。

武媚娘生母杨氏为隋宗室杨达之女。武媚娘之父武士彟曾靠做贩运木材的生意而发家，后来贿买了一个"鹰扬府队正"的军职，并由此结识了后来大唐的开国皇帝李渊。武士彟曾向李渊赠送大批金银财物，以供军需。由此，士彟与李渊成为莫逆之交。李渊在长安称帝后，士彟平步青云，升为正三品的工部尚书，忝居十四名太原元勋功臣之列。

从此，武士彟从一个卑微的商人跻身为高官贵族之列。他过人的野心、倔强的性格，活生生地反映在了后来的武则天身上。家庭给予武媚娘的，一方面是宦游于上流社会的荣华富贵，另一方面是过去沉迹于下层民间的寒门根底。荣华富贵滋养了她无限的权势欲，寒门根底使她饱受流俗的鄙视攻击，这些境遇刺激着武媚娘，由此养成了她那追逐最高权力的欲望和冷酷、不择手段地报复一切的独特心理性格。

贞观五年（631）年末，士彟改任荆州都督，贞观九年（635），武媚娘刚满十二岁时，他就死在荆州都督任上。这之后武士彟前妻所生的两个儿子元庆、元爽和他们的叔伯兄弟惟良、怀运等对杨氏和她的三个女儿刻薄无礼，母女四人孤立无援，孤女寡母在长安过了一段很不惬意的生活。这期间，武媚娘出落得愈发貌美，其美艳的声名也渐渐传播开来。贞观十一年（637），武媚娘十四岁，她的名声传到了太宗那里，于是太宗下诏召媚娘入宫。

年仅十四岁的武媚娘入宫后，由掖庭令赐才人之位。武媚娘可谓媚骨天生，太宗纵然见遍天下美人，见到媚娘时仍免不了怦然心动。失去了贤妻长孙皇后急需新的精神寄托的太宗自然对武媚娘十分宠爱。武媚娘的受宠，遭到其他宫女的嫉恨，而且不久之后，武媚娘便受到了一次重大的打击。

这一时期，白天经常看到太白星，这无疑不是祥兆。太宗心中犯疑，把太史令李淳风秘密召来，要求李淳风对这一星相作出解释。李淳风说这是女主昌的征兆，而且这个女主姓武，就在宫中。太宗本想将有嫌疑的人全杀掉，但是李淳风又劝太宗说这样是逆天而行，会招来更大的祸患，太宗这才打消了杀戮宫人的念头。

太宗也不知道后宫数千宫女中，有几个是姓武的。但他心里首先想到的，就是最近自己宠幸的才人武媚娘。此事之后，武媚娘在太宗心目中已经变成一个可怕的妖女，武媚娘就这样完全失宠了。原先嫉妒、愤恨武才人的宫女们，终于得到发泄的机会，对她恶意嘲讽、辱骂。宦官们也露出了嘲弄的嘴脸。

武才人孤立无援，便用积攒下来的钱财，广泛贿赂宦官，利用宦官探听外界消息。自己则每天读书练字，填补失宠的空虚。此后不久，掖庭局突然传来圣旨，召武才人作为皇帝侍女。她意识到重见天日的机会来了，便格外小心。这次作为侍女，她可以在早朝时站在屏风后面观看天子和大臣们议论朝政的情景。在侍候太宗的过程中，武媚娘发觉有人注视自己，她好奇地悄悄朝那个方向望去，发现是太宗第九子晋王李治。

这件事发生后，晋王就经常来向父亲问安。武媚娘的美貌深深地迷住了晋王。后来他了解到武才人曾是父皇的宠姬时，便知道自己是无法得到她了，只能在问候父皇时，偷偷地看一眼武才人。武才人发现了晋王的心思，便决定把赌注押在他的身上。

贞观十七年（643），太宗正式宣布立晋王李治为皇太子，大赦天下，赐宴三天。这一夜，太宗召来太子李治和长孙无忌等几位重臣，为太子新立举行小宴会。武才人等几位侍女在一旁侍候。酒过数巡，太子治悄悄起身去厕所。武才人也悄悄跟过去贺喜，正在兴头上的李治很轻易地便沦陷在了武才人的柔情中。

后来有一次，太宗在宫中设宴慰劳远征高句丽的武将。太宗让武将们行酒令，受罚者必须说出自己的乳名。掌管玄武门宿卫的左武卫将军李君羡被罚，难为情地说出自己的乳名叫"五娘"。

说者无心，听者有意，太宗听后派人调查李君羡的出身，结果使他更惊愕。李君羡出身武安，封邑武连县公，官称左武卫将军，乳名则确实是"五娘"，各方面都有个武（五）字。他猛然想起"女主武王代有天下"的流言，原来应在李君羡身上！太宗觉得自己冤枉了爱妾武媚娘，后悔极了。

不久之后，李君羡被贬为华州刺史，后来他又被御史弹劾与妖人交通，谋不轨，于贞观二十二年（648）七月被处死。武才人心知李君羡被贬的真正理由，李君羡的死掩护了她，使她逃脱了一场劫难。四十二年后，当上皇帝的武则天厚祭了李君羡的亡灵。

贞观二十三年（649）春，唐太宗突然病情恶化，卧床不起，处于弥留状态。按唐制，皇帝死后，后宫凡是没有生育的妃嫔都要被送到尼姑庵，落发为尼，虚度残生。武才人只能抓住太子治这棵救命草。不久，他们在共同侍候太宗的间隙，匆匆发生了关系，武才人在此期间求得了李治的承诺。

五月，太宗死。随着太宗被葬于昭陵，武才人等宫女们也都被送到长安的感业寺，落发为尼，成为太宗活的殉葬品。武则天的才人生涯，就这样结束了。

被幽闭在尼庵中的武则天并没有绝望，因为她还相信李治的承诺。太宗的周年忌日，高宗李治到感业寺进香，借以探望武则天，再次重申了自己的承诺，让她先耐心等待。

不过这事情说起来容易，做起来却很棘手。武才人不是一般的宫女，她曾是父皇的宠妾，直接把她接回宫中名不正言不顺。先把她安排给皇后做个侍女，再封官宠幸会更好些。于是高宗来找王皇后商量。王皇后出于打破萧淑妃专宠、为养子争夺太子之位的考虑，竟十分痛快地答应把则天接到皇后宫中，让她蓄发等待。

武则天非一般女流之辈，她诡诈多变，手腕极高。初回宫之时，整日低声下气地侍奉皇后，一味恭顺，王皇后非常高兴，经常在高宗面前称赞她，所以高宗很快晋封武则天为昭仪。

武则天回宫不到一年，就生下了她与高宗的第一个儿子，即高宗第五子李弘。唐高宗喜不自胜，对武昭仪的宠幸日甚一日。王皇后自以为是武则天的恩人，便趁机要求高宗立陈王忠为太子，在长孙无忌等大臣的挟持下，高宗册立陈王忠为太子。至此，王皇后击败情敌萧淑妃，立养子忠为太子的宿愿都已实现了，得意之情溢于言表。

但王皇后高兴得太早了，她低估了武昭仪的能量。本来她就不受皇上宠爱，在立太子之后，她发觉高宗对自己愈加冷淡了。原来对自己卑躬屈膝的武昭仪，如今态度与前也迥然不同。她很快意识到，如今武昭仪独占皇宠，她和萧淑妃都被抛弃了。更严峻的是，武昭仪专宠于帝，不仅使萧淑妃遭殃，而且随着李弘的降生，王皇后的地位也危险了。王皇后在母亲柳氏的怂恿下，与昔日的敌人萧淑妃握手言和，共同对付武昭仪。

武昭仪又怀孕了。高宗便又经常到萧淑妃那里，结果他常常在萧淑妃宫里碰到皇后。高宗对这对仇敌的和解感到又是疑惑又是不愉快。后来两个女人异口同声地极力谩骂诋毁武昭仪。高宗便立时发觉，这两人出于嫉妒，联合起来攻击武昭仪。相比之下武昭仪却从来没有和他说过一句皇后和萧淑妃的坏话。高宗对此感到十分厌恶，自此就再也不到萧淑妃那里去了。

武则天也不坐守待毙，她开始准备反攻。她在后宫大肆笼络人心，对与皇后、淑妃关系不好的人，就竭力拉拢，施以恩惠，将其安插在皇后和淑妃周围。这样，皇后、淑妃的一举一动，武昭仪完全掌握，从而取得了主动权。

永徽五年（654）年初，武昭仪生下第二个孩子，是个可爱的小公主，很讨人喜欢。满月之后，王皇后来到武昭仪宫里，逗弄一番公主。当她知道皇上马上就要来时，因不愿看到皇上的冷眼，便匆匆回宫去了。一会儿，武昭仪拉着皇帝来到床前看女儿。可是掀开被子一看，小公主却已没有了气息。武昭仪失声痛哭，皇帝震惊，急忙询问情况。宫女告诉他：王皇后刚才来过。

高宗顿时大怒，下了废掉王皇后的决心。但是废立皇后不是小事，需要得到朝中元老们的支持。无奈长孙无忌和褚遂良等重臣都极力反对，高宗和武昭仪只能从长计议。正好皇后的舅父柳奭觉察了皇帝对他们家族憎恨，想要辞官避祸。这年六月，柳奭便上书辞去中书令的职位，皇帝立即敕准。王皇后失去了最后的保护墙。偏偏王皇后在个性强烈的母亲魏国夫人柳氏唆使下，沉迷于巫术之中，这是后宫的大忌。次年六月，武昭仪得知这一消息，告诉了高宗。高宗立即命令宦官搜查皇后宫，结果从床底下搜出了巫蛊。高宗立即下令禁止柳氏入宫，以切断王皇后交通内外的联系。七月，皇后舅父、吏部尚书柳奭被贬为遂州刺史。途中又以漏泄禁中语的罪名，远贬荣州刺史。王皇后彻底孤立无援了。

在外朝，一些长期受长孙无忌和褚遂良等人压制的大臣觉得废立皇后的事情是个重大的政治机遇，卫尉卿许敬宗、中书舍人李义府等先后投靠武昭仪。先是李义府奏表请废王皇后立武昭仪为后，高宗立刻召李义府入宫密谈，当即赐珠玉一斗。不久，李义府荣升为中书侍郎。

李义府的经历极大鼓舞了反对长孙无忌的官员，他们争先恐后向武昭仪表忠。武昭仪也不考察这些人的才能德行，有人愿意替她说话办事，她一概接纳。他们的能量也确实不小，在武则天夺取皇后位置的这一场争斗中出了大力。

不久后，御史中丞袁公瑜告密，把无忌派的一员大将长安令裴行俭一举拉下了马。裴行俭认为策立武昭仪将是国家祸乱的根源，私下与长孙无忌、褚遂良商量对策。这一密谈被袁公瑜知道，于是他夜访应国夫人杨氏，报告无忌等人密谈的情况。杨氏认为事态严重，不顾天色已晚，立刻进宫。第二天一早，裴行俭被贬为西州都督府长史。

至此武昭仪在内宫和外朝的布局渐渐完成，拥护武昭仪的阵容逐渐壮大。武则天自信摊牌的时机到了。

九月里的一天，退朝后，高宗召长孙无忌、李勣、于志宁、褚遂良等四名重臣入内殿就废立皇后之事与他们摊牌。其中褚遂良反对最为激烈，被高宗怒斥。长孙无忌自然也是反对，于志宁没敢吭气，李勣本来就与无忌有隙，更不愿同他们一起卷入这事，称病径自走了。

侍中韩瑗和中书令来济也上表力谏此事，可是高宗决心已定，不会被他们的谏诤所动摇。几天后，高宗又单独召李勣入内殿，询问他对此事的看法，李勣回答说："这是陛下家庭私事，何必去征求外人的意见呢？"

李勣在元老重臣中也是相当有分量的一位，他的表态让高宗抛开了最后的顾忌。许敬宗得知李勣的话后，也立即在朝中附和。接着，褚遂良被贬为潭州都督，长孙无忌集团的失败已经成为定局。

同年十月，王皇后被废为庶人，囚禁于冷宫，武昭仪如愿以偿地当上了皇后，是年三十二岁。过了一段时间，高宗念及与王氏的结发之情，乘隙前去冷宫探问，并对王氏囚禁后所受之苦深感伤痛，有意免其幽禁之苦。武则天很快得知了此事，为了斩草除根免除后患，令人对王氏与萧氏重打百杖，弄断其手足，然后将二人浸入酒瓮之中。两人哀号不已，没几天就悲惨地被残酷折磨而死了。

成为了皇后的武则天并未陶醉在自己的成功之中。仇视着她的政敌长孙无忌仍然作为百官之首控制着朝廷，面对他和他身后的贵族集团，武则天不敢有丝毫的掉以轻心。而且武则天在打败王皇后的过程中，也深深体会到皇后的地位多么脆弱！要确保自己平安无事，就必须发展自己的势力。她第一步就是废太子李忠，立自己的长子李弘为太子来巩固自己的后位。但是要废太子李忠，就必须清除太子的顾命元老，这是一股庞大的敌对势力，必须小心地寻找突破口。

就在这时，韩瑗、来济送上门来了。这两人很不知趣，竟出面为褚遂良诉冤，打抱不平起来。疏奏无效后，要求解职归隐，他们已经惹恼了武后，褚遂良由潭州都督再贬为桂州都督。桂州风景优美，向来又是用武之地。许敬宗、李义府在武皇后授意下，诬奏这是韩瑗、来济有意安排，企图与褚遂良里应外合，图谋不轨。8月，韩瑗和来济分别被贬到振州和台州当刺史，并且终身不得朝觐天子。受韩瑗、来济牵连，褚遂良又被远贬爱州，柳奭从荣州贬往象州。褚遂良到爱州后，心情沮丧，一病不起，次年死于爱州。

显庆元年（656），十四岁的太子李忠被废为梁王，武后的长子李弘被立为太子。这时强烈反对武后的五员重臣中只剩下了该集团的核心人物长孙无忌。无忌是追随李世民转战南北、策划玄武门事件的开国元勋，凌烟阁二十四功臣中他名列第一。无忌又对高宗有拥立之功，因此高宗对他一直优礼尊崇。

武则天深知要扳倒无忌这棵大树绝非易事。她采取了先清外围再克堡垒的攻坚战术，花费数年以翦除长孙无忌的羽翼。直到显庆四年（659）春，武后授意许敬宗，精心设计了一个朋党案，把长孙无忌牵扯了进去。

当时，太子洗马韦季方和监察御史李巢等人在朝廷结党营私，许敬宗奉命审理此案时借机严刑逼供。百般折磨之下韦季方企图自杀却失败了。许敬宗便将此说成是他们和长孙无忌谋反，事情败露后企图畏罪自杀。高宗见此奏疏，本不相信，命许敬宗再审。许敬宗再审之后煞有介事地出示了准备好的证词，称柳奭、褚遂良被贬，太子李忠被废，无忌对此忧虑恐惧，后来又见堂侄长孙祥被贬，韩瑗得罪，便觉得自己无他生路，生出反心。

高宗仍有疑虑，许敬宗以当断不断、反受其乱之言逼迫高宗早下决断。高宗便下诏削去无忌官爵，流放黔州，立即发兵遣送。七月，许敬宗遣同党袁公瑜往黔州，逼令长孙无忌自缢而死。柳奭被杀于象州，韩瑗已死，来济被远贬庭州。长孙、柳、韩、于等家族有成员几十人或杀或流或贬。至此，长孙无忌集团被彻底摧毁。

然而正当武后为自己清除了长孙无忌集团这一大障碍而欢欣鼓舞时，麟德元年（664），宰相上官仪掀起的废后风波却险些使她功亏一篑。显庆五年（660），高宗因病令武则天决百司奏事，武则天大权独揽又无人制衡，骄傲情绪见长。她一反过去奉顺上意的谦恭姿态，对高宗横加牵制，恣意专行，并且还时常引道士到后宫做法术。而高宗虽然是个懦弱优柔的君主，但他毕竟是一国天子，自然讨厌受人牵制。武后的做法显然触及了他的心理底线。

宰相上官仪早就对武后的专横怀有不满，他猜透了高宗的心思，便指使亲信宦官王伏胜控告皇后引道士郭行真入禁中祈求非分之福。高宗闻听此事，十分生气，在上官仪火上浇油之下决定废后，立刻命令上官仪起草废后诏书。武则天安插在高宗身边的亲信赶快跑回后宫向武后报告了这一噩耗。武后闻讯，慌忙赶到皇帝身边，跪在高宗面前哭诉自己请郭行真是为了给高宗祈福，让高宗早日康复。

高宗听完武后的申诉，觉得十分内疚，就收回了废后的决定，还把责任都推给了上官仪。上官仪曾在陈王李忠府中任谘议参军，和王伏胜同在陈王府共事，这便成了武后等人诬陷上官仪的着眼点。高宗回心转意后，武后立即指使许敬宗诬陷上官仪与李忠谋反，将上官仪及其子上官庭芝逮捕下狱并将他们折磨至死。襁褓中的上官庭芝之女上官婉儿当时随母一起没入掖庭充当奴婢。颇为让人感慨命运无常的是，后来上官婉儿在宫中受到良好的教育，成为武则天的心腹笔杆，活跃于武周政治舞台。

上官仪被杀后，朝廷中再也没有敢与武后作对的势力了，武后终于成为了后宫乃至整个朝廷的真正主人。自长孙无忌集团在显庆四年（659）被摧垮后，武后便逐渐开始参与朝政。显庆五年（660）十月高宗突感风眩，头痛得厉害，眼也看不清楚，无法和文武官员讨论政事。于是高宗决定在他痊愈之前，由武后代理朝政。武后正式开始垂帘执政。

麟德元年（664），上官仪被诛后，武后与高宗并列临朝，在翠帘之后过问一切政务，当时朝廷内外并称帝后为"二圣"。高宗极少发表意见，朝廷大权主要掌握在武后手里。在高宗的信任下，武则天的政治势力顺利地稳步地增长着。这期间她所要做的第一件事就是修订《姓氏录》。

贞观时太宗曾命高士廉等人依照官品定族姓的原则，重新修订《氏族志》。但是《氏族志》并未跳出魏晋以来重门阀血统的旧例，在其所列九等、二百九十三姓、一千六百五十一家中，官至三品的武士彟一家竟被排斥在外，武则天对此一直耿耿于怀。她现在虽然富贵已极，但寒微的出身不但使她一直不被士家大族所尊重，还屡次成为政敌攻击她的一大理由，

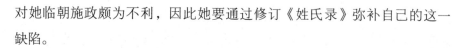

对她临朝施政颇为不利，因此她要通过修订《姓氏录》弥补自己的这一缺陷。

长孙无忌刚被贬出京城两个月，武后便授意许敬宗、李义府等奏请修改《氏族志》。高宗准奏，命孔志约、杨仁卿等修订，改名为《姓氏录》。武后一族在其中列为天下第一等的名门，以下按唐朝官品的高低，分为九等，彻底打破了士族大姓排在首位的规则。结果一些士族和士大夫们认为这违背了传统的族姓排位办法，把《姓氏录》称为"勋格"，即赏军功的办法，以登上《姓氏录》为耻，纷纷抵制。为了应对此种情况，李义府奏请收缴焚烧《氏族志》，强行推行《姓氏录》。《姓氏录》的修订，虽然没能彻底根除士族势力，但它对士族门阀的否定加速了士族势力的衰亡，人们的门第观念也为之一新。

武则天为实现自己的政治抱负，不懈地用各种手段扩大自己对官僚阶层的影响，不断培植和更新拥戴自己的官僚队伍，奠定了她成功的政治基础。九品中正制正在日渐消亡，到武后掌权时，学而优则仕的科举制发展起来，大批庶族地主知识分子由此进入官场，他们取代士族门阀已经成为一股不可遏止的潮流。武则天作为他们的总代表登台，为他们进入朝廷广开了门路。在唐高宗在世时，武则天便在一定程度上造就了一支有相当势力的亲信队伍，其核心是开始于乾封年间的北门学士。

上元元年（674），皇帝称"天皇"，武后进号"天后"。武后用简单的文字游戏就进一步加强了自己和高宗的权威，还对反对势力进行一次无形的示威。四个月后，天后上奏《建言十二事》，由高宗诏令施行。《建言十二事》包括了劝农桑、薄赋徭、息兵、广言路、父在为母服丧三年等，是一份具体的政治纲领，涉及了国家政治、经济、军事、社会生活等各个方面。

当时天后刚过五十岁，健康状态极佳，美貌未曾衰退，施政也渐入佳境。然而她没有想到，偏偏是自己的亲生儿子成了自己的下一个障碍。

武则天与高宗共生了四个儿子，长子李弘、次子李贤、三子李显、四子李旦。显庆元年，李弘被立为太子。李弘性情仁厚，谦虚谨让，深得父皇的厚爱和大臣们的信赖。咸亨四年（673），太子娶左金吾将军裴居道之女为妃，十月完婚。高宗对儿媳"甚有妇礼"十分满意，高兴地说："太子妃贤淑通达，东宫的内政再也不用朕担心了。"这时的高宗身体越发不支，已经产生了禅位太子的想法。

李弘长大成人，而且对武则天并不像对父亲那样百依百顺。咸亨二年（671）太子监国时，他发现宫中幽禁着自己的两个异母姐姐——萧淑妃所生的义阳、宣城二公主。李弘立即向父皇奏本，要求马上释放被幽禁已久的两位公主，并设法将她们下嫁给适当的朝臣。李弘的指责惹恼了母后，她气愤地当即就把她们配给了身份低微的士卒。可惜李弘自被立为太子后就染上痨瘵，又带病理政。上元二年（675）四月，二十四岁的太子李弘随帝后出行洛阳，在合璧宫绮云殿猝然离世。高宗十分悲痛，将其追谥为孝敬皇帝。

太子李弘的死对体弱多病的唐高宗是个重大打击。他一年多以前才为东宫纳妃完毕，以为自己没有后顾之忧了，不料太子先亡，又一切枉然了。他感到自己再也撑不下去了，便想把权力交给天后执掌。

这一亘古未有的逊位事件令宰相们噤若寒蝉，只有中书令郝处俊、中书侍郎李义琰极力谏阻，慷慨陈词。看到他俩的激烈反对，高宗也就不再坚持，传位皇后的事也就此作罢了。武则天恩怨分明，出头谏阻的郝处俊给她留下了深刻的印象。十年后，武则天借故杀他的孙子郝象贤时竟将郝处俊斫棺毁柩，以报宿怨。

李弘死后一个月，二十二岁的次子雍王李贤被立为太子。兄弟四人中，李贤天分最高，又聪明好学，自幼便熟读诗书，深受父皇喜爱。他同长兄李弘不同，身体非常健康，也长于弓箭、狩猎，朝臣们都认为他有文武双全的祖父太宗遗风。

高宗逊位于天后的念头被打消后，他就全力培养新太子李贤。屡次命他监国，实习朝政。李贤处理政务有条不紊，颇为能干。又召集著名学者到东宫注《后汉书》，在士人中声望很高。调露元年（679）五月，皇帝再次命太子监国，武后又一次面临失去权力的危机。她加紧对李贤的训诫控制，命北门学士撰《少阳正范》和《孝子传》送给太子熟读，并接连写信责备太子贤不要无礼、不逊。可是李贤并不顺从，武后越来越不安。这对母子的矛盾最后在明崇俨之死一事上爆发了。

明崇俨擅长巫蛊之术，巧妙地讨好武后。武后对明崇俨的巫术十分满意，便推荐给高宗，要他为高宗施法医病。如此一来，高宗果然在心理方面觉得轻松多了。于是明崇俨在天皇、天后两方面都受到信任和重用，一跃而为正五品的正谏大夫。明崇俨看出武后和太子贤之间隔阂已久，悄悄对武后说太子没有继承天子的命，而英王的相貌和相王的相貌更高贵。

这话不知何时传到太子那里，使他又气又怕。后来五月的一天夜里，明崇俨深夜出宫，在回家的路上，突然遇刺身亡。武后和高宗立即责令大理寺迅速破案，但还是无法找到凶手及指使人。武后认定刺客必是太子派去的，人们都认为暗杀明崇俨的凶手就藏在东宫。

此事一出，武后再也不能容忍李贤了，她指使人向高宗告发太子贤生活靡费，还有叛逆的企图。高宗立即命宰相薛元绍、裴炎和御史大夫高智周审理此案，他们在搜查东宫时竟在马厩里搜出了数百套武器。太子的奴仆赵道生也被迫承认明崇俨是他受太子指使杀的。

高宗素来喜爱太子李贤，想宽恕他，但武后执意要依法从事。调露二年（680），太子李贤被废为庶人，先是幽禁于京师，不久迁往巴州。文明元年（684），李贤被迫自尽，年仅二十九岁。

李贤一案牵连了很多人。李贤的一批党羽被杀，宰相兼左庶子张大安等十余人被流放，唐宗室子孙也有许多受牵连。李贤的三个儿子光顺、守礼、守义都被幽禁宫中。守礼一直活到唐玄宗开元末年，由于长期幽禁，身患风湿病，传说能预知晴雨。

武则天对自己的亲生骨肉也能如此残忍，连杀一女两子，可见其野心之大。

永淳二年（683），李贤被废的第二天，英王李显被立为太子，改元为永隆。十二月，五十六岁的唐高宗突然病逝，临终遗嘱太子李显即帝位，让侍中裴炎忠心辅佐太子，国家大事听从天后裁决。李显在灵柩前即帝位，号中宗，尊天后为皇太后，以裴炎为中书令。同时册太子妃韦氏为皇后。

中宗即位后，打算升迁岳父韦玄贞当宰相，并授给乳母的儿子一个五品官。韦玄贞此时刚从普州参军升为豫州刺史，又要拜侍中，此事确实不妥，中书令裴炎断然回绝。中宗十分气恼，便摆出天子的架子说："朕为天子，我要把天下都送给韦玄贞，又有什么不可，何况一个侍中呢！"

这句话被武太后得知，太后马上召集百官到乾元殿，裴炎和中书侍郎刘祎之，羽林将军程务挺、张虔勖带兵入宫，戒备森严。即位不足两个月的唐中宗就被废为庐陵王，幽禁于深宫。改由他四弟雍王李旦继帝位，这就是唐睿宗。

唐中宗李显被废后，武则天又把四子李旦推上了皇位。但睿宗皇帝李旦必须住在别院里，不得参与政事。一切军政大事均由武则天以太后身份临朝裁决，这是武太后临朝称制的开始。武则天把东都洛阳改称"神都"，准备作为新的京师，又追尊武氏五世祖先，建武氏五代祠堂。她还大量更改唐朝官署和官职名称，为自己改朝登基做准备。

武太后这一系列改朝换代的行动惹恼了一伙政治失意分子，导致了扬州的武装反叛。起兵的李敬业是宿将李勣的孙子，不久前因事由眉州刺史被贬为柳州司马，弟弟李敬猷也被免官。给事中唐之奇被贬为括苍县令。长安主簿骆宾王则被贬为临海县丞。詹事司直杜求仁也被贬为黟令。这批心怀不满的中小官僚秘密集结到扬州，然后以"匡复庐陵王"为号召，公开打出了反武的旗帜，旬日间聚集起十余万人的队伍，以李敬业为首，魏思温为军师，又请来"初唐四杰"之一的大诗人骆宾王为记事参军。为了制造强大的舆论攻势，骆宾王写了一篇有名的《讨武曌檄》。武太后读完这篇文笔精彩却极尽谩骂攻击之能事的檄文，竟丝毫没有动怒，坦然地问这篇檄文是何人所作。有人回答是临海丞骆宾王所作。武太后叹息说这样的人才竟然埋没乡野，失意落魄而流为叛逆，此宰相之过也。大臣们都哑口无言。

武则天经由此事意识到还有许多人才仍被埋没在民间，便在次年诏令百姓可以自举为官。武则天这一颇有政治家风度的表演，成为历史上的一段佳话。

另一方面扬州失陷非同小可，武则天首次面临重大的军事危机，不敢有一丝怠慢，紧急调集三十万大军沿运河汴水南下平叛。随后又任命著名的将帅、左鹰扬大将军黑齿常之为江南道大总管，率军协同作战。在强大军事攻势下，叛乱仅四十余天就被平息，十万叛军烟消云散。李敬业企图出海逃往高丽，但因海风阻挡不能起航，最后被部将所杀。武则天安然度过了这场重大的危机。

平叛战事最为紧张之际，宰相裴炎不但没有积极组织平叛，反而乘机要挟武太后把政权交还给睿宗皇帝，还说如果太后把权力还给睿宗皇帝，那么叛乱将不讨自灭。

裴炎的用意昭然若揭，自然不被太后所容。她先是指使监察御史崔詧上奏说裴炎要求太后还政，其中必有异心。然后她便借题发挥，将裴炎下狱，命左肃政大夫骞味道、侍御史鱼承晔审理裴炎谋反案。十天之后，裴炎被斩于洛阳的都亭。

裴炎死后，武太后大造登基的舆论，竭力渲染自己秉承天意的气氛。垂拱四年（688），太后的侄子武承嗣派雍州人康同泰向太后献了一块白石，上刻"圣母临人，永昌帝业"，称是得自洛水的祥瑞。太后接受了"瑞石"，把它命名为"宝图"，献宝的康同泰则被提拔为游击将军。武则天下诏，表示要亲自拜洛水受宝图，举行告天仪式，并给自己加"圣母神皇"的尊号，从此称"陛下"。

"圣母神皇"的称号，不过是由皇太后到女皇的过渡，距登上帝位只有一步之遥。但是之前的教训已经让武则天明白，越到关键时刻就越要小心谨慎。果然，她仅仅用"圣母神皇"的称号试探了一下，李唐宗室王公们就不甘沉默了。唐高祖第十一子韩王李元嘉首谋起兵，同其子通州刺史李譔打出"举兵倡天下，迎还中宗"的旗号，垂拱四年七月，李譔写信给豫州刺史越王李贞，以暗号相约起兵，又作伪诏书给李贞之子、博州刺史琅琊王李冲："朕已被幽禁，诸王应立刻发兵救朕。"

于是李贞、李冲父子分别在豫州和博州起兵反叛。武则天有了上次平叛的经验，这次又是严阵以待早有准备，没费多大力气就平息了这次宗室起兵。豫、博事平后，太后用酷吏周兴审讯宗室诸王，参与谋划的韩王李元嘉、鲁王李灵夔、黄公李譔、常乐公主、东莞公李融、霍王李元轨等皆被逼杀。

扬州及豫、博两次反武起兵的失败，用事实证明大唐再也没有可与武则天抗衡的力量了。垂拱四年即将结束的十二月二十日，太后按计划在神都南郊"圣图泉"畔，举行拜洛受图仪式。次年元旦，太后携睿宗和百官在刚刚建成的明堂举行祭典，太后先祭拜，睿宗和皇太子悄悄跟在后面为亚献和终献。江山谁主的格局彻底明朗化了。武则天正式登基称帝，只是个日程的问题了。

即使如此，武则天依然对潜在的反抗者充满警惕，她明白这些潜在的反抗力量是她登上女皇宝座的极大障碍。垂拱二年（686）年初，侍御史鱼承晔的儿子鱼保家为此向武则天上奏"良策"：在朝堂门前设置检举箱，专收天下告密文书。武则天采纳其策，命正谏大夫等管理检举箱，告密之门由此打开。太后又诏令各州县，凡进京投书告密者，沿途供应驿马和五品官的食宿待遇，告密者不分贵贱官民皆可晋见太后。密告内容合于太后的意思，可以擢官或赏赐，告密不实者也不予追究。一时间，四方告密者蜂拥而来，大小官吏处于惶恐之中。

通过这一告密制度，武太后很快物色到一批酷吏作为政治打手，这些人大都出身无赖，性情残忍，专以告密陷害为能事。其中来俊臣和万国俊等还专门编写了一部《罗织经》，作为培养酷吏的教材。他们创造了名目繁多、骇人听闻的酷刑，使受刑者战栗流汗，望风自诬。

武则天放手任用酷吏，使李唐宗室子孙和元老大臣们遭到沉重打击，被杀或被流放者动辄几十上百。后来武则天正式登基称帝时，李唐宗室已经全然丧失了反抗力量，朝臣中也难以形成一个反武轴心。武则天通过酷吏政治，终于打开了一条通向女皇宝座的血腥的路。

载初元年（690）的重阳节，六十七岁高龄的武则天终于实现了她的女皇梦，做起了中国有史以来绝无仅有的女皇帝。武则天自号"圣神皇帝"，以十一月为岁首，改旗帜为赤色。改元为天授，建立大周王朝。史称这一事件为"武周革命"。

武则天改唐为周，显然就是武氏的天下了。以武承嗣、武三思为首的武氏子侄们跃跃欲试，勾结酷吏迫害李氏宗室。洛阳人王庆之等数百人上表请立武承嗣为皇太子。在万象神宫的祭典上，武则天竟让武承嗣为亚献，武三思为终献，皇嗣李旦尴尬地站在一边。情势一目了然。

此事之后，宰相狄仁杰、李昭德等人提醒武则天说："姑侄和母子哪个更亲呢？陛下如果立儿子，那么百年之后可以永享子孙的香火；如果立侄子为皇储，则从未听说侄子当皇帝而为姑母立庙祭祀的。"

武则天闻听此言后，不得不郑重考虑皇储的问题。如果立本家侄子为皇储，的确可以保证武周政权传承下去，但继位的人能把她作为先祖供奉

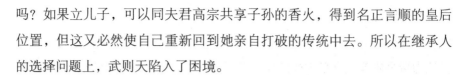

吗？如果立儿子，可以同夫君高宗共享子孙的香火，得到名正言顺的皇后位置，但这又必然使自己重新回到她亲自打破的传统中去。所以在继承人的选择问题上，武则天陷入了困境。

经宰相狄仁杰及男宠张易之、张昌宗的劝慰和自己的解梦，武则天做出最后决断：重新立自己的儿子庐陵王李显为太子。圣历元年（698）年初，庐陵王李显被秘密接回神都，皇嗣李旦知趣地请求退位，李显被立为太子。武承嗣没能立为太子，怏怏而死。复立庐陵王是武则天晚年的一项最为重要的明智的决策，也表明了她在李、武两姓之间的最后抉择。武则天复立李显，阻止了武氏诸王图谋太子位的活动，适时压制了诸武的气焰，使他们没能再严重地危害政治。

为了防止日后太子与诸武再度纷争残杀，武则天又召集儿女们和武姓侄儿到明堂，祭告天地，宣誓永远和平相处，并立下铁券，藏于史馆。这样一来，无论武则天与太子李显及李唐拥戴者的关系，还是太子与武三思为首的诸武的关系，一时都融洽起来。由此，武则天赢得了最后一段比较安定轻松的日子。复立庐陵王为太子事件，无疑是这位女政治家晚年的又一巨大成功。

女皇已入古稀之年，对美貌的男宠张易之、张昌宗兄弟颇为依赖。她很感激张氏兄弟的侍奉，对二张授之高官，委以国政。二张成为她晚年最亲信的人。然而他们的得势与跋扈，终于使朝臣们诉诸武力。

神龙元年（705）正月，宰相张柬之、崔玄暐，左羽林将军桓彦范、右羽林将军敬晖、右台中丞袁恕己五人发动了一场军事政变，将二张杀于宫中，病榻中的武则天被"请"下御座。唐中宗李显重登阔别近二十年的皇位，复国号唐。后来，张柬之等五人封王，史称这一事变为"五王政变"。

武则天这位在近半个世纪政治斗争中的常胜者，终于没有逃脱悲剧性的结局。正月二十五日，武则天被迫离开她做了十五年皇帝的宫城，迁居洛阳宫城西南的上阳宫。唐中宗率文武百官到上阳宫请安，并为母亲上尊号"则天大圣皇帝"，以示慰藉。

从权力的巅峰突然跌下来的痛苦使武则天骤然憔悴，已是风烛残年的身躯也随之垮了下来。神龙元年十一月初二，八十二岁的武则天凄凉地死在上阳宫的仙居殿。临终遗嘱：去帝号，称则天大圣皇后，归葬乾陵。赦免王皇后、萧淑妃二族及褚遂良、韩瑗、柳奭亲属。被酷吏陷害的人在她临下台时已经赦免，这最早的也是最后的一批冤家也终于在她临死前昭雪了。她不愿再同他们结冤于阴曹地府。

神龙二年（706）正月，武则天的灵柩在唐中宗李显的护送下运回长安，与唐高宗合葬在乾陵。这位传奇人物临终遗嘱儿子李显在她的陵前立一块不撰写碑文的无字碑，也许她把一切都交给后人去评判了。

第四章 唐中宗李显皇后韦氏

　　韦氏为豫州刺史韦玄贞之女，初为李显太子妃，后为李显皇后。韦氏貌美诱人，权欲极强，其政治野心不亚于武则天。

　　弘道元年（683），李显被立为太子，翌年即位为中宗，册立韦妃为皇后。

　　韦氏和中宗颇为恩爱。韦氏常常对中宗提及自己的家族，中宗会意，便打算提拔岳父到朝内当侍中。中宗为太子时就提拔韦氏父韦玄贞为豫州刺史，现在韦玄贞无功而连连提升，众大臣不服气。裴炎入朝谏阻，反复几次，惹得中宗大怒，厉声叱道："我把天下给韦玄贞也没有什么了不起，何止一区区侍中呢？"裴炎闻言极为惊惧，忙将此话转告太后武则天。武则天当下与裴炎商定计谋。这年二月，武则天密诏中书侍郎刘祎之，羽林将军程务挺、张虔勖等率兵入宫，在乾元殿召集百官。太后武氏临朝，裴炎宣布太后敕令，废中宗为庐陵王。

　　中宗愕然，不知自己犯了何罪。武太后大声训斥说他连天下都想送给韦玄贞，还说没罪吗？中宗无话可说，只能悻悻退位。接着裴炎等人又推相王旦为帝，改元文明，即唐睿宗。

　　中宗被废为庐陵王后，四月迁到房州，之后的十四年中，韦后一直陪伴中宗，备尝困苦，情爱笃深。每次听说敕使到来，中宗便恐惧得要自行寻死，韦后多次劝阻。时间长了，中宗更相信韦后所言，并与韦后发誓："如有一天若重登皇位，只要你要干的事，想要的东西，我决不禁止。"可能正是这句话，使韦氏在中宗复位后变得胆大妄为，无法无天。

武则天经过反复权衡利弊，终于决定将李显一家接回东都，复立李显为皇太子，韦氏亦再次当了太子妃。神龙元年正月，宰相张柬之和羽林将军桓彦范、敬晖等五大臣乘着武则天患病之机，发动政变，杀张昌宗、张易之及武氏数人，迫使武则天传位给太子李显，仍称中宗，恢复唐朝。

中宗复位后，韦氏重新被立为皇后，昔日压抑已久的权力欲开始萌动。五月，韦后上表请求修改服役制度，二十三岁为成丁开始服役，五十九岁免役，减短服役时间，以取悦百姓。中宗欣然允许。每次朝廷议事，韦后必定布设帐帷，坐在殿上，干预朝政，像武则天和高宗时那样。桓彦范见状上表说自古帝王凡与妇人共议政事的，最后没有不国破人亡的。中宗不听。不久中宗又追赠韦后的父亲韦玄贞为上洛王，左拾遗贾虚己又上疏说自古的惯例对异姓不能封王。高宗时曾封武后父为太原王，此鉴不远，陛下应该防微杜渐。韦后对此怀恨在心，时刻想加以报复。

韦后生有一男，即邵王重润，早夭，追赠懿德太子；生有四女，即永秦、永寿、长宁、安乐四公主。她的儿女中安乐最小，是中宗被废后在赴房州途中所生。韦氏分娩，中宗脱衣作褓褓，于是起名裹儿。韦后、中宗对裹儿特别宠爱。中宗召还东都后，武则天见了裹儿，做主把她嫁给侄武三思的儿子武崇训。裹儿出嫁时，贵戚显宦无不前往祝贺，上官婉儿也作诗贺喜。中宗见上官婉儿诗意清新，容色秀丽，久久不能忘怀，便在复位后召幸婉儿，封为婕妤。婉儿当了婕妤后，为了巴结韦后，又把情夫武三思介绍给了韦后。韦后和上官婉儿便常在中宗面前夸耀武三思的才能，使中宗任命武三思当了司空，同中书门下三品。

韦后与武三思私通的事成了宫廷内外公开的秘密，只有中宗蒙在鼓里，张柬之、崔皎多次进谏，要中宗压抑诸武势力。中宗不但不听，不久之后还采纳上官婉儿的建议，封张柬之为汉阳王、桓彦范为扶阳王、敬晖为平阳王、袁恕己为南阳王、崔玄暐为博陵王，明升暗降，把诸大臣赶出朝廷。武三思等人为绝后患，进一步加害"五王"。武三思暗自令人写了皇后的肮脏事，要求废黜皇后，贴在皇宫附近的天津桥边。中宗得知后大怒，令御史大夫李承嘉调查。李承嘉是武三思的死党，不几天上奏中宗说是张柬之等人所为，此事形同谋反，应当诛族。中宗最后下诏，把五王流放边州。流放途中，韦后、武三思等人又篡改诏令，派人将五王分别杀死。武三思从此权倾天下。

中宗事事求教于武三思和韦后，但在立太子时由于太平公主和相王李旦催得急，没来得及和韦后、武三思商议，便宣布立卫王李重俊为太子。重俊不是韦后嫡生，韦后自然心中很不痛快，武三思对此事也耿耿于怀。韦后的爱女安乐公主听说太子已定，同样焦急万分。安乐公主和她母亲一样妄想如武则天一般当上女皇帝，央求中宗立她为皇太女。中宗在大臣的再三劝阻下，没有答应，但为了安抚她，允许她开府置官。开府置官，实际是韦后和安乐、太平等七公主公开卖官鬻爵，把国家官爵分别标定价格，公开出售，价款交足，母女就用皇帝名义通知中书省发布任命。皇帝下达中书省的谕旨，都斜着封口，表示不必交门下省审查。安乐公主经常把诏书写好，用手遮住内容，请中宗签字。中宗爱女儿心切，也不管写些什么，签字了事。

然而事情发展并非到此为止。李重俊被立为太子后，韦后非常嫉妒，武三思和安乐公主更瞧不起他。太子长期被多方欺压，自然咽不下这口气，便在景龙元年（707）夏，和魏元忠、李多祚等大臣密商斩杀诸武和韦后的党羽。李多祚在夜间假托圣旨，率三百多名羽林军，随太子攻破武府，杀了武氏父子，接着率兵直入禁宫。然而上官婉儿急令羽林军大将军刘景仁调兵保卫宫廷，守住玄武门，使此事功败垂成。李多祚等在混战中被杀，太子率领几个人逃出京师，在林中休息时，被左右随兵刺死。

中宗被韦后等人玩弄于掌中，对国政漠不关心，天天与韦后等嬉游、宴乐。他所宠爱的安乐公主广建第宅，侈靡太大，长宁、太平等公主也纷纷效仿，劳伤民财民力，百姓抱怨越来越多。

景龙三年（709）冬至，中宗到南郊祠堂祭天，国子祭酒祝钦明等提议"皇后也应合祭"。结果中宗初献，韦后亚献。祝钦明又提议安乐公主终献，因祭天是君主、太子的事，遭到大臣们强烈反对，安乐公主没能得逞。景龙四年，定州人郎芨、许州参军燕钦融上疏，说韦后淫乱干政，图危社稷。中宗还未来得及处理，此事便被韦后探知。韦后立刻假传圣旨，将他们捕杀。

渐渐地，韦后不想再等待了。她认为要想像武则天那样成为女皇帝，就要及早杀掉中宗。而安乐公主因父亲拒绝立她为皇太女，早已心中不悦，这时也希望父亲早早死掉，母亲当了皇帝，自己就能成为堂堂正正的继承人——皇太女。这对母女在病态权力欲望的支配下已经丧失了人性。

景云元年（710）六月，韦后把毒药放进中宗平时喜欢吃的三酥饼馅儿里，毒死了中宗，然后秘不发丧。她一面把各宰相召入禁宫，征集各府兵五万人屯守京城，命亲信分领府兵巡行京都六街；一面与太平公主、相王李旦、上官婉儿议立太子一事。太平公主是武则天爱女，本就对韦氏族党在朝廷为所欲为深为不满，又觉得中宗暴死疑点甚多，便极力拥立相王旦再次为帝。双方僵持不下，最后暂时达成妥协，由五岁的温王李重茂继位。温王非韦后亲生，韦后却仍以皇太后自居，临朝摄政。

韦后虽有武则天一般的野心，却并无武则天一般的胸襟和才能。她觉得帝位已经唾手可得，便掉以轻心。然而不出十天，就在她积极布置称帝的仪式时，中宗的侄子、相王李旦的三儿子临淄王李隆基深夜在太平公主的接应下率领禁卫军冲进皇宫，杀死韦氏，接着又捕杀了武廷秀等韦氏族党，安乐公主和上官婉儿也相继被杀。后来韦后又被追贬为庶人，她的女皇梦就此彻底破灭。

第五章　唐睿宗李旦皇后刘氏、窦氏

678年，唐高宗第八子李旦被封为豫王后，刘氏被纳为孺人，不久又被立为豫王妃。此后七八年间，刘氏先后生下了儿子宁王李宪和寿昌、代国两位公主。

嗣圣元年（684），皇太后武则天临朝称制，废中宗李显，改立豫王李旦为帝，改元文明，刘氏也当了皇后。然而李旦名为皇帝，实为傀儡，武则天依旧临朝称制。而且即使是名义上的皇帝和皇后，他们夫妇二人也只当了五年。载初元年（690），武则天改国号为周，自称皇帝。于是，李旦从皇帝降为皇嗣，徙居东宫，享受皇太子的待遇，刘氏也由皇后再次降为王妃。

刘氏对这种朝不保夕的生活深为愤懑，她在没有其他良策可施的情况下，只好采取巫蛊咒诅之法，指望能诅死则天女皇。不料事情泄露，长寿二年（693）正月，正当刘氏去嘉豫殿朝见则天皇帝时，被则天所杀，尸身埋于何处也无人知晓。

同一年，因同样原因死去的还有李旦的另一位妃子、唐玄宗李隆基的生母窦氏。窦氏是唐高祖李渊皇后堂兄窦抗的曾孙女，李渊二女儿襄阳公主的孙女，润州刺史窦孝谌之女。武则天之子相王李旦年十四岁时，武则天听说窦孝谌之女貌美端雅，又知书达理，于是便与高宗商量，纳窦氏为李旦王妃。光宅元年（684），李旦即位为睿宗，封窦氏为德妃。后窦氏生下李旦第三子李隆基，又生下了金仙、玉真两位公主。窦氏被武则天暗杀之后，最终也未找到尸体。

直到景云元年（710），睿宗再次即位为帝，才将刘氏与窦氏之案昭雪。刘氏被招魂葬于东都城南，名惠陵，追谥为"肃明皇后"。窦氏被招魂葬于"靖陵"，追谥为"昭成皇后"。后太子李隆基即位为玄宗，又追尊生母"昭成皇后"为皇太后。

　　玄宗开元四年（716），睿宗李旦驾崩，并被葬于桥陵，玄宗遂迁其母窦太后与父亲合葬。

第六章　唐玄宗李隆基皇后王氏

　　王氏出身于士族，先祖是梁朝冀州刺史王神念。王氏的父亲王仁皎，在唐朝初年曾任甘泉府果毅都尉。长寿二年（693），李隆基初封临淄郡王，纳王氏为郡王妃。时李隆基年十八岁，王氏年约十六岁。

　　武则天退位还政，恢复了李唐的国号，唐中宗李显复辟归位。中宗如其父高宗一样懦弱无能，大权落入颇有野心的韦后手中。韦后想效法武则天，也要做女皇帝。面对李唐王朝再次易姓的危机，李隆基与侍读张说密谋，联络太平公主，策动羽林军发动宫廷政变，诛杀韦皇后及其族人党羽，稳定李氏大统。在这一场政治风波中，郡王妃王氏显示出了政治上的胆识和见地，她不仅晓以利害，力劝李隆基举兵翦除韦后及党羽，甚至直接参与了丈夫的谋划。这次政变成功，韦后、上官婉儿及其党羽被一网打尽。李隆基的父亲李旦即位，是为睿宗。李隆基匡扶大唐基业有功，先封为平王，继之立为太子。王氏亦晋册为太子妃。

　　景云三年（712），太子李隆基与张说、太子妃的孪生兄长王守一再次发动政变，杀掉了同样有登位野心的太平公主，彻底翦除了残余的武氏势力。就此失去了自己最后一位兄弟姐妹的睿宗受到极大震动，他随即宣布退位，将皇位禅让给太子李隆基。于是李隆基即皇帝位，是为玄宗，王氏册立为皇后。

　　王氏贵为皇后，王氏家族也因此显赫。王皇后家族，大都受封、得官或升迁。然而王皇后一直没有生育，李隆基的其他几位嫔妃却均生育有子女。李隆基即位后，杨良媛生下一个皇子，取名李亨。李隆基在李亨出生前曾有梦中祥兆，因此对李亨母子宠爱有加，晋封杨良媛为贵嫔。

李亨之事更增添了王皇后的担心，她寻得一位道长为李亨占卦，卦象为"不宜养"。王皇后据此将李亨接到后宫，收为己养。杨贵嫔无法与王皇后相争，只得割爱，不久后她便病逝。但王皇后的忧虑却又加一重，因为李隆基有了一位新宠，那就是后来权倾一时的武惠妃。

武惠妃自从见宠于玄宗，宫中礼遇几乎与王皇后平起平坐。武惠妃恃宠而骄，也不将王皇后放在眼里。王皇后对此甚为不满，常常在玄宗面前数落武惠妃的逾礼。但是玄宗对武惠妃的爱宠极深，所以反而认为王皇后是为了争宠而故意诋毁。

唐玄宗对王皇后日益不满，于是渐生废后的念头。他多次与秘书监姜皎商议废去王皇后名位之事。然而玄宗专宠武氏早已引起各方警觉，毕竟"武"这个姓是一个巨大的忌讳。于是秘书监姜皎将玄宗企图废后的念头透露出去，王守一闻讯立即将此事密告王皇后。而玄宗得知此事外泄，立即下诏流放姜皎边地。

姜皎被流放，恰恰证实了唐玄宗废后的意图。王皇后的兄长驸马王守一情急之下便求助于符盎左道，以求度过危机。开元十二年（724）秋，盎咒之事被宫人告发。玄宗闻报极为震惊，亲自查究此案，审讯人证，件件属实，罪不可赦。王皇后被废为庶人，迁出后宫。

王皇后被废为庶人以后，其兄王守一被贬为柳州别驾。当王守一行至蓝田时，玄宗二次诏书又至，诏令"赐死"。王守一接诏自杀，王家财产全部抄没充公。当年十月，王庶人忧郁病死。玄宗下令以一品官的礼仪葬于长安城外的无相寺。

宝应元年（762），玄宗的孙子、唐代宗李豫即位以后为废后王氏昭雪，免去所有罪名，追复皇后尊位，但未上谥号。

第七章　唐玄宗李隆基贵妃杨玉环

　　杨玉环是隋末梁郡通守杨汪的四世孙杨玄琰的女儿，被列为中国古代四大美女之一。初为玄宗第十八子寿王李瑁之妃，因其姿色绝美，晓音律，擅歌舞，为玄宗所爱。于是玄宗"父夺子妻"，纳玉环入宫充为贵妃。

　　开元二十二年（734），年方二八的杨玉环通过一个偶然的机会意外地认识了玄宗最宠爱的女儿咸宜公主。在同咸宜公主的来往中，杨玉环又认识了公主的同母弟弟、时封寿王的皇子李瑁。

　　咸宜公主和寿王都是唐玄宗最宠爱的妃子武惠妃所生。武惠妃是女皇武则天的侄女，深得玄宗的宠爱。王皇后被废后玄宗曾想立她为后，最终迫于种种压力没有实现。然而武惠妃所享受的礼遇品格却是皇后级的，她也就成了宫中实际的皇后。寿王对杨玉环一见钟情，武惠妃通过女儿咸宜公主获悉此事，为了达到废掉当朝太子李瑛、改立儿子寿王为太子的目的，便和玄宗通气，玄宗也很快应允了李瑁的要求。

　　开元二十三年（735）年末，杨玉环被册立为大唐皇子李瑁的王妃。在寿王府的几年是杨玉环一生好运的开端，她得到丈夫寿王的欢宠，也受到婆婆武惠妃的关照，能够时常入侍宫中，得见皇帝。然而开元二十五年（737）年末，年仅四十岁的武惠妃突然暴病身亡。这对于寿王来说无疑是塌天大祸，母亲的早逝使他被立为太子的希望一下子变得十分渺茫。果然，太子的人选很快确定了，这就是后来的唐肃宗李亨。

　　虽然太子的人选终于有了定论，但玄宗皇帝却因思念武惠妃而陷入哀痛之中，郁郁寡欢，除了上朝例行公事，常一人独处。宦官高力士见玄宗如此，便在一次与玄宗的闲谈中，向皇帝进言道："听说寿王妃杨氏容貌姣好，颇似惠妃，不知陛下意欲如何？"

经高力士一提醒，玄宗想起了寿王妃杨玉环。这个儿媳他见过几次，确实有一些惠妃的影子。玄宗皇帝多日来阴郁的面孔上总算出现了笑意，可是他随即想到杨玉环是自己的儿媳妇，便只能叹息一声。不过高力士明白玄宗叹息的原委，向玄宗拍胸脯保证把事情办成。杨玉环的命运就这样在玄宗与高力士主奴谈笑间被决定了。

开元二十八年（740）十月，玄宗让宰相李林甫留守京师，自己带领文武官员行幸骊山华清宫。玄宗在到达华清宫的次日，诏令寿王妃杨氏赴骊山侍驾。寿王心里十分清楚这道诏令的意思，为免于杀身之祸，寿王咬咬牙决定献出爱妻。杨玉环也明白只有依从皇帝，才能保全杨家一门的荣华显要以及丈夫寿王的性命。杨玉环就此与丈夫告别，匆匆离开寿王府前往骊山。

在高力士等人的安排下，唐玄宗就这样得到了杨玉环，在骊山离宫里度过了最欢快的一段时光。他一扫之前的阴郁颓唐，人仿佛都年轻了不少。然而杨玉环毕竟是他的儿媳妇，父子共享一个女人，这在礼制上是行不通的。玄宗一时间没有任何借口可以纳她为妃，只得迂回行事。玄宗先是以为已故母亲窦太后奉献为名，让杨玉环自请出家为道姑，住在皇宫中的太真宫，赐号"太真"。这样皇帝以后将要娶的就是女道士杨玉环，而不是寿王妃杨玉环了，无论老子还是儿子面子上都不那么难看。这期间杨玉环名为道姑，实则每晚都与玄宗同寝。

这种状况本来会持续相当一段时间，但恰逢开元二十九年（741）元宵节晚上杨玉环外出游元宵灯会时偶遇曾获玄宗专宠的梅妃，梅妃轻佻地骂她是肥猪。此事深深刺激了杨玉环，使她想尽办法加快正式进入玄宗后宫的步伐。

杨玉环先是软磨硬泡，让皇帝不再叫她"太真"，改称"娘子"，并让宫中的人也这样称呼，再次提高了自己的地位。她还想方设法寻找帮手。最初的人选宰相李林甫几次试探未果之后，她就把联手的目标改成了一手将她送进宫来的宦官高力士。高力士同玄宗的关系可以说形影不离，而且在许多重大决策中高力士都很有发言权。据说太子李亨的册立就是高力士的一句话决定的，因此东宫太子将高力士视为兄长。

初夏的一个黄昏，杨玉环邀请高力士到自己的宫室，开门见山地表达了自己和他结盟的意愿。高力士表示同意，并建议她想办法让自己的娘家人进入朝廷，扩大权势的同时互相巩固地位。此后两人频频来往，杨玉环事事都同高力士商量，高力士则为杨家的每一个人都安排了合适的位置。两人互相勾结，着意排除妨碍她的势力，巩固自己在宫里的地位。

除了高力士，还有一个人也走进了杨玉环的视线并被她引为臂助，那就是平卢节度使安禄山。安禄山是个混血胡人，据说会七个民族的语言，曾在幽州节度使张守珪部下干过，因为战功累累受到玄宗赏识，被任命为平卢兵马使、营州刺史，到天宝元年（742）被破格提拔为平卢节度使，成为唐朝第一个拥有节度使称号的胡族将军，一手掌握了北部边境的军权、民权和财政大权。

安禄山身材肥胖，看似老实忠厚，其实十分机灵狡诈。天宝二年（743）正月，他带着大批随员入京朝见，在觐见时一眼看出杨玉环极受玄宗宠爱，于是先向杨玉环行礼，再向玄宗行礼，玄宗问他这样做的缘故时，他振振有词地说："从小时候起，臣就只向母亲行礼，从未对父亲行过礼，因为我只知道母亲生下了我，至于父亲是谁，那就很难说清了，因此臣总是先向女的行礼。"

这番话虽然粗俗并引来满殿的笑声，却不但令玄宗对此毫不介意，还博得了杨玉环的好感。后来安禄山又花言巧语讨好杨玉环，还认她做自己的义母。玄宗和杨玉环见状都欣然同意。

至此，杨玉环不但独霸玄宗的宠爱，又有高力士和安禄山分别在内外引为臂助，她距离被封为贵妃的日子已经不远。

天宝四载（745），唐玄宗亲自为寿王选了一位出身比杨玉环高贵一些的新正妻，颁布诏令册立韦昭训的女儿为寿王妃。他对儿子进行完这番补偿，也解除了最后的心病。八月，唐玄宗李隆基发布诏命册封太真宫女道士杨玉环为贵妃，二十七岁的杨玉环在入宫五年后终于有了正式的名分。杨氏一门自是大受封赐，显贵一时。

杨玉环本就受宠，当上贵妃后更是变得穷奢极欲。单是为她织锦刺绣的工人就有一千二百多人，据说她一顿饭的花销就相当于当时十户中等人家的房产。年老的皇帝也不时地赐给她各种金银饰物和古玩珍画，有时还亲自取来黄金步摇为贵妃插在头上。杨贵妃爱吃荔枝，玄宗就诏令岭南地方官，荔枝成熟时选择最好的派专人奉送。于是每年荔枝成熟的季节，从岭南到长安的官道上马不停蹄，日夜兼程，"一骑红尘妃子笑，无人知是荔枝来"。

杨贵妃受到专宠，玄宗一日三餐都在贵妃宫中进膳，连处理军国大事都拿到了贵妃宫中进行，权倾朝野的宰相李林甫有事都是直接到贵妃处找皇上。贵妃的任何要求都变成了诏令通过玄宗的口发出去，杨氏家族的权势也超过了其他王族。

杨贵妃的堂兄杨钊不学无术，但仪表堂堂，颇善辞令。高力士认为杨钊如果能和贵妃的干儿子安禄山联合起来必能成大事。由于杨贵妃在皇帝面前的极力夸耀和杨钊的善于投机钻营，到天宝九载（750），他已官至兵部侍郎兼御使中丞，遥领剑南节度使，身兼十五使职，权倾内外。这年八月，玄宗正式赐杨钊名国忠。杨国忠和李林甫一样都是阴险奸诈之辈，对外暗结帮派，对上取媚皇帝，骗取玄宗的信任，以至于许多重大事情玄宗都撇开宰相李林甫直接找杨国忠商量。然而他在得意之余很快便发现玄宗对自己的器重引起了宰相李林甫的不满，李林甫开始处处打击排挤他。

李林甫为相十几年，朝野上下的大多数官员皆出于李氏门下，由地方小吏爬上来的杨国忠自感不是他的对手，他便加强与安禄山在政治上的联系。入朝为官仅四年的杨国忠势力迅速膨胀，成为独揽大权十七年的宰相李林甫的强大对手，双方的明争暗斗渐趋激烈。公元751年，李林甫以剑南地方战乱迭起、边境不稳为借口，奏请玄宗派有剑南节度使衔的杨国忠立即到任平定战事。他企图以此途径把杨国忠排挤出朝。李林甫是在群臣上朝时陈奏的，杨国忠无法当场推卸。散朝后他立即来到贵妃宫室，请贵妃设法让玄宗收回成命。高力士认为杨国忠可以暂避风头，先到蜀地处理一下军务，而后由贵妃奏请圣上将其召回。果然，杨国忠刚到蜀地，玄宗派出的召杨国忠还朝的使者也随后赶到了。

天宝十一载（752），执政十九年的宰相李林甫因病死去。玄宗让杨国忠代替李林甫担任右相。杨国忠当政后，唐朝政治更加混乱。杨国忠大权在握，欺上瞒下，横行受贿，广结罗网，成为李林甫之后又一大奸相。而且他感到不但同样善于媚上而且有实打实功勋的安禄山将来可能威胁到他的地位，便与安禄山反目，这后来导致了一场大祸。

安禄山此人虽然奸诈而又野心勃勃，但也并非一开始就对唐朝有反心。唐时有出将入相之说，安禄山在北边战功赫赫，就是盼着日后能论功入朝成为宰相。然而杨国忠与他反目后在朝政方面一手遮天，极力把他排斥在中央之外。他意识到自己入朝为相的抱负已经不可能实现，便转向走上了准备谋反的道路。

杨贵妃对此浑然不觉，还将安禄山引为自己地位的保障，多次暗中庇护，杨国忠几次陷害安禄山都因此不能成功。安禄山知道唐朝这些年来已经变得外强中干，于是加紧准备反叛。他一面积极招兵买马，制造兵器储备粮草，一面用贿媚赂取的手段骗取玄宗和贵妃的信任。他在公开反叛的前夕兼任平卢、范阳、河东节度使，拥有十五万兵马，是唐朝权势最大的边将。

天宝十四载（755）十一月九日，安禄山在范阳起兵，以"诛杨国忠"的名义率领胡汉兵马十五万长驱南下，兵锋直指长安，公开发动了武装叛乱。安禄山起兵的消息是在十五日传到长安的，玄宗顿时大为震惊。河北的州郡纷纷投降，安禄山的军队所向披靡，速度之快超过了人们的预测，一月之间已经渡过黄河，迫近东都洛阳了。

安禄山军八日逼近洛阳外围。封常清率军迎战失败。十三日，安禄山进占洛阳。慌忙离开华清宫回到长安的唐玄宗听说洛阳失守，封常清退到陕州，高仙芝退保潼关，立时怒不可遏，下令将封常清、高仙芝在军中斩首示众。群臣极力反对，表示国家用人之际不宜斩杀大将。玄宗一意孤行，二十日，封常清、高仙芝在潼关被杀。陇右节度使哥舒翰被任命为守潼关的主将。

次日，哥舒翰率领留守京城的八万人马出发了，再算上潼关的高仙芝部和封常清部以及各地汇集来的残兵败将，共计二十多万人马。这是唐玄宗守住长安的最后一线希望，患得患失之下，他不由得犯了嘀咕，大病初愈的哥舒翰能敌得过拥有重兵的安禄山吗？他突然对贵妃说："我想让太子监国，我要亲自率部队征讨安禄山这个畜牲！这个杂胡！我要亲手割下他的首级！"

对玄宗的打算贵妃立即表示赞同。然而得知这一消息的杨家人却惊慌了起来。杨国忠等人立即谒见贵妃，请求贵妃设法阻止皇帝亲征。他说太子一旦监国，杨家倒霉的日子就到了。杨贵妃还是冷冷地说道："凡事总得有个结局，我们杨家的美梦也该醒了。"

至德元载（756）正月，安禄山在洛阳称帝建国，自号大燕国皇帝，改年号圣武，正式建立起与玄宗分庭抗礼的政权。但是他首次进击潼关没能成功，到了四月份，他的后方兴起了许多义军，规模小的也有万余人。义军中规模最大的是郭子仪和李光弼的部队，他们到处袭击安禄山的部队，收复了一些失地，一些投降的州郡纷纷反正。接着又有消息传来说安禄山病重，目不能视，这使长安的部分官员掉以轻心，认为收复洛阳的时机已到，请求玄宗下令让哥舒翰立即出兵收复洛阳。

哥舒翰对这一要求回奏称："安禄山的军队远道而来，不能持久，速战速决对他们有利。而我军全系新募兵员，应该凭险固守，以待各地勤王之师。因此进攻事宜还望延缓时日。"

老将军的分析确实合乎用兵之道，玄宗又犹豫了。可是一份意外的奏折却断送了玄宗守住长安的最后希望：握有二十万大军的哥舒翰一旦谋反，挥戈西指，还有谁能抵挡？玄宗被安禄山背叛后，自然不敢再完全相信哥舒翰，于是不顾哥舒翰的反对，诏令哥舒翰立即出兵收复东京。

六月十日，哥舒翰的二十万大军从潼关出发，在灵宝县西原同安禄山的劲旅崔乾祐部相遇，展开了决战。哥舒翰麾下人数虽多，但大部分是新募兵士，实为乌合之众，因此决战的结果可想而知。官军死伤大半，哥舒翰被俘，潼关失守。

潼关失守的消息传到长安，长安城内一片惊慌，宰相杨国忠召集紧急朝议。潼关一失，长安无险可守，安禄山的部队很快会到达长安。这事情谁都明白，但是谁也没有解决办法。次日杨国忠入宫，请皇帝西狩，玄宗在慌乱中度过了这一天。

第二天凌晨，大唐天子李隆基带着杨贵妃、高力士及一批皇子皇妃出了延秋门，踏上了逃难的路途。跟随去蜀的有太子李亨、宰相杨国忠等臣僚及充当护卫的龙武将军陈玄礼率领的龙武军。逃难的皇室渡过渭水继续西行，一路上颠沛流离苦不堪言。起程不久，东宫宦官李辅国为太子李亨转达了龙武将军陈玄礼的话：国家遭此大难完全是杨国忠骄横跋扈所引起，请杀死杨国忠以谢天下。

逃难的队伍到达马嵬驿站时，杨国忠为安置随行的外国使者忙得满头大汗，他和二十多个吐蕃使者交涉供给使团粮食问题的时候被陈玄礼的部将看见，这个部将立即高喊："宰相与胡虏谋反！"呐喊的士兵举起刀剑追向杨国忠，他还没跑出多远就被蜂拥而上的士兵乱刀杀死。杨国忠的儿子、户部侍郎杨暄及韩国夫人等同时丧命。

正在驿亭中吃饭的唐玄宗和杨贵妃听到外面的叫嚣声悚然而起，不久就有人报告：宰相杨国忠已被叛乱的龙武军杀死。皇帝闻言大吃一惊，容不得他多想，叛乱的士兵已围住了驿馆，龙武将军陈玄礼大声说："宰相杨国忠谋反已被臣等杀死，然而祸根却还留在宫中，请陛下割爱正法！"

玄宗当然明白陈玄礼所指，自然不愿，可是士兵聚集不动，满脸杀气，形势非常紧迫。高力士见状也只能抛弃杨贵妃，说："陛下，贵妃确实是无罪的，可将士们已经杀了杨国忠，贵妃还在宫中，将士们怎能安心？将士心安陛下才能身安！"

杨贵妃已经明白自己在劫难逃，含泪向玄宗长辞："愿陛下珍重圣体，平安到蜀，妾死九泉亦当瞑目！"

玄宗泪落如雨，但此时此刻他能为自己心爱女人所做的唯一一件事也不过是命令不准使用刀剑，给她留下全尸。

于是年仅三十八岁享尽了人间荣华富贵的杨贵妃在马嵬驿佛堂前的梨树上结束了自己的生命。权倾天下的杨氏一门在各地被同时扫荡。杨贵妃死后，玄宗命人将其就地葬于马嵬坡。此墓冢封土传说可以润肤，故游人有好奇取土者。

第八章　唐肃宗李亨皇后张良娣

天宝十四载（755），安禄山、史思明发动叛乱，爆发了长达八年之久的"安史之乱"。安禄山叛军势头极猛，次年便攻破潼关，直取长安。唐玄宗从长安仓皇出逃，行至马嵬驿时军队发生哗变，有逃难吏民跪在太子马首恳请太子主政，玄宗立即颁布诏书，准太子李亨留驻马嵬驿主政监国收拾残局。太子妃良娣张氏与东宫太监李辅国便劝说李亨顺应吏民要求，留马嵬驿统领各镇勤王之师，迎战叛军。

李亨曾任朔方节度使，那里路途不远，又有朔方留守杜鸿渐和行军司马裴冕多年经营，兵精马壮。因此李亨决定西去朔方灵武征集兵马，再兵发长安。张良娣已有孕在身，随军西去朔方，一路十分劳苦。李亨随从军卒为数不多，一路上和逃难百姓同行，杂混一处，更觉混乱。为防李亨遭遇不测，每晚住宿，张良娣都将自己的被褥安置在前厅，让李亨住到后室。

李亨、张良娣一行顺利到达朔方灵武后，广集各镇兵马准备兴兵讨伐安史叛军。李光弼、郭子仪等人，闻知监国太子李亨已抵灵武，纷纷率部队前来会合。张良娣的儿子就在灵武降生，取名李侗。产后三天，张良娣不顾体虚，起身亲自带领随军女眷，为前线将士赶制战袍军服。

至德元载，在张良娣、李辅国及文武官员的要求下，李亨在灵武即皇帝位，是为肃宗。改年号为"至德"。尊李隆基为"上皇天帝"。肃宗即皇帝位后，立即诏令各部唐军，进剿叛军。李光弼、郭子仪率唐军及部分借用的回纥兵，大举进攻，很快就收复了长安。

至德三载（758），肃宗李亨、张良娣等返回长安，他又派人到成都接回太上皇李隆基，于城南兴庆宫居住。肃宗回京后，即册晋张良娣为"淑妃"，同年又诏立张淑妃为皇后。张氏一家皆加爵升官，因此显贵。

乾元二载（759），为了加强对各方镇的控制，强调皇帝的权威，唐肃宗李亨诏令群臣重议帝号。经过廷议，上尊号为"乾元大圣光天文武孝感皇帝"。张皇后闻知，觉得自己帮助肃宗共度国难劳苦功高，便也要求为自己上尊号为"翊圣"。"翊圣"即为拥戴辅佐皇帝的圣贤之人。不想这一诉求激起了朝臣的强烈反对。尤其不幸的是，恰好月食天象出现在当天晚上。朝中盛传皇后阴德过盛，以阴压阳，因此天降灾象，以示惩戒。古人对这套天人合一的迷信观念颇为信奉，因此这件事对张皇后是个巨大的打击。为避天灾，唐肃宗诏令禁止为张皇后议上尊号。从此以后，唐肃宗对张皇后日渐疏远。

张氏既然已经做了皇后，便恳请肃宗立她的儿子李佋为太子，却遭到肃宗第三子建宁王李倓的强烈反对。不久李佋夭折，肃宗立了庶出的长子李豫作为太子。张皇后对建宁王李倓怨恨不已，并多次谗害李倓，终使肃宗下诏赐死了李倓。

张皇后虽然常以李豫非嫡出为由，希望肃宗改立她的小儿子李侗为太子，然而太子李豫率唐军先后收复了长安和洛阳，已经名震天下，威望日隆，朝中文武大臣反对易立储君。连太上皇李隆基也极为反对此事，他认为恢复李唐江山的重任只有李豫才能承担。张皇后由此深恨太上皇，于是勾结宦官李辅国，多次密奏肃宗诬陷太上皇李隆基欲复帝位，要肃宗将太上皇迁出幽禁。

肃宗李亨因内外忧虑、心烦成疾，以致病危。肃宗病后，张皇后乘机矫诏逼迫太上皇李隆基迁入西宫甘露殿，又将高力士流放巫州。太上皇李隆基被软禁甘露殿以后，染病不起，于上元元年（760）病逝。肃宗闻此噩耗，病势更加严重。他在弥留之际诏命太子李豫主政监国，掌管一切军国政事。

如此一来，太子李豫继承大统的局势已定。李辅国见肃宗命在旦夕，张皇后大势已去，便转而投靠太子李豫。张皇后不甘心失败，转而勾结肃宗第二子越王李系，图谋贬废李豫，立李系为太子。李系应允以后，张皇后便假传圣旨，急召太子李豫到长生殿觐见，企图捕杀太子李豫。

张皇后自以为得计，却不知自己的行踪早就被密报给了李辅国、程元振。李辅国等在凌霄门拦住了太子李豫并将张皇后的阴谋告知，使太子免于被害。当天夜里李辅国和程元振亲自率禁军冲入长生殿。肃宗因受到惊吓，当即毙命。李辅国控制了局面以后，将张皇后押解出宫，幽禁于别殿。

宝应元年（762），太子李豫即皇帝位，是为代宗。唐代宗经廷议议决，颁诏历数张皇后的罪过，贬张皇后为"庶人"，后杀于宫中。张皇后族人及亲信，全部被杀。张皇后的弟弟张清、张潜亦被流放。

第九章　唐代宗李豫皇后沈氏

沈氏出于冠族仕宦之家。开元末年，沈氏以良家之女被选入东宫，为太子李亨长子广平王李豫妃。沈氏后生子李适，即后来的唐德宗。

天宝十四载（755），安禄山攻陷长安，唐玄宗率嫔妃及皇子皇孙仓皇出逃，沈氏一步走迟，落于敌手，被安禄山乱兵押解至东都洛阳。翌年，李亨即位为肃宗，以李豫为兵马大元帅。李豫率兵收复东都洛阳时与沈氏在洛阳宫中相逢，但因军情紧急，李豫尚未安置沈氏便匆促北征。后来平卢兵马使史思明从安禄山叛，再次攻陷洛阳，沈氏又陷入敌营。当平定"安史之乱"后，唐代宗李豫遂派人寻找沈氏，然终未找见，从此沈氏失踪。

人们推测，沈氏很可能是死于史思明乱军刀枪之下，时年约三十岁。

建中元年（780），沈氏之子李适即位为德宗，尊生母沈氏为皇太后。后在德宗继续派人寻找母亲下落时，曾先后有人前来冒充，德宗均免罪释放。最终，德宗觉得寻母无望，便令人为母亲做了一套太后朝服，又选择吉日，将太后朝服奉迎于代宗元陵（今陕西富平县），祔葬于代宗陵寝之侧。顺宗李诵（德宗长子）时，又追尊沈氏为太皇太后，谥为"睿真皇后"。

第十章 唐德宗李适皇后王氏

广德元年（763），唐代宗即位，封长子李适为天下兵马大元帅、鲁王。这期间，李适纳出身名门的王氏为妻。不久王氏生下一子，取名李诵，即后来的顺宗。李适很高兴，对她更加宠爱。

大历十四年（779），代宗去世，李适即位，是为德宗，立即封王氏为淑妃，排在众嫔妃之首，行使皇后的权力。几年后，唐朝爆发了泾原之乱，叛乱的将领占领了长安，德宗仓皇逃往陕西乾县时，居然连玉玺都忘了带，幸亏王淑妃心细，把玉玺藏在衣服里，后来解了燃眉之急，此事让德宗大为赞赏。离开长安后的颠沛流离和刚刚生下后即夭折的女儿都给了王淑妃很大打击。回到长安后，王淑妃便一病不起。

贞元二年（786）年末，德宗宣布立王淑妃为皇后，为其举行了隆重的册封仪式。文武百官都参加了这个仪式，病中的王皇后也挣扎着与百官见面。然而仪式刚落下帷幕，王皇后便撒手归西。德宗将她葬于崇陵，赐谥号为"昭德皇后"。

第十一章　唐顺宗李诵皇后王氏

　　王氏成长于将门之家，她幼年被选入宫成了才人。代宗见她年幼可爱，温文尔雅，便将她赐给了长孙宣城郡王李诵，当时王氏年仅十三岁。

　　大历十四年（779），李诵晋封宣王，王氏被立为宣王孺人。同年五月，德宗李适即位，李诵又被立为太子，王氏也被封为"良娣"。同年，王氏为李诵生了一个儿子，取名李纯。

　　李诵迎娶太子妃在王良娣之前，而且是王良娣生有两个儿子，特别是李纯，是李诵的长子。如果王良娣有争嫡立长的野心，这是可以利用的最好机会，但王良娣对太子妃始终十分尊重，从不搞争宠斗艳的阴谋诡计。

　　贞元后期，政治的愈发混乱失控，唐德宗在政治上失意以后，便放纵享乐，沉湎于酒色。太子李诵忧心如焚，积劳成疾，王良娣为此焦急万分。她日夜守候在李诵身边，还带头节俭度日，使宫内风气大为好转。

　　鉴于历代外戚依靠后妃得宠而弄权聚财的教训，王良娣对自己的族人倍加抑制，从不妄加赏赐、索官请爵，王良娣对得官的王氏族人也训导严厉，以防止他们妄加干政，结党营私。她对自己的两个女儿也家教严格，养成了姊妹俩格外节俭、量入为出、从不攀比的生活习惯。一直到文宗即位之时，两位公主府邸中衣器物仍是十几年前结婚时母亲所赐送。内外都称赞王良娣有古后妃风。

　　贞元二十年（804），忧国忧民的太子李诵突然得了中风病，口不能言，瘫痪在床。第二年，唐德宗病逝，李诵即位，是为顺宗，改年号为"永贞"。顺宗即位以后，虽然病重卧床，还是打算施展自己的政治抱负，便起用了王叔文、王伾以及柳宗元、刘禹锡等人改革弊政。史称为"永贞革新"。

永贞革新不但触动了宦官的利益，也触动了腐朽的旧官僚的切身利益，因此遭到他们的联合反对。当时顺宗的中风病已经很重，权阉俱文珍抓住这一点，策动一部分藩镇节度使上表朝廷，称顺宗久病，无法处理国事，应让位于太子。

新政在朝野的一片反对声中也无法推行，顺宗自知无法在此生无多的时日里实现自己的政治抱负，便打算了却自己的另一桩夙愿，正式册封王良娣为皇后。然而随着顺宗病情一再加重，册封皇后之事也不得不中止。

永贞元年（805）秋，只做了八个月皇帝的顺宗李诵不得不"禅位"于太子李纯。自称太上皇，同时册立王良娣为"太上皇后"。次年正月，顺宗病逝，唐宪宗李纯迫于宦官集团的压力，将太上皇后王氏的封号改为"皇太后"。

册封"皇太后"的典礼刚刚完毕，王氏就被迁出后宫，到长安城东南的兴庆宫居住。朝政大权完全落于权阉集团之手，宪宗李纯实际上成为一个傀儡皇帝。

元和十一年（816），皇太后王氏因为长期不得与儿子李纯相见，忧思成疾，病逝于兴庆宫咸宁殿，时年五十四岁。王氏去世以后，朝议尊谥号为"顺宗庄宪皇后"，与唐顺宗李诵合葬于丰陵。

第十二章　唐宪宗李纯贵妃郭氏

永贞元年，唐顺宗驾崩，李纯即位，是为唐宪宗。

在李纯还是广平郡王之时，名将郭子仪之子郭暧与升平公主所生的女儿郭氏就被他纳为王妃。顺宗对这个儿媳妇特别喜爱，李纯也非常喜欢郭氏，两人十分恩爱。贞元十一年（795），郭氏生下儿子李恒，为李纯的第三子。郭氏还为李纯生了一个女儿。

然而李纯即位做了皇帝后，只将郭氏封为贵妃，虽然比那些淑妃、美人高了一等，但并未封为皇后。朝中群臣认为国中不应有帝无后，而且郭贵妃出身名门，且生有子，又以贤淑达理而著称于宫阙内外，于是在元和八年（813）末联名上表，请宪宗立郭贵妃为皇后。然而宪宗为了肆意花丛，无视群臣苦谏，在位时始终未封皇后。宪宗这种做法为晚唐开了一个不好的先例，在他之后连续有五朝皇帝都不曾立后。

郭贵妃虽未被册封为皇后，恭谨有礼谦和仁爱的行状仍始终如一，在宫中备受尊敬。她的女儿岐阳公主也女道淑娴，颇受称道。公主下嫁太子司仪郎杜悰，丝毫没有皇家公主的骄态，孝事舅姑，敬事尊长，杜家老少长幼数百人，公主均以礼相待。人们在称赞公主的同时，也总是夸郭贵妃教女有方。

郭贵妃所生之子李恒是宪宗的第三子，李恒从小就聪敏贤能，又受郭贵妃的良好教导，深得宪宗喜爱。太子李宁病死后，宪宗便立李恒为新的太子。

宪宗即位之初，尚能勤于政事，但后来却逐渐沉湎于享乐，相信方士，寻求长生不死药，在宫中大炼金丹。他服食金丹过多，因而变得脾气暴躁，动辄杀死宦官、大臣，郭贵妃多次劝解都未奏效。

元和十五年（820）年初，宪宗病危，内侍陈弘志率兵杀死了吐突承璀和李恽，并将宪宗毒死。随后拥立太子李恒为皇帝，是为唐穆宗。穆宗尊他的生母郭贵妃为皇太后。朝中上下对穆宗被宦官拥立有些议论，但对郭贵妃被尊为皇太后却普遍欢迎，共相庆贺。群臣及命妇们虽不能入宫，也纷纷到宫门祝贺，可见郭贵妃颇得人心。

郭太后迁居兴庆宫后常去骊山游览观赏，每次出宫，皇帝都令景王督禁卫军侍从。太后从骊山回宫，皇帝亲至奉迎。皇帝的这种至孝侍奉令郭太后过了四年欢愉的生活。

长庆四年（824），穆宗驾崩。按制应由十六岁的太子李湛继承皇位。郭太后多年来声誉良好，有很大德威，于是宦官们想利用她，以太子李湛年龄尚幼为由，请郭太后临朝执政。这理由颇为牵强，因为在古代十六岁就已经可以视作成年了。郭太后自然明白宦官们的心思，怒斥道："你们这是要我像武则天一样吗？即使太子年幼，也可以选择贤能大臣为宰相来辅佐，只要你们这些人不干预朝政，国家就可以太平了。"

太子李湛即皇帝位，是为唐敬宗。敬宗尊他的生母为皇太后，尊郭太后为太皇太后。然而敬宗即位后因不能满足擅权的宦官们的要求，仅隔两年便被宦官谋害。

敬宗死后，各派势力再次展开了殊死的争夺。郭太后为敬宗的暴殒而震惊，为了稳定天下大势，她依靠自己多年的威望诏立敬宗的二弟李昂继承皇位，是为唐文宗。郭太后亲自出面表态传谕全国，对文宗以后稳定朝政起了一定作用。所以文宗对他的这位祖母也事事至孝侍奉。

开成五年（840），文宗驾崩，李炎即位，是为唐武宗。武宗即位后对郭太后仍待之以祖母大礼，以孝相奉，时常进到后宫，向郭太后问候起居，还曾向郭太后请教过为君之道。郭太后告诉他要仔细审阅和筛选奏疏，多听臣下的意见。武宗依言而行，朝政一时间颇有起色。

然而后来武宗崇奉道教到了痴迷的程度，经常服食所谓仙丹，最后搞垮了身体。武宗只做了五年皇帝就驾崩了，时年三十三岁。不久李忱即皇帝位，是为唐宣宗。他是唐宪宗的第十三个儿子，是叔继侄位。

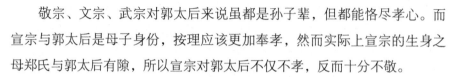

敬宗、文宗、武宗对郭太后来说虽都是孙子辈，但都能恪尽孝心。而宣宗与郭太后是母子身份，按理应该更加奉孝，然而实际上宣宗的生身之母郑氏与郭太后有隙，所以宣宗对郭太后不仅不孝，反而十分不敬。

郑太后原是郭太后的侍女，出身低微，多年来饱受屈辱。如今儿子当了皇帝，自己成了皇太后，自然要发泄多年的郁闷，报复当年宫中旧人。这时候郭太后还居后宫，郑太后便在郭太后身上出气。她当面对郭太后冷嘲热讽，出言不逊，又挑唆她的儿子宣宗不要理郭太后。因此宣宗对郭太后十分冷淡，甚至无礼。

郭太后入居兴庆宫来颐养多年，历为穆宗、敬宗、文宗、武宗所奉孝，如今人到晚年反遭白眼，心里自然十分不愉快。一天，她登上勤政楼望远，眺望之中突然跃身要跳楼自杀，幸好身后的侍女反应快把她紧紧抱住才没真的跳下去。这件事传开后，多数人认为宣宗实在不孝，议论传到了宣宗耳中，令他对郭太后更加痛恨。郭太后在当天晚上突然"暴卒"，次日举哀。郑氏这才觉得出了多年的怨气。

郭太后被葬于唐宪宗的景陵外园，懿宗时终于迁葬于唐宪宗的景陵，谥号为"懿安皇后"。

第十三章　唐穆宗李恒皇妃王氏、萧氏

　　王氏是越州人，婺州金华县县令王绍卿的女儿，她少年时期被选送入大内充当宫女，在东宫侍奉遂王李恒。出身于仕宦家庭的王氏为李恒所看重和宠爱。两人同欢之后生下了长子李湛。

　　不久，李恒即皇帝位，是为唐穆宗。李恒效仿宪宗，不册立皇后，可以在后宫任意临幸，于是，他依样不册封皇后，只把王氏册为妃子。

　　长庆四年（824），穆宗驾崩。李湛即位，为唐敬宗。他把自己的生身母亲王妃册封为皇太后。唐敬宗虽然做了皇帝，但他任性放纵，常不理朝政，整天和宫中的太监、妃嫔和女侍们恣意嬉戏玩乐。对敬宗这些行为，王太后心中十分不安，与太皇太后先后多次劝谏皇帝。敬宗表面诺诺，离开两宫太后仍然我行我素，这后来导致了一场篡位闹剧的上演。

　　当时有个以占卜为业的术士苏玄明，他为一个染坊工人张韶占卜的时候说："可喜可贺，你近日可升坐御帐当皇帝！"张韶说："我要是真能当了皇帝，便封你为宰相。"两个人密谋之后，真的行动起来，他们组织了染工和社会上的无赖百余人，藏在向宫中运送柴草的车子里，混进了皇帝后宫。

　　张韶、苏玄明等手持凶器呼啸而至。唐敬宗当时正在清思殿击球，见状逃到左神策中尉马存亮那里命令他立即派将士讨伐叛逆，又令兵马使尚国忠到后宫去保护和迎接太后、皇太后。清思殿里，张韶果然登上了御座，俨然成了皇帝，可是就只有一顿饭的时间，张韶和苏玄明都死于乱刀之下，同党百余人全部被诛。一个染匠带着不足百人的乌合之众，竟然能够篡位升殿，这在历史上可说是奇闻。王太后在这次事件中也受了不小的惊吓。

敬宗皇帝经过篡位之乱，却游戏如故。宝历二年（826）十二月的一天晚上，敬宗夜猎归来，在殿中和宦官们喝酒作乐，敬宗入后宫更衣，忽然殿中明晃晃一片烛光均已熄灭，又听到内室一声大叫，接着烛光复燃，内侍苏佐明从内室出来说皇帝急病，顷刻之间已然驾崩。这一年，唐敬宗才十八岁。

翌年，内枢密使王守澄、杨承和等人凭借他们的势力，拥戴江王李昂为皇帝，即唐文宗。这年文宗仅十七岁，宦官们认为只有这样的少年皇帝才可以被他们掌控。文宗尊他的生身母亲萧氏为皇太后，而王太后则被尊为宝历太后，仍居义安殿。这时再算上郭太后，后宫之中有了三位皇太后，当时并称为"三宫太后"。

三位太后同时在世，后廷宦官、前堂文武在上表、赐奉和平时称呼，都很容易混淆不清，不知是哪一位太后。公元831年，宰相建白上表说："太皇太后与宝历皇太后未辨，前代诏令不敢斥言，皆以宫为称，今宝历太后居义安殿，宜曰：义安太后。"宝历太后就是王氏。文宗准奏。从此，王氏被尊称为义安太后。

唐文宗对三宫太后执礼甚恭，因此王太后虽然亲生儿子已死，但仍然度过了愉快的晚年。

会昌五年（845），历经四朝的义安皇太后王氏身得重病不治身亡。谥号为"恭禧皇后"，葬于唐穆宗的光陵。

唐文宗李昂生母萧氏既然已经是皇太后，其亲属也应加官晋爵。可是萧氏自幼与家人失散，她只记得有一个弟弟不知现在何处。她希望文宗能给她寻到亲人，与之团聚。文宗下诏令福建、浙江一带的地方官吏在这两个地区内广泛查访，以慰母亲思亲之情。不久，朝中户部茶纲的一个役人萧洪说自己是福建人，曾有一个姐姐在幼年时失散。经赵缜介绍，萧洪入后宫晋见了太后。萧太后与弟弟分离已多年，对方面目如何早已记不起来。但是萧洪所说的故乡、家事都相同，于是姐弟二人相认，悲喜交加。唐文宗随即下旨任萧洪为金吾将军、检校户部尚书。

在唐代中期以后，宦官们掌握军政大权，而皇帝本人大权旁落。宦官王守澄等人自认为拥立文宗有功，横行朝中。但文宗即位以后，起用了李训、郑注二人，杀掉了陈弘志和王守澄。文宗还想进一步除掉干预朝政的宦官势力。他准备以观宫中甘露为名，把有权势的宦官们都召集来，一举消灭。然而事机不密，宦官们反而杀了李训、郑注等人，被害的达千余人。这便是历史上的"甘露之变"。

在"甘露之变"发生以前，文宗认为要真正执掌朝权需要有自己可依靠的大臣，既然萧洪是国舅，他就大胆起用，进一步任命为河阳三城节度使，迁检校左仆射。不久，又任命为鄜坊节度使，镇守一方。宰相李训一直对萧洪有所怀疑，他派人调查，发现了萧洪确实是诈骗分子，是假国舅。萧洪知道后十分害怕，因为自己是欺君之罪。于是就任用李训的哥哥李仲景为鄜坊从事，以讨好宰相李训，不使事泄。

在唐代，自神策两军到地方出任方镇的，军中资助他的行装，以后则需三倍偿还。萧洪的前任鄜坊节度使就是如此，但是他到任还没有按规矩三倍还钱就已骤然身亡。现在萧洪接任节度使，这笔钱就要找萧洪偿还，而萧洪认为这是前任的事和自己没有关系，拒不给钱，结果得罪了左军中尉仇士良。

就在这个时候，又有一个人自称是萧太后的弟弟，来到长安城求见太后。此人名叫萧本，自己说是福建人，自幼与姐姐在战乱中失散多年。这事一时间传得沸沸扬扬，长安城内街头巷尾尽谈这一奇事。但是，萧太后记不起弟弟什么模样，又无标记，孰真孰假，一时难辨。仇士良便借萧本到来的机会上奏文宗皇帝，拆穿了萧洪的本来面目。

出了这等皇家丑闻，唐文宗和萧太后都十分愤怒。唐文宗下旨，把假国舅萧洪押解至京，由御史台审问。御史台审问清楚后，文宗下诏将萧洪流放鄜州，而在押解途中将其"赐死"。当时向皇太后介绍萧洪的赵缜也被治罪。

一个假国舅判罪，另一个国舅萧本又被召进后宫，参拜萧太后，又是一番姐弟相见。唐文宗又任命萧本为赞善大夫，赐绯龟。而萧本实际上是个本领比萧洪更大的骗子。他事先到福建到处查访，打听消息，设法弄到一本《萧氏族谱》。有了这部族谱，他背熟了萧氏祖上各代的名讳，这才得到机会一举使萧洪垮台，被太后相认赐官。

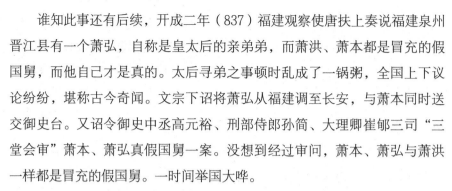

谁知此事还有后续，开成二年（837）福建观察使唐扶上奏说福建泉州晋江县有一个萧弘，自称是皇太后的亲弟弟，而萧洪、萧本都是冒充的假国舅，而他自己才是真的。太后寻弟之事顿时乱成了一锅粥，全国上下议论纷纷，堪称古今奇闻。文宗下诏将萧弘从福建调至长安，与萧本同时送交御史台。又诏令御史中丞高元裕、刑部侍郎孙简、大理卿崔郇三司"三堂会审"萧本、萧弘真假国舅一案。没想到经过审问，萧本、萧弘与萧洪一样都是冒充的假国舅。一时间举国大哗。

闹了十几年的假国舅案件到此总算告一段落。萧本遭流放，发配到爱州。萧弘虽未曾当官，也是欺君诈冒之罪，被流放发配到儋州。到头来萧太后始终没有见到一个真正的亲人，这是她终身的憾事。好在她有文宗的孝侍，晚年过得还是比较愉悦幸福的。

大中元年（847），萧太后病逝，谥号为"贞献"。

第十四章　唐宣宗李忱皇后晁氏

晁氏是从民间选中送入光王府中的。在众多的侍女中，光王李忱对晁氏特别喜欢，召晁氏的次数也多。不久，晁氏为李忱生下了一子一女。

穆宗驾崩后，他的三个儿子李湛、李昂、李炎相继做了皇帝，是为敬宗、文宗、武宗。这三朝皇帝都是在位时间不长便遽然去世，甚至死因不详。而李忱位居皇叔，仍为光王。武宗病重时，宦官左神策护军中尉马元贽等人以太子年幼不能理朝政为由，立李忱为皇太叔。武宗驾崩，就在灵柩前立李忱为皇帝，是为唐宣宗。

唐宣宗即位以后同样没有册封皇后，但他并未忘记晁氏，封晁氏为"美人"。晁美人生下的女儿，被封为万寿公主。宣宗与晁美人虽然十分宠爱万寿公主，可是对她要求极严。万寿公主嫁给了起居郎郑颢。万寿公主出嫁的时候，宣宗为向天下表明皇家带头厉行节俭的决心，车舆均用铜器而非仪制所规定的金银。后来有一次驸马郑颢的弟弟患病，宣宗派使臣去探视病情，并询问公主何在。碰巧万寿公主到慈恩寺看戏去了。使臣回奏后宣宗很不高兴，立即召见万寿公主，万寿公主自知理亏，便谢罪别父回府。从此皇亲国戚都谨守礼法，不敢凭势骄肆。

大中年间，晁美人病死，宣宗念及少年时代的恩情，而且她生有一子一女，便追封她为昭容。宣宗死后，宣宗的长子、晁氏的儿子郓王李漼被宦官拥立为帝，是为懿宗。懿宗追封晁氏为皇太后，谥号元昭皇后。没有把她与宣宗合葬，而只是将她的墓称为庆陵，又将她的神主置于宣宗庙内，与宣宗共享祭祀。

第十五章　唐昭宗李晔皇后何氏

　　乾符三年（876），何氏被分到秦王李晔宫中为侍女。她时常在李晔身边侍奉，深获秦王李晔宠爱。后来何氏为秦王生了两个儿子，一个是以后被封为德王的李裕，另一个是初封为辉王、以后继位成为唐朝末代皇帝的唐哀帝李柷。

　　唐懿宗死后，由第五子李儇继位为僖宗。光启四年（888），僖宗病重，观军容使杨复恭率兵入宫，强立皇太弟寿王李晔为帝。李晔即皇帝位，是为唐昭宗，何氏被册封为淑妃。

　　何妃十分爱护昭宗皇帝，不离皇帝左右。唐末宫廷环境险恶，为防有人下毒加害昭宗，每天进奉的御膳，何妃都要先亲自品尝。在军阀倾轧斗争中，拥立昭宗的杨复恭失势，而朱全忠连连获胜，权势日大，他将一些心腹派入宫中，将忠于帝、妃的内侍尽皆调出。皇宫内院的一切情况便都在他的掌握之中。入夜之后，昭宗与何妃两人相对垂泪，顾及朱全忠的耳目，竟然什么话也不敢说。

　　乾宁三年（896），李茂贞出兵攻打京师长安，昭宗车驾跟随韩建到了华州。结果昭宗和何妃逃出虎口又进狼窝。昭宗到了华州只能听任韩建摆布，首先就从韩建所"奏"，解散了诸王的军士，至此昭宗身边没有了亲军。

　　昭宗在颠沛流离的生活中，深感何淑妃对自己恩爱不移，便在华州行宫，正式降旨册封何氏为正宫皇后，又立何皇后所生的儿子李裕为皇太子，改元为光化。从唐宪宗以来，已经有五朝都没有册立皇后了，何氏是唐代后期唯一在世时册封的皇后，也是唐代最后一位皇后。

光化三年（900），唐昭宗与何皇后被囚，受逼交出了传国玉玺，幽禁于少阳院。刘季述迎太子德王李裕为皇帝，改名李缜，并假仁假义地奉昭宗皇帝为太上皇、何皇后为皇太后，把少阳院改为"问安宫"。

当时天下兵权最大的还是朱全忠。为得天下大权，朱全忠权衡利弊之后，于次年团圆守岁之时打败刘季述，抢出了昭宗与何皇后。有人说李裕应与刘季述同罪。然而李裕是昭宗与何后所生，昭宗不肯加害，仍令他居东宫，仍为德王。

接下来昭宗改元天复，大赏功臣，但天下并未太平，宦官、藩镇们的争权夺地在继续加剧，每天都在互相征战、残杀。天复二年（902），韩全诲与李继昭等又把昭宗和何皇后劫持到了凤翔。朱全忠发兵围困了凤翔城。昭宗、何后又陷困境，每天仅能以人肉、狗肉度日。

天复三年（903）正月，朱全忠逼昭宗迁都于洛阳。不久，朱全忠杀死了昭宗。

昭宗已薨，蒋元晖伪造昭宗圣旨说李渐荣阴谋弑君，已被处斩，并称立昭宗第九子、何皇后所生的李祚为皇太子。皇太子改名李柷，监军国事，其实他年仅十三岁。第二天，又假传何皇后懿旨，昭宗驾崩，李柷即位，是为哀帝。

哀帝登基后，尊何皇后为皇太后，居积善宫，号为积善太后。翌年，朱全忠以幼主哀帝名义废何太后为庶人，继而于天祐二年（905），将何太后弑杀于积善宫。何太后时年约三十七岁。

第五卷

北宋后妃

第一章　北宋太祖赵匡胤皇后王氏、宋氏

　　王氏为后周时兼侍中、彰德军节度使、巢国公王饶之女。王饶所辖藩镇民皆安宁，因而在上流社会中有相当高的声誉。赵匡胤欲借重王饶的威望以抬高自己地位，故于其妻病死的当年聘王氏为继室。后周世宗对王氏这位名臣之后也高看一眼，婚后不久封其为琅琊郡夫人。建隆元年（960）秋，赵匡胤当皇帝后，王氏也顺理成章地被册为皇后。

　　王氏尽管出身于名门望族，却没有骄娇之气，对丈夫一直恭勤不懈，对下人也仁慈待之。她贵为皇后，不但衣装朴素，甚至常常亲下御厨为丈夫操办膳食。她与婆婆杜太后一样虔信佛教，每天晨起必先焚香诵颂佛经，然后到杜太后宫中问安侍候。杜太后对这个儿媳极为满意，赵匡胤对她更是恩宠有加。

　　可惜王氏生来体质纤弱，所生三个儿女都不幸夭折。乾德元年（963）年末，王氏因病而死，终年仅二十二岁。赵匡胤认为她的死与翰林医官王守愚用药不精有关，竟将王守愚流放海南。王氏于翌年被葬于安陵之北。

　　乾德五年（967），左卫上将军宋偓之女宋氏随母亲入宫接受赵匡胤的召见，被赵匡胤一眼看中。开宝元年（968）年初，十七岁的宋氏被立为皇后。

　　宋氏柔顺好礼，尽心服侍丈夫。然而八九年过去，宋氏却一直未曾生育。自己膝下无子，但她对赵匡胤前妻们留下的两个儿子赵德昭和赵德芳都十分关怀。

　　开宝九年十月二十日的深夜时分，就寝于万岁殿的赵匡胤不明不白

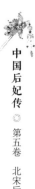

地猝死。宋氏震惊之余不得不考虑继位的人选。十六岁的赵德芳最合她的意，于是她火速派宦官武德使王继恩前去召德芳进宫。不料宋太祖之弟晋王赵光义似乎早有准备，先到一步。宋氏的算盘彻底落空。第二天，赵光义正式即位。宋氏得了个"开宝皇后"的称号，先是迁到西宫居住，后来又迁至东宫。至道元年（995），宋氏清寂凄冷地结束了她的一生，终年四十四岁。有司上谥号曰"孝章皇后"。她的遗体在普济佛舍中停放了将近三年之后，才被祔葬于永昌陵的北面。

第二章　北宋太宗赵光义皇后李氏

　　李处耘本是陈桥兵变时协助赵匡胤成就帝业的重要角色之一，又攻取荆湖，立有殊功。后遭同僚诋毁，贬为淄州刺史，怏怏而卒。赵匡胤对这位开国功臣颇感亏欠，便将李处耘之次女李氏聘为赵光义的夫人，不想刚纳过聘礼，赵匡胤就死去了。赵光义即位两年之后，把十七岁的李氏迎入宫中，封为德妃。太平兴国九年（984）又立为皇后。

　　据说李氏是位恭谨庄肃的人，对待赵光义的儿子们及宫中嫔妃十分宽厚。她本人也曾为赵光义生过一个儿子，可惜很快夭折。或许因为这件事，她对那些遭际坎坷的人都怀有恻隐之心。赵光义的长子赵元佐，只因替阴谋叛乱的叔叔赵廷美求过情而被父亲疏远，竟患上了癫狂之症。李氏对他深为同情，所以赵光义死后，宣政使王继恩等人企图废除已被封为皇太子的赵恒而拥立元佐的时候，李氏便倾向于他们。她对宰相吕端说："皇帝刚刚晏驾，按年龄的长幼拥立嗣君，这是顺天应人的事情，你看如何？"然而"吕端大事不糊涂"，断然回答："先帝之所以设立皇太子，不正是为了今天吗？岂可再有异议！"李氏也就不再说什么了。

　　赵恒即位，李氏被尊为皇太后，居于西宫嘉庆殿。

　　景德元年（1004），李氏病死于万安宫，终年四十五岁，谥号"明德"。先是殡于沙台，三年后祔葬于永熙陵。

第三章　北宋真宗赵恒皇后郭氏、刘娥

　　淳化四年（993），宣徽南院使郭守文之次女郭氏嫁给襄王赵恒，封鲁国夫人，又晋升秦国夫人。赵恒即位后，郭氏被立为皇后。

　　郭氏待下人宽厚仁惠，对待自己的亲属则不徇私情。她生活简朴，亲戚们入宫拜谒，有人穿戴光鲜华贵，她总要严词劝诫。就连她的哥哥出嫁闺女，因家贫置不起嫁妆想向赵恒祈求点赏赐，她也只是拿出自己当年的嫁妆来接济，而决不向赵恒伸手。

　　郭氏对金钱名利淡漠如水，对儿子赵祐却是舐犊情深。然而她的儿子偏偏九岁早夭，这意外的打击使得郭氏悲痛万分，也一病不起，于景德四年（1007）追随儿子而去，终年三十二岁。谥号"庄穆"，葬于永熙陵西北。宋仁宗即位，改谥"章穆"。

　　继郭氏之后被封为皇后的刘娥为死于征北汉途中的虎捷军都指挥使、嘉州刺史刘通官之女。她十五岁时曾嫁给以锻银为业的银匠龚美为妻。后来龚美携刘娥到汴京谋生路，刘娥不得不以卖唱为生。

　　龚美进京后，结识了在襄王府当差的张耆，想通过张耆介绍进襄王府找点活干。襄王赵恒年少风流，欲寻得个才貌皆佳的蜀姬。张耆一下子想到了龚美那位颇标致的妻子。龚美虽然十分舍不得，但也无可奈何。刘氏就这样入了襄王府。

　　刘娥入府后，极得赵恒宠爱。后来太宗得知此事，当面训斥襄王，令他赶走刘氏。襄王无奈，只好将刘氏安置到张耆家，从此偷情长达十余年之久。

至道三年（997），太宗驾崩，赵恒即位为真宗。真宗即位，立召刘氏进宫，不久封为美人，还因刘氏别无亲戚，乃把前夫龚美改姓刘，作为兄长。刘氏的位号也逐年晋升，由修仪进为德妃。

刘氏得宠倒也不全是凭着她那出众的色艺。她聪颖机警，成为皇妃之后又有机会接受上层文化的熏陶，逐渐通晓经史，朝廷之事一经耳闻，即能记其本末。

郭皇后病逝后，赵恒有意立刘氏为皇后，但因大臣群起反对，只能从长计议。当时宫中诸妃，论家世声望，刘氏均居劣势，所以她只能打母以子贵的主意。奈何几年专宠刘氏的肚子竟丝毫不见动静。刘氏走投无路，便想了个借腹怀胎之计，命自己的侍女李氏代己侍寝。李氏果然生下一子，取名受益，后改名赵祯，即宋仁宗。受益刚一出生刘氏就把他据为己有，让婉仪杨氏用心看护，同时对外宣称受益为自己所生。后人就是据此编出了《狸猫换太子》的故事。

刘氏终于有了当皇后的充分理由，赵恒也自然乐于即遂前愿。然而要想人不知，除非己莫为，因此赵恒在册立刘氏时不敢大张旗鼓，理直气壮。册立皇后应由学士院起草制词，宣示于正殿，还有一系列繁杂的仪式。赵恒怕节外生枝，便一切从简，不让地方藩臣进贡贺礼，也不宣制于外廷，只令学士院起草制词降付中书省就算完事。赵恒让丁谓请杨亿起草制词，杨亿却十分为难，丁谓劝道："只要你大笔一挥，不愁不富贵。"杨亿却摇摇头说："如此富贵，实不敢当。"丁谓只好改命他人，总算把刘氏册为皇后。

刘氏成了皇后，更加留心政事，赵恒批阅奏折常常忙到半夜，所有大事，刘氏几乎皆预闻其间。归她管辖的宫闱事务，她也引经据典，处置得有板有眼。赵恒对刘氏越来越倚重，刘氏也就渐渐地干预起朝政来了。

天禧四年（1020），赵恒患中风之疾，不能视事，政务便多决断于刘氏。当时朝中存在着两派水火难容的政治势力，一派以宰相寇准和李迪为首，另一派以参知政事丁谓为首。其中丁谓以及翰林学士钱惟演与刘氏的前夫刘美搭上了线，钱惟演把自己的妹妹嫁给了刘美。钱惟演与丁谓本来也是亲家，凭着这些盘根错节东拉西扯的裙带关系，丁、钱等人的权势日盛。而寇准是个以刚介耿直出名的人物，连皇帝赵恒的账都不买，皇后刘氏就更不能让他顺从了。刘氏在川蜀老家的宗亲横行乡里，强占百姓的盐井。这场官司打到御前，赵恒并不想深究，丁谓等人也迎合赵恒和刘氏的意思。寇准却坚持要依法治罪，刘氏由此对他强烈不满。

赵恒自以为将不久于人世，曾想命皇太子赵祯监国。一次他对亲信宦官周怀政说出了这个打算。周怀政在太子宫奉职，自然希望太子能掌握实权，便跑去告诉了寇准。寇准本来就对刘氏干政不愉，遂向赵恒密奏请皇太子监国，并建议罢免丁谓。不料寇准酒后失言，被丁谓探知此事。丁谓在刘氏支持下发动反扑，将寇准挤下了台。周怀政见事不妙，与宦官杨崇勋等商议企图铤而走险发动政变杀死丁谓，复相寇准，废除刘氏，奉赵恒为太上皇，传位于太子。不料杨崇勋回头告发，周怀政被杀。刘氏乘机再次与丁谓合谋，以寇准曾推荐过永兴军巡检朱能伪造的天书为罪名，将寇准一贬再贬为道州司马。朝廷中与寇准关系密切的人几乎全遭到排挤。

寇准被罢，丁谓升为宰相，很快又与另一位宰相李迪发生了矛盾。刘氏这时自然仍是支持丁谓，因为当初就是李迪以"出身微贱，不可母仪天下"为理由谏阻真宗立自己为后，才使她费了如此多的周折。结果没过几天，李迪就在与丁谓大吵一场之后被赶出了朝廷。

赵恒的病情愈益加重，刘氏的地位则愈益巩固。这年十一月，赵恒在承明殿召见大臣，宣布此后凡有大事可由皇后辅佐太子处置。太子赵祯这时才十一岁，乳臭未干，赵恒的安排为刘氏掌握朝政提供了名义。丁谓等人对此兴高采烈，其他大臣却心怀疑惧，担心吕后、武则天的历史重演。他们把刘氏与赵祯看成了不共戴天的非此即彼的对头。事实却并非如此，刘氏把赵祯视为己出，她所唯一担心的是自己一旦丧失赵祯生母的地位，那么自己的权力就会从根本上被动摇。因此她始终对赵祯加以严密控制和保护。参知政事王曾对此观察得比较透彻，他对钱惟演建议说："太子年幼，非皇后扶持不能立足，皇后若不倚仗太子，人心也不会归附。皇后只有加恩于太子，太子才会平安，太子平安皇后自然也就平安了。"钱惟演把王曾的话转达给了刘氏，正合刘氏之意，于是对赵祯更加亲厚。赵祯生活中的一切内容她几乎都要亲自过问，赵祯偶尔离开身边，她也不断派人前去看护。为了给赵恒祈福消灾，她拿出了自己宫中全部的费用，派遣祈福使者的足迹遍布天下佛寺、道观、名山胜境。刘氏的苦心没有枉费，人们的闲话渐渐地减少了，刘氏的地位自然又稳固了一些。

乾兴元年（1022）二月，真宗赵恒驾崩。太子赵祯即位，尊皇后刘氏为皇太后，淑妃杨氏为皇太妃，军国重事权由皇太后处理。太后临朝称制，自宋朝开国以来这是开天辟地头一遭，无章可循，有关仪制少不得也要计议一番。王曾奏请以东汉为例，皇帝和太后五天一御承明殿，皇帝在左，太后在右，垂帘听政。丁谓却阴谋进一步擅权，不想让其他大臣预闻机要政令，提出皇帝每月中只需初一、十五两天接见群臣就可以了，凡遇大事请太后召集辅臣决定，平常小事可令雷允恭传奏，太后用印画押就行了。王曾反对，但丁谓通过雷允恭向刘氏进言，刘氏便完全接受了丁谓的意见。王曾觉得太后把权柄交给一个宦官，终将招来祸患。果然雷允恭逐渐恃权专横，丁谓更是权倾内外，越发炙手可热。他们将寇、李两人再加贬谪，寇准贬为雷州司户参军，李迪贬为衡州团练副使，还逼得李迪差点儿自杀。

当时丁谓的气焰嚣张至极。有人问他李迪若真死了，你怎样应对人们的议论呢？丁谓居然满不在乎地说若有人在这件事上玩弄笔墨，也只不过会说天下惜之而已。正所谓将灭亡，先疯狂，丁谓可以继续得意的日子已经不多了。对刘氏来说，寇准、李迪固然可恶，但他们毕竟构不成威胁了，丁谓、雷允恭这班权臣却让她日渐心烦。丁谓本为刘氏立下过抬轿垫脚之功，也确实靠媚上博得过刘氏的欢心，刘氏对他一度放任也是投桃报李。但他与雷允恭勾结企图独揽朝纲、挟制刘氏的意图却不可能为刘氏所容。后来王曾揭发丁谓担任园陵使时勾结雷允恭擅自迁移真宗陵寝，说丁谓包藏祸心，欲置皇堂于绝地。刘氏震怒，立即下令诛杀雷允恭。丁谓虽然免死，但贬为崖州司户参军，一下子被赶到海南岛去了。丁谓一党的垮台多少让朝政为之一新。

刘氏在掌管国事方面还是很有一套的。一天，她对左右大臣说："国家多难，全靠诸公齐心协力共同维持，眼下大行皇帝的丧事已操持完毕，卿等可以把子孙亲属的姓名开具给我，我要尽数予以破例推恩。"大伙纷纷兴高采烈地把自己三族亲戚的姓名一一呈上，却不知中计。刘氏将这些名字列成图表贴到卧室墙上，她每逢大臣推荐官员必先观图，只有图上无名者她才同意任命。她用这一招来防范大臣任人唯亲。刘氏称制达十一年之久，尽管政出房闱，却还能号令严明。尤其在最初几年当中，她处事公道，是非分明，内外的赏赐也有所节制。她虽然不能容忍寇准和李迪，但也在其他方面表现出了胸襟。明道元年（1032），赵祯的真正生母李宸妃病逝，刘氏厚葬了她，正是这一宽厚之举日后为她保全了名声。可惜好景不长，这种情况不几年就开始改变了。

古代但凡女主当权，总要不遗余力地培植其娘家亲戚的势力作为自己的政治基础，这可以说是一条规律。刘氏亦不例外，她升为皇太后不久，就一再为其三代祖宗加赠封号。尽管如此，刘氏仍嫌其祖上的名望不够显赫，竟厚着脸皮干起了冒认祖宗的勾当。龙图阁直学士刘烨的先世乃代郡人，其全族经历唐末五代之乱，衣冠旧族或逃离乡里或爵命断绝，世系无所稽考，只有刘烨一家自十二代祖北齐时的中书侍郎刘环寿以下，谱牒俱存。

这等煊赫的家世确实很令人眼馋，刘氏便单独召见刘烨想要冒认亲戚。这在一般人看来是打着灯笼都难找的高攀机遇，但偏偏刘烨为人清高，不肯捡这个便宜，连声说不敢，想就此搪塞过去。刘氏被拒绝后丝毫不觉难堪，此后又一再向刘烨提起此事。刘烨最后无法应付，急得当场佯装中风被抬出宫去，坚请外任，刘氏才算作罢。

祖宗的余荫再广，也比不上现世亲族来得直接，刘氏当然明白这个道理。但她娘家的人丁实在少得可怜，只有那位先是丈夫后成哥哥的刘美一家与她还算亲近。

明道二年（1033），六十五岁的刘氏病逝于宝慈殿。刘氏刚死，人们就纷纷向赵祯讲明她的身世，有人甚至说李宸妃是刘氏毒死的，因此丧葬亦未成礼。赵祯震惊之下，遂遣人开棺验视，只见李宸妃的遗体浸于水银之中，面色如生，冠服也与皇后相等。赵祯十分后悔，叹道："人言不可尽信啊！"并在刘氏牌位前焚香拜谢，哭着说："从此大娘娘的生平清白分明了。"刘氏因此享受到了应得的待遇。

第四章 北宋仁宗赵祯皇后郭氏、曹氏

乾兴元年（1022），真宗驾崩，十三岁的仁宗赵祯继位。仁宗即位两年后，由太后做主，立年约十四岁的郭氏为皇后。然而仁宗却并不喜爱郭氏，常将其冷落一旁。而郭氏善妒狭隘，与仁宗宠爱的尚美人、杨美人水火不容。

一次，仁宗正在与尚、杨二美人打情嬉戏，恰被郭皇后碰见，郭皇后气怒难忍，出手向尚氏打去，不料却打到仁宗。仁宗不禁大怒，遂召宰相吕夷简前来处理此事。宰相与郭皇后有旧怨，便借题发挥说郭后嫉妒成性又没有生育，应予废贬。

于是仁宗于明道二年（1033）以无子为借口废去郭氏后位，让其去当道姑，赐名清悟，称"玉京冲妙仙师"，幽居长乐宫。仁宗景祐元年（1034），郭氏出居瑶华宫。

从此，仁宗与尚、杨二美人日夜淫乐，身子虚弱。而尚美人又收受贿赂干预朝政，有大臣进谏应治罪二人。最终仁宗将尚美人贬为女道士，杨美人则出宫别居。此时，仁宗觉得对郭氏处治过严了，又赐号为"金庭教主""冲静元帅"。

既然尚氏和杨氏两位美人被驱逐出宫，仁宗决定聘纳一位贤德皇后，整顿一下宫闱家政，对参知政事宋绶嘱咐道："选皇后当求德门，以正内治。"话虽如此，赵祯唯美是求的秉性使他的目光仍然停留在美人的身上，是否出身德门则并未被他真正放在心上。

本来寿州茶叶商人陈子城的女儿得到了皇帝赵祯的垂青，但陈氏出身于商家，朝廷上下纷纷反对立她为后，最后只得作罢。最终选来选去，同年九月，赵祯诏立冀王曹彬的孙女曹氏为皇后。

尚、杨二美人之事到此告一段落，仁宗又想起了郭氏，并宣召郭氏入宫，郭氏闻知，偏又摆架拿款道："若要召我再入后宫，必须百官立班授册才行。否则我实在无颜相见！"但曹氏已经被立为皇后，郭氏的要求实在不切实际。吕夷简、阎文应更怕郭氏还宫于己不利。正巧郭氏偶染小病，赵祯派太医前往诊治，阎文应赶忙贿赂太医，误下药饵。结果郭氏不几天就一命呜呼。赵祯得知死讯，很是悲悼，命用后礼入殓，还把郭氏追册为皇后，葬于奉先洪福院之侧。

新皇后曹氏很快就明白，自己的丈夫赵祯实际上是个敏感多疑而又颇为薄情的人。由于体弱多病，赵祯开始讲究起了修身养性，梳头时要用导引之术。导引是一种气功，赵祯是不可能一边导引一边自己动手梳头的，必须有一个具有相当气功功力的人与他配合才行，当时宫中只有一名宫女擅长此道，赵祯便命她专管梳头，人称梳头夫人。一天，赵祯退朝后回到寝殿，忙不迭地传唤梳头夫人。正梳头间，她瞅见赵祯怀里揣着一封文书，就随口问上面的内容。赵祯回答说有大臣劝谏说霖涝日久，怕是嫔御太多阴气过盛的缘故，应稍加裁减。这宫女因素来得宠，多少有些随便，立刻愤愤不平地评论说："朝中大臣谁个家里没有歌伎舞女，官家宫中有一二个嫔御，就来说阴气太盛应该裁减，只教那些人自取快活。"

赵祯默不作声。过了一会儿，这宫女又说："所说的一定要办，请以奴为首。"赵祯梳完头，到后苑传旨道：自某人以下三十人全放出宫。曹氏接到诏旨，不敢耽搁，照名单一一遣散，接着就来向赵祯回报。她问道："梳头夫人是官家素来所爱，怎么作第一名遣散了？"赵祯说："此人劝我拒谏，岂能再留身边？"曹氏闻言不由得打了个寒战，从此便经常暗中告诫嫔侍，若有妄言，梳头夫人就是前例。

得益于良好的家庭环境，皇后曹氏克谦克谨，每年都亲手在后苑空地上种几畦庄稼，栽几棵桑树，适时地锄草施肥，采桑养蚕，闲暇时候，或者博览经史，或者舒纸习字。赵祯很擅长书法，据说其飞白尤为神妙。曹氏大概受他的影响，在飞白体上也下了不少功夫。

除此之外，曹氏更有有话直言、敢作敢为的一面。庆历八年（1048）

闰正月的一天晚上，崇政殿亲从官颜秀、郭逵、王胜、孙利等谋反，杀死军校，劫夺武器，攀过延和殿屋顶，杀进了内宫。当时赵祯宿于曹氏寝殿，呼喊声起，曹氏从梦中惊醒，连忙披衣起床，在寝殿供侍的宦官何承用开门向外张望。赵祯也穿起衣服，本想出外看个究竟。曹氏抢前一步关上房门，抱住赵祯急急地说："宫中夜惊，只怕是有人作乱，官家万万不可轻易出去。"

她一面吩咐宫女速召都知王守忠等引兵入卫，一面命令身边的宦官紧紧地守住殿门。曹氏估计乱贼可能会放火，便分派一些宦官提着水桶绕到乱贼的后面。乱贼见打不开寝殿，果然放起火来，宦官随即拥上前去用水浇灭。那天夜里，曹氏每派一个人就亲手用剪刀剪掉其一缕头发，嘱咐说："你们好好效力，贼平之后，就看你的头发加赏。"所以宦官、宫女们都争先恐后，拼死抵抗。不多久，王守忠也领宿卫兵赶到，颜秀等三人被杀，只有王胜逃走藏进了宫城北楼，第二天被搜出，也死在了乱刀之下。

多亏曹氏临危不惧，处置有方，这场突来的叛乱才没酿成大祸，可谓功在社稷。然而敏感多疑的赵祯却因此对曹氏产生了猜忌，怀疑曹氏的种种处置并非巧合。所以在后来向大臣们介绍变乱情况时，他就只字不提曹氏的功劳，而是把护陛之功一股脑儿全栽到了张美人的头上。枢密使夏竦和同知谏院王贽为了讨好赵祯，居然劝赵祯废黜曹氏另立张氏。仁宗多少也有此意，所以不但不批驳，反而向御史何郊等人转述，不料何郊和梁适听了之后都强烈反对。赵祯冷静想想，觉得自己对曹氏的猜疑确实是捕风捉影，而且把曹氏的功劳移为张美人之有已属过分，若再反功为过，毫无道理地把曹氏废掉，赵祯还真有点心虚理亏，因此就打消了废黜曹氏的念头。

曹氏早已明白赵祯的这些心思，此后她更加谦谨，专求清静，除了埋头种粮养蚕、读书习字外，无所事事。这时张氏已升为贵妃，拥有的权威实际超过了名为皇后的曹氏。为了更加显示一下自己的非凡气派，有天张贵妃竟然想请赵祯向曹氏借来皇后用的伞盖仪仗，出宫去风光一番。赵祯知道曹氏脾气直，怕碰钉子，让她自己去借。谁知张贵妃到曹氏那里一说，曹氏非常痛快地借给了她，不见一丝不满，弄得赵祯反倒觉着不合适了，好言劝道："你打着皇后的伞盖出去，外朝要怎么议论你？"张贵妃讨了个没趣，只得作罢。

嘉祐七年（1062），年已五十三岁的赵祯还没有儿子。在宰相韩琦、知谏院司马光等人的一再要求下，赵祯把自己收养的宗室濮安懿王赵允让的儿子宗实立为太子，赐名曙。赵祯当初把赵曙收养到宫里的时候，一直未曾生育的曹氏也把自己姐姐的女儿高氏接来养在身边。高氏与赵曙常常在一起玩耍，很讨赵祯喜欢，两个孩子在宫中生活了五年，才各自回到父母家中。后来赵祯和曹氏亲自主婚，使他俩结为伉俪。现在外甥女婿被立为皇太子，曹氏自然非常高兴。

赵曙当太子刚过了半年，嘉祐八年（1063）二月辛未日半夜，赵祯驾崩。事情来得很突然，左右宦官提议打开宫门宣召宰相，曹氏冷静地考虑了一会儿，决定还是密谕宰相们黎明入宫。她严令宦官秘不发丧，把各处宫门的钥匙全都收缴来归自己掌握，医官一概不准离去，由专人看守。她还照旧按赵祯的习惯到御厨取粥，装出赵祯依然健在的样子，同时秘密派人去庆宁宫请来了赵曙。拂晓之前，新皇帝即位的准备已在曹氏的部署下基本妥当，然而宫廷以外对这些毫无所知。

次日，宰相韩琦率执政大臣来到福宁殿，得知仁宗驾崩，一致决议由太子赵曙即位。曹氏这才说："皇子已在此了。"命人卷起帘子，众人探头一瞧，赵曙果然端坐在里面。于是众臣退下，传令召殿前马步军副都指挥使、都虞候及宗室刺史以上的官员到殿前听旨，又召翰林学士王珪起草遗制。于是赵曙在东楹接见百官，正式即位，是为英宗。

新天子赵曙是一位"有气性，要改作"的人物，后来他一再提出"积弊甚众，何以裁救？""冗兵之费倍于往昔，何故？"等问题，充分显示了他革除积弊奋发有为的志向，而出身官宦世家的曹氏的思维却偏于保守，这种政见的分歧为两人今后的一系列矛盾埋下了伏笔。

就私德而言，赵曙是一个自私的人。他刚当上皇帝不几天，许多国家大事还没来得及处理，就下令把赵祯遗下的当时尚未出嫁的三个公主从原先的住处迁走，腾出房子，安置自己的三个女儿。赵曙此事实在是不近人情，后来就连司马光等人也都上书批评。赵祯尸骨未寒，女儿们就落到了这种地步，曹氏不免感到心寒。她先前对赵曙满怀期望的脉脉温情，立刻化作了百倍的警惕，所以在赵曙患病时毫不犹豫地决定垂帘听政。二人的裂痕自此就再也没被真正弥合过。

权力是赵曙内心深处一根高度敏感的神经，当曹氏垂帘听政，一直不肯主动让出权力还政引退的时候，他便非常本能地表现出了对曹氏的不满。不但赵曙本人对曹氏表现出了明显的反感，就连他的儿子们也在他的影响下对曹氏不尊重了，这使曹氏更加伤心。她甚至当着大臣富弼、胡宿、吴奎的面哭诉道："没了丈夫的孤老太婆过日子真难啊！就连顼儿、颢儿这些小孩子都不肯搭理我了，受了委屈向谁诉说呢？"

听到曹氏的话，后来的宋神宗赵顼的老师韩维便对赵顼说："皇上已失了太后的欢心，你应当极尽孝敬从中弥合才是，莫要使你父子因此受祸。"赵顼生性聪明，恍然大悟，依言而行，曹氏果然颇为高兴。然而赵顼再孝敬也终究难以弥合皇上与太后间日益加大的感情裂痕。十月，曹氏对赵曙的无礼大概已经到了难以忍受的程度，公开对大臣们数落赵曙的过失和对自己的不敬。不料大臣们都站到了赵曙一边，异口同声地替赵曙辩解。这种态度使曹氏意识到朝臣们永远是保皇的，她没有能力、也没有胆量冒天下之大不韪。而赵曙也是满腹委屈，韩琦等人来看望他时，他劈头就是一句："太后待我无恩。"

韩琦心知不能让二人关系再继续恶化下去了，便拿出自己调和百味的本事对赵曙动之以情、晓之以理，总算是起到了一点效果，从此之后人们再也没有听见他公开说过曹氏的坏话。之后两人公开的互相指责消失了，不过老谋深算的韩琦明白这只是一个小小的好转，因为曹氏与赵曙之间的根本矛盾没有解除。曹氏一日不肯还政引退，赵曙他就越是反感。而赵曙对曹氏越反感，曹氏就越不敢还政于赵曙。不能打破这个怪圈的话，二人的矛盾恐怕总有一天会不可收拾酿成大祸。韩琦为此亲手布下了两个圈套，以使赵曙能够顺利亲政。

治平元年（1064）四月初，代理御史中丞王畴上了一道奏疏称天下大旱，建议赵曙亲自前往寺观祈雨。韩琦等人立即随声附和，齐说应该。众臣去请示太后时，曹氏并不情愿，但没有合适的理由反对，只得放行。赵曙遂出宫祈雨于相国天清寺、醴泉观。韩琦等人极力促成祈雨这件事，一可以向朝廷内外显示赵曙已完全恢复了治国的能力；二则可以巧妙地把玉玺收回到赵曙手上。若皇太后垂帘听政，那么符宝玉玺必须归皇太后收藏，皇帝只有在外出行军时，玉玺才可以随驾，回来后仍得交还太后。赵曙出外祈雨，顺理成章地把玉玺拿到了手上，回宫后却不交还，至此曹氏的最终决策之权实际上已被他夺回。

韩琦紧接着布下了第二个圈套。五月戊申早朝时，韩琦一下子向赵曙奏报了十余件事，赵曙裁决如流，悉皆允当。退朝后，韩琦来到内东门小殿向太后复奏赵曙已裁决的十几件事，曹氏每事都称善同意。众人退去后，韩琦单独留下来，对太后说："仁宗安葬完毕时，臣就该退隐了，只因皇上御体未平，所以才迁延至今，现今皇上裁断国事英明果断，臣也该告老求退了。"

曹氏闻言大惊，慌忙慰留说："相公怎可求退？老身才真正应该退居深宫呢，每天在此实在迫不得已，还是容老身先退吧。"韩琦听到这句话，立即眉飞色舞大谈起来，用前代马氏、邓氏皇后做对比，劝太后还政复辟。曹氏这时才明白了韩琦口口声声求退的真实意图，原来是在以退为攻，逼着自己让位，但自己话既然说了出去，也没法收回。她虽然气恼但又无可奈何。

赵曙正式亲政，曹氏被迫退居深宫，两人矛盾总爆发的祸患总算得以避免。赵曙紧接着把曹氏的住所定名为慈寿宫，意思是希望这位慈爱的母后能够永远长寿，并且把曹氏的弟弟已官任宣征北院使、保平节度使的曹佾，加封为同平章事兼中书令。可是长期形成的感情裂痕仅靠这一两个虚名是不能完全弥合的。事实证明曹氏此前的担心不是没有道理的。赵曙仍对曹氏心存余恨，对曹氏所应享受的物质待遇施加各种限制。赵曙明文规定，皇太后若需要什么物品，必须首先由曹氏宫中的使臣把她需要的物品项目记录下来，送到有关诸司库务，再由这些部门另外书写榜文奏报皇帝，等到皇帝同意，盖上御宝之后，才可供应实物，平白使手续变得烦琐起来。这条规定虽经司马光上书反对，但赵曙一直维持不改。

治平四年（1067），赵曙因病逝世，二十岁的赵顼继位，是为神宗。孙儿当皇帝，曹氏被尊为太皇太后，居住的慈寿宫也改名为庆寿宫。赵顼与父亲不同，对待曹氏极其孝敬，凡是能让曹氏愉悦的事，他无所不做。曹氏对赵顼的慈爱也是无微不至，有时赵顼退朝稍晚，她都要站在寝宫门外等候，甚至亲手端饭给赵顼吃。

可惜的是曹氏始终抱定"祖宗之法不可轻改"的政治信条，也就决定了她对赵顼的所作所为并不总是满意。年轻的赵顼在改革方面迈的步子比父亲赵曙更大。当皇子时，他就多次与老师韩维等人谈论变法图强、改变国家贫弱不振局面的抱负，即位不久就着手裁减宗室冗费，开始了局部的改革。熙宁二年（1069）他任命享有盛名的变法派大臣王安石为参知政事，翌年升为宰相。之后的十六年间，赵顼和王安石对财政、经济、军事和官僚机构诸方面，进行了全面的整顿和改革，展开了一场轰轰烈烈的变法运动。自改革之日起，主张和支持变法者形成了以王安石为首的变法派，史册上称之为"新党"；反对改革者则结合成反变法派，亦即史册上所谓的"旧党"。新旧两党围绕青苗法、募役法、市易法等，先后掀起了两次斗争浪潮，变法派虽然勉强挡住了反对派的猛烈进攻，维持了改革的继续进行，但力量却遭到严重削弱，使得王安石两次被罢相，最终离开了朝廷。而每次惊心动魄的斗争浪潮中，无不闪现曹氏的身影。

保守的曹氏自然是不赞成变法的，但她不忍心轻易破坏自己和赵顼两人间的脉脉温情，而且她也担心卷入朝争会再次遭到朝臣的暗算。所以在变法开始的几年里，她并没有将不赞成的态度公开表露出来。然而曹氏敢作敢为的性格决定了她是不会永远默不作声的。当变法的深入开展触犯了与她有千丝万缕联系的豪强权贵们的切身利益的时候，她便本能地卷入了斗争，扮演了推波助澜的角色。

熙宁四年（1071）九月，朝廷举行祭祀明堂大典前几天，赵顼与赵颢来见曹氏，两人谈及典礼大赦天下以及民间疾苦，曹氏说百姓苦于青苗、助役钱，应趁大赦之际罢去。赵顼不允。曹氏不甘心，又把矛头指向了王安石，说他诚然有才学，但赵顼若真想保全他，不如暂时把他放为外任，过两年再召回来嘛。赵顼却说群臣之中只有王安石能挺身为国，怎好赶他出朝？偏偏此时赵顼的弟弟赵颢从旁插话赞同曹氏。赵顼不好过分顶撞曹氏，却不能容忍弟弟置喙自己的大政，当场对赵颢勃然大怒。最后三个人不欢而散。

新党首先采用的青苗法触犯了乡绅地主的利益，而他们接下来在商业领域里实行的市易法则触犯了无数商人和权贵的利益。市易法、免行法不仅限制了大商人操纵物价垄断市场，还剥夺了官府、宦官恣意勒索的特权，而且触犯了与曹氏等人有特殊关系的两个大人物——赵顼向皇后之父向经、曹氏弟弟曹佾的利益。

向经一直控制着一批行户，向他无偿供应各种物品，实施免行法后，向经无法再从中渔利了，竟厚着脸皮写信训斥市易司。曹佾家修建房屋，所需木料也直接向商人索要，分文不给。曹氏庆寿宫的宦官为了挑起事端，居然无中生有地以曹佾家仆人的名义伪造了一份状文，诬告市易司强买曹佾早已定购的木料。向经、曹佾等人的怨言在宦官们添油加醋之后传进了曹氏及高太后、向皇后的耳朵，更激起了她们对变法的憎恨。此次反对变法的浪潮同时在宫内宫外掀起，显得尤为汹涌澎湃。曹氏和高太后甚至对着赵顼抹眼淌泪，说王安石变乱天下，市易法的实施更使京城民怨沸腾，可能会酿成暴乱。

面对母后的眼泪，赵顼大大动摇了，不几天王安石就被罢相。此后王安石虽然一度恢复了相位，新法的基本面也得以维持，但赵顼对变法的态度已越来越不如当初坚决，对曹氏的意见也开始多多采纳了。赵顼曾有意发动一场恢复燕蓟故土的战争，到庆寿宫与曹氏商议。曹氏说："事关重大，可要慎重考虑。那点疆土，能成功收回来得到的也不过是举朝庆贺而已；万一失利，可关系到江山的存亡。此事若果真可行，太祖、太宗早就收复了，何须等到今天？"赵顼听罢，便取消了开战的计划。

祖孙二人政治上的矛盾渐趋缓和，感情也愈益亲密。然而曹氏已经年逾花甲，大限将近。元丰二年（1079）初秋，曹氏患了一种称作"水疾"的病。然而缠绵病榻的曹氏不但没有安心养病，反而还关心起苏轼获罪的事情来。

四月，湖州知州苏轼在一道谢表中对时政发了两句牢骚，立即招致了部分朝官的弹劾。御史中丞李定说他包藏祸心，谤讪皇上。监察御史里行舒亶从苏轼诗词中摘抄出只言片语，说朝廷每行一项新法，他都写诗恶毒攻击，愚弄朝廷，还把诗词镂版刻石，传播中外，造成很坏影响，应该开刀问斩以谢天下。赵顼遂命御史台派人把苏轼拘捕入京审问。

御史们来势汹汹，享有天下奇才盛名的大文豪，只因发了两句牢骚，写了几首诗词就被逮捕下狱，眼看就要被杀。此事顿时在朝廷上激起了轩然大波，正直朝臣纷纷营救，就连本和苏轼政见不合的王安石也上书说："哪有盛世而杀才士的？"曹氏闻知此事更是万分焦虑，顾不上老病交加，强撑着找到赵顼说："文人咏诗，本是常情，若一定毛举细故罗织成罪，也不是爱惜人才之道。"赵顼听罢，感动得流下了眼泪。最后判苏轼免于死罪，贬为黄州团练副使。

苏轼逃过一劫，而曹氏的病情却日渐加重，于十月二十日去世，终年六十四岁。次年二月葬于永昭陵。

第五章　北宋英宗赵曙皇后高氏

　　高氏的出身门第高贵，她的曾祖和祖父均任节度使，父亲高遵甫任北作坊使，母亲则是北宋开国元勋大将曹彬的孙女，母亲的胞妹就是仁宗的曹皇后。曹皇后膝下无子，就把这个小外甥女接进宫廷，养在自己身边。正巧仁宗赵祯因没有儿子，也把四岁的侄子赵宗实养到宫里。高氏与宗实从小便青梅竹马，两小无猜，宫中上下都习惯地将宗实称为官家儿，高氏为皇后女。赵祯每瞧见两人亲热，就非常开心。

　　高氏与宗实在宫中一同生活了五六年之久，于宝元二年（1039）秋分开各自回到父母家中。十年后，赵祯回想起昔日的情景，便打算和曹皇后一起做主，将宗实与高氏两人结为夫妻。于是公元1047年初，高氏嫁到濮王府，封为京兆郡君。小两口如胶似漆，次年四月，高氏便生下了宗实的长子，取名赵仲针，后改名赵顼。以后的十几年间，到宗实登基时，她共生有四个儿子和一个女儿。

　　嘉祐八年（1063），改名为赵曙的赵宗实登基称帝，是为英宗。高氏随即被封为皇后。四年后英宗赵曙驾崩，其长子赵顼即位，是为神宗，她又成了太后。

　　高氏作为皇后，同样力避外戚掌权之事，对娘家人严格到了近乎苛刻的地步。其弟高士林文武双全又素有巧智，却因高氏阻拦一直未得提拔，直至死后才被追赠为德州刺史。她逢年过节时给自己的赏赐也是少得可怜。赵顼即位后，多次想为高家营造一处大的宅第，高氏仍然不许，过了很久才勉强同意把望春门外的一块空地赐给高家作宅基。太后家营造新居的所有花费，都是可以从大农寺公款中支取的，但高氏却坚持只使用自己平时节省下来的私房钱，自始至终没有动用大农寺一文钱。

神宗即位后，起用王安石变法。然而高氏自幼在曹皇后身边长大，深受曹皇后保守思想的影响，对王安石变法抱持否定的态度。于是高氏便和太皇太后曹氏站到了一起，劝说赵顼停止变法，把王安石赶出朝廷。由于政治地位的特殊，高氏实际扮演了旧党天然领袖的角色。然而神宗锐意改革，旧党分子不能取得优势。后来神宗驾崩，继位的宋哲宗年幼，高氏以太皇太后的身份垂帘听政，旧党马上就卷土重来。

神宗驾崩之时，高氏五十四岁，而赵煦刚刚十岁。老来丧子的悲痛丝毫没有降低高氏的政治热情。一朝权在手，便把令来行。一场彻底清算新法的运动便毫无顾忌地展开了。由于高氏操纵的这一运动主要发生在元祐年间，所以史书上称之为"元祐更化"。

就像变法改革因遭到旧党的顽强反对进行得不一帆风顺一样，废除新法的活动在变法派成员们的抵制下同样进行得不一帆风顺。长期与变法派斗争的实践，使高氏和司马光等人深深明白，要想进一步废除新法，除了扩大自己的势力之外，还必须不遗余力地排挤打击变法派，把全部政权握在自己手中。高氏决定加强旧党在御史台、谏院中的力量，宋代的御史台、谏院（合称台谏）职掌纠察百官、肃正纲纪，控制言路，权力气势几与宰相抗衡，而且有"风闻奏事"的特权，这使变法派宰相们的权力更受牵制。一班旧党的干将被接连安插进台谏之后，对变法派的参劾顿时掀起了更高的声浪。

到元祐三年（1088）年底，新法已废黜净尽，新党分子也基本上全部扫地出朝，有的被贬为地方官，有的被逐出政府，赶回老家闲住，有的被"编管"到偏远州县，失去迁居自由。然而高氏却仍不放松对他们的迫害打击。原王安石的主要助手吕惠卿后来曾说："我被贬的九年间，连一口冷水都不敢喝，唯恐生病，让那些好事之徒抓住把柄，说我是因悲戚愁叹得病的。"

不过吕惠卿好歹还算是活了下来，蔡确却被贬死于岭南。蔡确被骂出朝廷后，第二年又被褫夺了官职，移贬安州。此地有一处名胜，唤作车盖亭；蔡确有一天前去游览，诗兴大发，连题十首，尽兴而归。却不料这十首诗被仇人知汉阳军吴处厚瞧见，吴处厚蓄意报复，就把蔡确的诗断章取义，滥加引申，上报朝廷。谏官吴安诗、范祖禹、王岩里立即上书弹劾，皆言蔡确怀怨谤讪，罪大该杀。宰相范纯仁却认为仅凭暧昧不清的语言文字诛杀大臣简直太过分了，文彦博提议将蔡确贬到岭南。高氏虽没有杀蔡确的打算，却坚持痛贬蔡确，她采纳文彦博的建议，贬蔡确为英州别驾，新州安置。刘挚说蔡确有老母在家，吕大防也请求贬得近一些。哪知高氏勃然怒道："蔡确肯定死不了！山可移，此州不可移！"当晚就差出入内供奉官裴彦臣，把蔡确押到了新州。新州是岭南蛮荒之地，潮湿闷热，人极易生病。蔡确至此，不几年就病死在那里。

蔡确事件后，高氏继续加强对变法派的打击。她授意梁焘，开具了一份新党分子的黑名单，把安焘、邢恕等四十七人列为蔡确的亲党，把章惇、吕惠卿、沈括等三十人列为王安石的亲党。然后她拿着这份名单对宰执大臣说："蔡确奸党仍有不少窃居朝官。"范纯仁说："朋党难辨，可别误伤好人。"高氏很不高兴，梁焘竟弹劾范纯仁也是蔡确之党，高氏遂将范纯仁罢相，贬知颖昌府。"亲党"的黑名单也在朝堂张贴出来，告示人们永远不准这些人再做官。

范纯仁的下场从一个侧面更加证明了高氏对变法派的憎恶，任何人都不能阻碍她对变法派的打击，哪怕这些人都曾经是旧党中的重要成员。而所谓的旧党也并不是铁板一块，随着新党渐渐被排挤出中枢，矛盾斗争同样在他们中间爆发了。

首先旧党内部在如何对待新法和如何处置新党等问题上仍存在严重分歧。例如对于免役法，范纯仁、王岩里、李常等人就不主张全部废除，苏轼还为此与司马光进行了一场激烈的争辩，以至于司马光怒形于色，苏轼毫不客气地指出司马光失了风度。司马光尴尬向苏轼表示歉意，但最后仍废除了免役法，气得苏轼大骂。至于对新党分子的打击，旧党中的许多人或者出于公正之心，或者想为自己留条后路，反对过分打击新党。

虽然高氏曾经讲过"要一心为国，不要拉帮结党"的话，但她并不真的在乎党争如何激烈和荒唐，有时甚至还会煽风点火扩大党争的规模。如朱光庭抓住苏轼给馆职考试出的试题的一些话，弹劾苏轼，吏部尚书兼侍读傅尧俞和王岩里也说试题不当。高氏见状说："这是朱光庭的私意，你们只是党附朱光庭罢了。"吓得傅、王赶紧要求辞职。然后她又下诏对试题批评一番，请傅尧俞、王岩里、朱光庭依然上班供职。她熟练地利用党争各方的矛盾来维护自己仲裁一切的权威。任何一方只要不蔑视她垂帘听政的权威，无论争得多么激烈多么荒唐，她都能容忍。反之，如果某一党对她稍有妨碍，无论他是什么人，她都决不容许。

著名的理学家程颐是哲宗赵煦的老师。元祐二年（1087）八月赵煦生了一场麻疹，好几天没有上朝，也没去迩英殿听课，这事宰执大臣们连过问一声都没有，高氏也照旧上殿视事。程颐看不下去，就站出来质疑此事。第二天宰相吕公著等才去向赵煦问疾。程颐则因这番多嘴得罪了高氏，不几天就被罢官，赶回洛阳老家去了。元祐七年（1092），宰相又建议任命程颐担任馆职，高氏仍怀恨在心，不肯答应。

高氏垂帘已有七八年过去，赵煦都已经结了婚，不能算小了，人们仍没有见高氏有一丝一毫还政退位的意思，看见的只有她强烈的权力欲。赵煦后来愤愤不平地对人讲："元祐垂帘时，我每天看到的只是大臣的脊背和屁股，他们的脑袋全转到太皇太后那里去了。"毫无疑问，赵煦对高氏及其他大臣怨恨不已，但在高氏的威慑下他只能用沉默表达不满，直到高氏死后他才亲政。高氏有一次问他："大臣们奏事的时候，你怎么连句话都没有？"赵煦答道："娘娘已处理过了，叫臣又说什么呢？"

元祐八年（1093），高氏病故，享年六十二岁，谥为"宣仁圣烈皇后"。次年二月，葬于永厚陵。

第六章　北宋神宗赵顼皇后向氏

　　治平三年（1066）春，向敏中的曾孙女向氏嫁给了宋英宗赵曙的长子颍王赵顼，被封为安国夫人。当时赵顼十八岁，向氏比他年长三岁。

　　次年正月，英宗赵曙去世，赵顼继位，是为神宗。向氏被立为皇后。此后不久，她便生育了自己唯一的孩子燕国公主。

　　向氏大龄貌平，而赵顼却年富力强。因此赵顼并不宠爱向氏，临幸的妃嫔也极多。但赵顼极为善于处理家庭关系，对向氏照顾得十分周全，而向氏也心地宽厚，对丈夫的私生活从不横加干涉。因此夫妇二人相敬如宾，宫中嫔妃在此影响下也一团和气。

　　后来神宗驾崩，哲宗赵煦即位，高太后垂帘听政，向氏被尊为皇太后，她的表现依然是谦冲自律。元祐七年（1092），赵煦要选皇后，其他亲王也到了纳妃的年龄，向氏告诫向家族人不得让女儿参入应选。亲族中有人想以皇亲国戚的身份谋求官职，向氏一概不准。

　　向氏的政治观点同样趋于保守，而她在政治活动上的表现更加拘谨。这种拘谨和沉默，直到高太后的名誉受到伤害威胁时，才开始被她自己打破。

　　高太后死后，赵煦打出继承神宗变法事业的旗号，变法派分子接踵回到朝廷布列要职，新法全部恢复实施，对元祐年间得势的旧党进行清算。旧党骨干纷纷被贬，已死的司马光、吕公著等人的官职被追夺干净，宰相章惇甚至建议追废高太后。向氏听到这一消息，大惊失色，连忙找到赵煦哭诉说："假若皇上执意这样做，日后还能有我吗？"赵煦的生母朱太妃也极力劝阻。赵煦自知理亏，便让此事强行作罢了。这就是历史上被称为"宣仁之诬"的一桩公案。

神宗所生的皇子中没有夭折的只有申王赵佖、端王赵佶、成国公赵俣、蔡王赵似、祁国公赵偲这五人。赵佶异常聪明，天赋极佳，对向氏也极其孝顺，因此赵佶在向氏的眼里是个聪明好学、孝顺知礼的好孩子，对他的钟爱也远远超过了其他诸王。赵煦去世时无子，宰相章惇提出要让"眼有毛病，不便为君"的神宗第九子申王赵佖即位。向氏看出一贯擅长弄权的章惇有篡权阴谋，于是果断地立赵佶为帝，是为宋徽宗。然而她万万没有想到，二十多年后正是这个她认为靠得住的好孩子断送了大宋朝江山。章惇等人仍对赵佶不放心，就奏请向氏垂帘听政，向氏再三推辞，奈何连赵佶也哭拜在地乞求不已，向氏很是感动，只好答应下来。

向氏一开始执政，便又开始摧抑新党扶植旧党的行动，提拔韩忠彦为宰相，恢复或追复范纯仁、文彦博、司马光等三十余人的官职，外贬之人也从荒僻之地移居内地。章惇、蔡卞等人陆续遭到贬逐，一些被认为扰民害国的新法再度废除。朝廷上的政治气氛很快呈现出了元祐初年的样子，被称作"小元祐"。向氏见朝政按符合自己愿望的轨道运行，而赵佶也孝敬聪敏，使她认为后事有望了。七月初一，垂帘听政不满六个月，她便放心满意地回到了内宫。

次年正月十三日，向氏病死，终年五十六岁。谥为"钦圣宪肃皇后"，葬于永裕陵西北角。

第七章　北宋哲宗赵煦皇后孟氏、刘氏

　　元祐七年（1092），赵煦到了立皇后的年龄，皇太后和太皇太后就物色了百余名世家少女。眉州防御使兼马军都虞候孟元的孙女孟氏最终中选，不久被封为皇后。

　　然而小皇帝赵煦见孟氏姿色平平，明显对她不满意。一年后，孟氏生下女儿福庆公主。此时赵煦已另有所爱，对孟氏就更见疏远了，孟氏只得与女儿厮守空房。

　　赵煦宠爱的是美女刘氏。刘氏自幼被选入宫，容貌明艳冠于后宫，而且稍具才气，曲媚逢迎，工于心计。赵煦十四岁时，就以找乳母的名义把刘氏召到身边。最初两人慑于高太后的威严还不敢过分亲热。等高太后死去，刘氏由名义上的乳母很快晋升为婕好。刘氏恃宠成骄，渐渐不尊礼法，处心积虑想要废掉皇后孟氏取而代之。

　　绍圣三年（1096）秋，孟氏的女儿福庆公主患病，多方医治不见好转，着急之下，便求诸道符。孟氏本已向赵煦讲明此事，却架不住刘氏对此大做文章，四处造谣，说孟氏在搞符咒厌魅。福庆公主最终病死，孟氏也被听信谗言的赵煦废掉，贬居瑶华宫，号华阳教主、玉清妙静仙师，法名冲真。

　　刘氏成功扳倒孟氏，得意至极，但却没能立即当上皇后。赵煦怕操之过急造成舆论不利，便暂时只把刘氏升为贤妃。直到元符二年（1099），刘氏生下了赵煦唯一的儿子，才被立为皇后。

　　刘氏总算当上皇后，岂料乐极生悲，她的儿子还不满月就生病夭折。

赵煦遭此打击，竟也大病不起，结果元符三年（1100）正月，赵煦也病死了。

哲宗赵煦驾崩后，徽宗赵佶即位，向太后垂帘听政。向太后早就对孟氏的遭遇不满，接孟氏回宫恢复其皇后位号，又多方打压刘氏。刘氏被迫老实了一段时间，等到向太后和朱太妃相继去世，刘氏就勾结当了宰相的蔡京，逼徽宗下诏，再次将孟氏废居瑶华宫，所有参与复立孟氏活动的臣僚都被贬官流放。

崇宁二年（1103），刘氏被尊为皇太后，住在崇恩宫。她志得意满，动不动就干预朝政，把赵佶和朝中大臣都得罪了。暗地里还不甘寂寞，做了偷情的勾当，传得满城风雨。赵佶于是就与大臣们商议，欲将她废贬出宫。刘氏羞愤不堪，又自觉众怒难犯，于政和三年（1113），在卧室的帘钩上自缢身亡。终年三十五岁。葬哲宗赵煦永泰陵西北隅。

而孟氏一直在瑶华宫过着凄清的日子。靖康元年（1126），瑶华宫被一场大火烧毁，她迁居到延宁宫，不久延宁宫又发生火灾，她徒步回到了位于大相国寺前面的弟弟孟忠厚家居住。

次年，钦宗赵桓欲再次把孟氏接回宫廷，然而诏令还没来得及下达，汴京就被金兵攻陷。孟氏不但因此幸免了被金兵俘掳的灾难，她的地位又在之后再次显赫起来。

靖康之变后，整个宋朝宗室只有孟氏因被废、康王赵构因出使在外而得以幸免。张邦昌遂迎孟氏回宫尊为太后，请其垂帘称制。孟氏写了亲笔信，请赵构即位。五月初一，赵构在河南商丘即皇帝位，是为宋高宗，建立南宋，改元建炎。当天孟氏在汴京撤帘，赵构尊她为隆祐太后。

赵构不敢抗金，从南京一直跑到杭州，孟氏只好随着他南逃到杭州。但南宋朝廷脚跟还没站稳就发生了一场兵变，孟氏也被裹挟进变乱之中。时因高宗用人兼赏罚不当，使得众将愤愤不平。此时武将苗傅、刘正彦等人见张浚、韩世忠、刘光世诸大将都领兵在外，杭州城内兵少将寡，就利用军民的不满情绪，打着为民除害的旗号策动兵变。他们先杀枢密使王渊，并挑着王渊的脑袋领兵杀到了行宫门外，逼着赵构交出误国宦官康履，流放奸臣黄潜善、汪伯彦，请孟太后垂帘听政，让高宗移居显忠寺。第二天，孟氏与赵构年仅三岁的儿子赵敷垂帘听政，颁布大赦令，只留宦

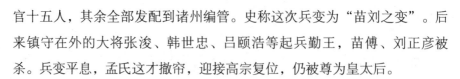

官十五人，其余全部发配到诸州编管。史称这次兵变为"苗刘之变"。后来镇守在外的大将张浚、韩世忠、吕颐浩等起兵勤王，苗傅、刘正彦被杀。兵变平息，孟氏这才撤帘，迎接高宗复位，仍被尊为皇太后。

从此孟氏总算是可以安安静静地颐养天年了。长期动荡的遭遇使她生活节俭，每月只肯领一千缗钱。她在亲戚的待遇上也较为谦谨，亲戚有八十多人可以靠她的恩荫当官，她一个也不肯封授。赵构对孟氏较为孝顺，孟氏对赵构也很疼爱。于是孟氏就在祖慈孙孝的光景中走到了人生的尽头。

绍兴元年（1131），孟氏病死，终年五十九岁。遗命先择地暂殡，候军事宁息，再归葬河南巩县陵园。上尊号"昭慈献烈皇太后"，殡于会稽上皇村，灵牌祔于哲宗之室，谥号"昭慈圣献"。

第八章　北宋徽宗赵佶皇后王氏、郑氏

元符二年（1099），十六岁的德州刺史王藻之女王氏嫁给了端王赵佶，被封为顺国夫人。元符三年（1100）正月，赵佶即位，王氏被立为皇后。

王氏生有赵桓和崇国公主两个孩子，但相貌一般，并不讨赵佶的喜欢。虽然她对正得宠的郑、王二妃委曲求全，但仍然树大招风，成了一些人说三道四的攻讦对象。大宦官杨戬就公然诬告她有暧昧不检的行为。而昏聩的赵佶竟信以为真，命刑部侍郎周鼎设秘狱追查，结果查无实据。王氏遭此奇耻大辱，却只能忍气吞声，在赵佶面前只字不提。赵佶也自知理亏，动了恻隐之心，之后对她稍加怜爱几分。

大观二年（1108），王氏病死，年仅二十五岁。初谥"靖和"，后改谥"惠恭"。葬于裕陵之侧。

继立为皇后的郑氏为直省官郑绅之女。她最初服侍向太后，因聪敏伶俐成了押班侍女。后来端王赵佶每天到慈德宫问安起居，见郑氏漂亮，又对人十分亲热，便心生爱慕，眉来眼去。向太后也看出两人郎情妾意，索性成人之美，将郑氏赐给了他。

郑氏大受宠爱，实际地位远远超过了皇后王氏。郑氏才貌双全，给皇帝的章表都是她自己亲笔，字体隽秀、文辞藻丽。赵佶自命儒雅，对郑氏自然格外欣赏。两人常常对作情词艳曲，他们的作品传到宫外，人们还竞相传唱。郑氏的地位几个月间就从贤妃晋封为淑妃，又晋封为贵妃。后来在徽宗元配皇后王氏病死两年后，郑氏被封为皇后。

无论郑氏怎样得宠，在赵佶这样一个轻佻浮浪的君主面前都不可能得到专宠的待遇。赵佶爱恋的女子无数，都各领风骚，擅一时之宠。郑氏不仅不予干涉，还多方为赵佶提供方便，赵佶自然对她更加满意。至于赵佶在政治上的昏聩荒唐，郑氏更是听之任之。郑氏如此善解人意，赵佶即使负心多宠也不会冷落她的，所以郑氏的皇后地位从来都没有动摇过。

宣和七年（1125）冬，金兵南犯，北宋危在旦夕，赵佶禅位于太子赵桓，被尊为教主道君太上皇帝，退居龙德宫，郑氏被尊为道君太上皇后，迁居撷景西园。次年十一月，金兵攻破汴京。翌年二月，金兵废掉赵佶、赵桓两个皇帝，并凭借宦官邓述开列的名单，把皇子、皇孙、后妃、公主、外戚大臣等共三千多人全部扣押起来解往金国。

当时郑氏的父亲郑绅也在押送之列。郑氏不愿意父亲受自己连累，找到金帅粘罕，乞求道："臣妾有罪，自该随上皇北迁。但臣的家属未尝干预朝政，敢请元帅开恩留下。"粘罕听后派人把郑绅送回了城中，还对郑绅说："你女儿很会说话，进退有法，容止雅丽，所以我才特别开恩。"

郑氏在金国凄惨地生活了五年，建炎四年（1130）秋死于五国城，终年五十二岁。直到绍兴七年（1137），南宋才闻知了她的死讯，上谥号"显肃"。绍兴十二年（1142），郑氏与赵佶的梓宫运回南宋，合葬于会稽永佑陵。

第六卷

南宋后妃

第一章 南宋高宗赵构皇后邢氏、吴氏

邢氏十四岁时嫁给十五岁的康王赵构为妻，后被封嘉国夫人。后邢氏不幸在靖康之变中被金兵掳去。靖康二年（1127），幸免厄运的康王赵构在商丘即位，南宋建立。遥立元配夫人邢氏为皇后。

建炎元年（1127）七月，宋朝前武义大夫曹勋奉徽宗、钦宗二圣之命出逃，离开金营之前，邢皇后脱下随身佩戴的金环，派人交给曹勋，并请代向赵构致意，"转告大王，愿如此环，早日相见"。

高宗赵构也思念母亲与妻子，也曾几次派人到金邦打探，打算赎回，无奈金主知道邢氏是宋朝当今皇后，更认为她奇货可居，非要等议和所许的金银、土地如数交清，才能放还。然而宋朝国内连遭战乱，百姓颠沛流离，田地荒芜，商业凋敝，到哪里去搜刮大笔的金银呢？况且，不管二圣，先赎发妻，于情于理都不合适。

绍兴九年（1139），年仅三十四岁的邢后终于客死金邦，金人一直秘不发丧。直到绍兴十二年（1142），金人放还赵构的生母韦太后归宋，高宗才知道邢皇后已经死了三年。经高宗赵构与宰相秦桧屈膝向金主乞求，并付出巨大代价，才将徽宗、郑皇后及邢皇后的灵柩换回，并为邢皇后追赠谥号为"宪节皇后"，葬于"宋六陵"陵区孟太后后陵的西北隅。

取代邢氏成为南宋实质上的首任皇后的吴氏十四岁时被康王赵构选入宫中。后康王赵构即位为高宗，当时南宋形势依然严峻，金军不时来犯，康王东躲西藏，吴氏身披铠甲，跟随左右。她熟读史书，颇能随机应变。后来，康王驻跸四明时宫中发生兵变，若不是吴氏骗走叛军，高宗赵构险些遭遇大难。

因与邢氏失散，高宗虚置正宫十六年。其间吴氏悉心侍奉劳苦功高，而且不曾向高宗索要后位。韦太后南归后，吴氏又亲自侍奉太后起居。太后对吴氏赞不绝口，高宗也认为吴氏贤惠，于是绍兴十三年（1143）吴氏被立为皇后。

吴氏一生不曾生育，高宗同样无子。在吴后还是才人的时候，他便接受大臣的建议，在"伯"字行内的太祖子孙中挑选了伯琮作为养子，由张贤妃抚养。吴氏也于绍兴四年夏收养了伯璩。绍兴十二年张贤妃病逝，吴氏便将抚养伯琮的事情接下来。她对两个孩子一视同仁。

伯琮性情恭俭，天资聪慧，又喜欢书史，很中高宗心意。高宗虽然早就有意立他为储，但因伯琮明察秦桧奸恶，为秦桧所不容，立储之议，故而久延未决。高宗明知伯琮是最佳的储君，但他担心伯琮不是吴后从小一手抚养，皇后会有意见。然而吴皇后深明大义，对高宗称赞伯琮可当大任。高宗于是决心册立伯琮，伯璩出居绍兴。

几年以后，高宗禅位孝宗，自居太上皇，吴后也称太上皇后，与太上皇一起退居德寿宫。二十五年中，吴后悉心侍奉。吴后又善于居间调娱高宗父子之欢，所以两宫一无隔阂。宋高宗诸事如意，不再过问朝政，宋孝宗得以有所作为，肃清朝政，北伐中原，颇有一番振作的气象。孝宗常教导儿媳李凤娘多学吴太后恭俭有礼。

淳熙十四年（1187），高宗驾崩，孝宗十分悲痛，对朝政无心打理，勉强撑到守丧期满，便立即禅位，立太子赵惇为帝，是为光宗。光宗尊吴氏为太皇太后。此时吴后就已年近八十了。

不久后，光宗因病退位，禅让帝位于光宗次子、睿王赵扩，是为宁宗。吴太后及时出面主持了内禅大典，使政权交接平稳完成，度过了一场危机。

庆元三年（1197），年老的吴氏一病不起，她自知寿元已尽，怕皇帝怪罪御医，便拒服御医的汤药。不久，身经四朝的吴太后病逝，终年八十三岁。

吴氏先后在皇后、太后、太皇太后位长达五十余年，是历史上在后位时间最长、寿命最高的皇后之一，谥号为"宪圣慈烈皇后"，合葬于宋高宗赵构永思陵。

第二章 南宋光宗赵惇皇后李凤娘

知名的异人道士皇甫坦擅长相术。皇甫坦妙手回春，治愈了高宗生母韦太后的眼疾。高宗由是对他极为信任。他游方到湖北时为庆远军节度使李道之女李凤娘相面。皇甫坦一见凤娘连说："此女当母仪天下，要善为抚养。"李道听了，不以为然。

皇甫坦回到杭州立即进宫，说动高宗将李凤娘聘为恭王妃，后又晋封为太子妃。然而李凤娘虽然容貌超人，品性却骄悍好妒，曾在高宗孝宗面前搬弄是非。太子对李凤娘开始厌恶，并对其提出"改过"警告。孝宗也看不惯她的品行，多次进行责教。李凤娘不以为然，反而怀疑是吴太后从中作梗，于是与吴太后结怨，并恣意进行报复。

乾道四年（1168），李凤娘生下儿子赵扩。后孝宗禅位，由其第三子赵惇即位为光宗，李氏也被册封为皇后。

自从李凤娘当上皇后，更加肆无忌惮、悍妒跋扈。孝宗自诩"英武类己"的儿子光宗在李后面前却唯唯诺诺，百依百顺。李后一直想把自己的儿子推上太子之位。一次，光宗心疾偶然发作，在调养了几天后痊愈。李后瞅准机会，便在内宫设宴以示庆祝。席间李后殷勤相劝，酒过三巡，李后便对光宗道："扩儿已经成人，陛下既已册封他为嘉王，何妨就此立为太子？他很有些才干，名分既定，定能助陛下一臂之力！"

光宗本也有意，只是立储是国家大计，不敢贸然应允，便含笑回答说："此事重大，要禀报寿皇方能施行。"李后自思寿皇向来对她不满，当然不肯册立赵扩为太子，便打算绕开寿皇。为此，李后决定离间光宗和寿皇孝宗之间的关系。

事有凑巧，寿皇听说光宗病有起色，便派人召他入重华宫赴宴。哪知李后略加安排，不让光宗得知消息，单身一人前往赴宴。李后见到寿皇，便提要立太子的事情，寿皇不允，李后居然反唇相讥，无礼至极，气得孝宗拂衣而去。回到宫中，李后一见光宗便哭诉说："寿皇将要废逐臣妾，另立中宫，妾与扩儿难以保全了。"光宗向来对李后言听计从，见李后一番表演，更是信以为真。李后趁机撒娇献媚，且提出建立家庙的请求，光宗要为饱受委屈的皇后出气，当即恩准，第二天就传旨开工。枢密使王蔺不晓内情，闻讯上疏谏阻。李后居然让光宗将他免职。枢密使是国家重臣，说罢就罢，光宗也不情愿。谁知李后竟迫不及待亲笔草就罢免王蔺的上谕，送给光宗过目之后即遣内侍发出，一面又升任葛邲为枢密使，从头到尾一手包办。朝臣们一时间都噤若寒蝉。

此事不久后的一天，一个宫女伺候光宗洗手时，光宗见她皮肤莹润，不由多看了几眼，并随口称赞了一声，不巧被李后听见。隔天，光宗批阅奏章时，李后派人送来一个食盒。光宗只当是李后送来美味佳肴，谁知盒内竟是两只血肉模糊的断手！光宗因此惊惧成疾，多日卧床不起。

李后又趁光宗皇帝亲自去祭祀天地宗庙之际，将光宗宠爱的黄贵妃杀死。光宗本就体弱，在祭天时着了凉，闻此噩耗，更是雪上加霜。他惊忧交加，数病并作，终日辗转床榻，朝政只好弃置脑后了。

李后趁机揽权干政，骄横恣肆。同时开始离间挑拨太后、孝宗及光宗"三宫"的关系，终于使孝宗和光宗的父子关系日渐破裂。孝宗病危之际仍不得见光宗一面，终含恨而崩。局势艰危，群情汹汹，光宗执意不肯临朝主丧。宗室大臣赵汝愚等人只好请出太皇太后吴氏主持，逼迫光宗内禅嘉王，颐养天年去了。

光宗禅位，李后被尊为太上皇后，失去对手的她安分守己地在宫中生活了六年，后于庆元六年（1200）病死，终年五十六岁。

第三章　南宋宁宗赵扩皇后韩氏、杨氏

韩氏出身名门，是北宋名将韩琦的第六世孙，她的小叔韩侂胄是后来赫赫有名的大权臣。她最初与姊姊一起被选入宫，后来到了平阳郡王赵扩府中，成了赵扩的正妻，封新安郡夫人，又进崇国夫人。赵扩受禅为宁宗后，她被册为皇后。

韩皇后一生平平常常，无过无失。她的父亲韩同卿因为女儿做了皇后，自己升为庆远军节度使，后又加封太尉，但他却担心权势太盛，不敢干政。以至于外界只知韩侂胄是后族，不知道韩同卿就是皇后之父。

庆元六年（1200），韩皇后死，谥号恭淑。

自从韩皇后死去，后位的争夺就开始了。朝臣中要求立后的议论渐渐地多起来。那时宁宗身边以杨贵妃与曹美人最受宠爱。杨贵妃为人性情机敏又富于学识，颇受吴太后的赏识与提拔。曹美人则柔弱似水，又有权臣韩侂胄力挺。表面上看，二人各有立后的希望，不分高下，实则宁宗已有意将杨贵妃立为皇后。但因韩侂胄在拥立宁宗时有功，宁宗不便一口否定他的意见，这样立后之事只好暂放。

立后的风声却已泄露出去。杨贵妃极有心计，便与曹美人约定各设酒宴，邀请皇上临幸，以决胜负，并谦让曹美人在先，自愿居后。曹美人不知是计，假意推让一番，便依约行事。曹美人命御厨整备了宁宗最爱吃的肴馔，自己又精心梳妆打扮，请宁宗光临。杨贵妃掐算准，恰在宁宗饮到似醉非醉、正要上床说事之际赶到，亲迎宁宗驾临自己的宫苑。宁宗果然与杨妃登辇而去。到了杨妃宫中，她殷勤劝酒，刻意献媚。宁宗很快便喝得醉不能支。杨贵妃见时机成熟便借着和宁宗的亲热乘势提出立后，宁宗一口应允，旁边宫娥奉上早已准备好的文房四宝，宁宗随手写道："立贵妃杨氏为皇后。"就这样，杨妃如愿以偿地当上了皇后。

杨皇后争强好胜，但却出身微贱，常以此为耻，早在晋为贵妃时即与家人明里断绝来往，只在暗中常馈送家人财物。后来她索性派心腹宦官在朝臣中寻得一个会稽人名唤杨次山的冒认为胞兄。宁宗召见时，杨次山声泪俱下，又举了许多例子加以证明。宁宗信以为真，马上将杨次山补官。杨次山的手下有一个叫王梦龙的，侦知韩侂胄曾有意劝立曹美人为后，报告了杨皇后。从此她对宰相韩侂胄反对册立自己为后之事耿耿于怀。

开禧三年（1207），韩侂胄主持的北伐连连败北，与金军的求和谈判也因金人坚持要南宋交出罪首谋而无果，韩侂胄于是再起用兵之心。然而朝中形势已有变化，他的敌对势力趁机大肆攻击，反对再战。杨皇后早就有心寻机诛杀韩侂胄，就指使荣王赵曮暗地弹劾韩侂胄。

荣王奉了母后的命令，便候宁宗退朝时，向父皇进谏罢免韩侂胄。宁宗听了很不高兴，斥责了他一番。杨后见荣王进言没有奏效，只好亲自出马，极力陈情，宁宗虽然固执己见，口气却是软了许多。杨皇后说："韩侂胄的罪戾，宫廷内外，有谁不晓？不过惮于他的权势，不敢明言罢了，陛下怎么至今还被蒙在鼓里呢！"宁宗还是犹豫："事情尚未明了，不宜遽下结论，且待朕安排查明，再议不迟。"

当时朝中尽是韩侂胄的朋党门生，贸然行事会打草惊蛇，杨后自忖明查难以奏效，赶紧进言："陛下身居九重之内，怎能查清详情，我看此事非托付可靠的皇亲不可！"宁宗心中尚不以为然，事已至此，只得由着皇后安排。

杨皇后于是召来杨次山，秘嘱他在朝臣中交结外援。荣王的师傅礼部侍郎史弥远与韩侂胄有宿怨，欣然奉命。杨次山又联合韩侂胄的仇敌参知政事钱象祖、礼部尚书卫泾、著作郎王居安、前右司郎官张镃等人积极准备发难。

同年十一月，韩侂胄于早朝路上在六部桥侧被史弥远的伏兵强行逮捕，押至玉津园。钱象祖立刻上奏宁宗，宁宗料知韩侂胄凶多吉少，有些于心不忍，急下手谕要殿前司追回太师，杨皇后手拿御旨痛哭失声，对宁宗说:"韩侂胄无礼,竟要废黜我们母子,又枉杀两国百万生灵,陛下欲要追回他,我请先死!"宁宗也不禁潸然泪下,只好改变主意。权势显赫的韩侂胄就这样不明不白地栽在一个妇人之手。

杨皇后计杀韩侂胄之后,皇子赵㬎也入主东宫,成为正式的储君,之后又改名为赵询。嘉定十三年(1220),皇太子赵询夭亡。后宫仍无生育,宁宗只得再行挑选皇嗣,将宗室之子贵和养在宫中,立为皇子,并赐名赵竑。

这期间,史弥远党附杨皇后,一再擢升,渐渐执掌了朝廷大权。他时常出入后宫,宫廷内外盛传他与杨皇后偷情。史弥远本是奸诈小人,他独擅相权多年,朝无正直之士,尽是狐朋狗党。皇子赵竑对杨皇后和史弥远深恶痛绝,史弥远对此有所觉察,便出重金选购一位善于鼓琴的美女安插在皇子赵竑的身边,作为眼线。赵竑很爱鼓琴,在她面前从不掩饰对杨皇后和史弥远的不满,曾将杨皇后与史弥远的丑事写在书案上,扬言一旦得志,即将史弥远流放八千里之外。史弥远知道这事情后,便起了废立之心,想用另一个宗室子弟贵诚取而代之。

原来,皇子赵竑是宁宗为弟弟沂靖惠王挑选的继嗣。贵和成为皇子后,沂靖惠王一支又需另外择人了。史弥远与皇子赵竑关系不好,便假借替沂王觅嗣,在宗室中寻找和自己关系好的人,以备将来顶替皇子赵竑,便选中了贵诚。

贵诚入宫的时候,年方十七岁,凝重寡言,洁身好学,深得朝野的好评。史弥远又派大臣郑清之悉心教导,贵诚学识渐长,连宁宗也对他刮目相看。史弥远更是天天在宁宗面前诉说皇子赵竑的坏话,称赞赵贵诚的优点,希望宁宗改立贵诚为皇子,但宁宗却不表态。

嘉定十六年(1223)八月,宁宗病重,史弥远趁机假传诏旨,宣召贵诚入宫,并改名为昀,封为成国公。这件事极为秘密,连杨皇后也被蒙在鼓里。五天以后,宁宗驾崩,史弥远即派杨皇后的侄子杨谷、杨石告诉了杨后废立的事。杨后虽然不喜欢皇子竑,但他是宁宗册立,自己无权更动,摇头不应。杨氏兄弟反复劝说,一夜之间往返于杨皇后和史弥远之间七次,说得口干舌燥,杨皇后态度才有了转变。于是按照史弥远的刻意安排,杨皇后于次日早晨假托宁宗的旨意将赵竑废为济王,立赵昀为新皇

帝，是为理宗。杨皇后被尊为皇太后，与皇帝一起临朝听政。

理宗即位时，已年满二十岁。杨后侄子杨石因此忧心忡忡，担心皇太后不肯归政导致皇帝仇视，进而祸及宗族。于是他向太后上疏力陈应当归政于理宗，言辞恳切。杨后犹如醍醐灌顶，蓦然醒悟。下令朝臣选择吉日，撤帘归政。

宝庆元年（1225），杨太后急流勇退，撤帘还政，避免了和理宗反目成仇。第二年冬，杨太后病逝，终年七十一岁。谥为"恭圣仁烈皇太后"。

第四章　南宋理宗赵昀皇后谢道清

　　谢道清是宁宗时宰相谢深甫的孙女，可惜家道中落，自小便过着贫苦的日子。

　　宋理宗到了大婚之龄，便让廷臣着手挑选中宫。杨太后早年荣登后位时多得当时左丞相谢深甫的帮助，所以一直感恩不尽，特意关照要从谢家女儿中遴选。然而谢道清生来面目粗黑，一只眼中还生有白斑。她的叔父谢掬伯摇头不止，觉得她的长相只能做个灶下婢女，而且筹办行装太困难。相传，正在此时，有一群喜鹊飞来，乡人见了啧啧称奇，一时亲友都慷慨解囊，为她置办行装。

　　她就这样起程前往京师。上路不久，谢道清面部便生了一种奇怪的皮疹，之后结痂退去，脸色变得肤如凝脂。途中又碰上了眼科名医，治好了眼中白斑。杨太后听说谢道清异乎常人，已经有意立她为后了。理宗不敢违拗太后的旨意，只好册立谢道清为皇后。谢皇后固然端庄，但她只知侍奉皇太后，不会奉承皇上，所以，理宗最宠爱的还是美貌的贾贵妃。

　　谢皇后性情温和，不争宠善妒，杨太后益发认为她有古时贤后之风。杨太后死后，贾贵妃越发专宠后宫。贵妃弟贾似道是个地道的无赖，但因为贵妃的关系，也做了籍田令，逐步受到重用，最后位至宰相。贾贵妃外，还有一个宫人阎氏，也受到理宗的爱幸，不久就被封婉容，与贾贵妃两人宠冠六宫。这阎妃也非善良之辈，与内侍董宋臣等表里用事，败坏朝政。贾贵妃死后，阎婉容晋封贵妃，董宋臣因妃得宠，更加横行不法。

　　阎贵妃恃宠干政，贾贵妃援引外戚窃据高位，只有谢皇后虽然贵为天下之母，但既无意争宠，也无意弄权，却能效尤贤后，埋头深宫。所以宋理宗虽然不喜欢她，对她也还比较礼重，使她的后位一直没有动摇。

景定五年（1264）冬，理宗驾崩。继位的皇太子赵禥是理宗之弟荣王的儿子，是为度宗。谢皇后被尊为皇太后。

咸淳十年（1274）夏，度宗病死，由权臣贾似道做主，立年仅四岁的赵㬎为小皇帝，是为恭帝。谢太后被尊为太皇太后。因皇帝年幼，由谢太后垂帘听政。名义上如此，实际上军国大权都在宰相贾似道手中。

樊城被围，大敌当前，贾似道仍在朝欢暮乐，歌舞升平。京湖制置使汪立信听说元朝出兵，上书贾似道提出抗元二策。但贾似道看了上书，勃然大怒，大骂汪立信"瞎贼，胆敢狂言"。后来，元军统帅伯颜得知汪立信的计策，曾说假使汪立信的上策得以实行，元军何能到此？元军不过二十万人，而宋朝当时还有生力军七十万人，虽说因为缺少马匹骑兵无力进攻，但守御得力的话，绝不至于被元朝灭亡。可是贾似道反而罢免汪立信，另以亲信担任京湖制置使，不做丝毫抗战准备。

忽必烈以伯颜为统帅，兵分两路，水陆并进。咸淳十年（1274）年底，元军攻陷重镇鄂州。伯颜留将军阿里海涯经略鄂州及荆湖未陷地区，自己率大军沿江东下，兵锋直指陆安，沿途宋将望风投降。谢太后闻报大惊，召集群臣会议，大臣们纷纷要求宰相贾似道出兵抗元，南宋太学生也不断请愿。贾似道无法推诿，只好在临安建立都督府，但是又害怕降将刘整，不敢出兵。直到第二年刘整的死讯传来，贾似道认为刘整一死，元军没了向导，便会失败，于是上表出兵，抽调各路精兵十三万人出征。然而他的队伍船中满载金帛，舳舻相衔，几乎百里，根本不像打仗的样子。

贾似道本来是无赖子弟，对军事一窍不通，也无心作战，一到芜湖即派人向伯颜馈赠荔枝、黄柑，称臣纳币，请求议和，却遭伯颜断然拒绝。元军不肯议和，继续推进，又攻下了池州。贾似道无路可退，只得挑选精锐七万人交给孙虎臣，命他截击元军，又命夏贵率水师跟进，自率后军屯驻鲁港，作为后援。

实际上夏贵是鄂州败将，唯恐贾似道成功。而孙虎臣是贾似道亲信，不但不通军事，还带着爱妾上战场。这样的人领兵作战，结果可以想象。宋军一经交战便全线崩溃，元军乘胜追杀，宋军全军覆没，江水为之变赤，贾似道单舸逃往扬州。宋军丢魂丧胆，不堪再战，贾似道在扬州收罗溃兵，不仅无人理睬，反遭恶语痛骂。贾似道六神无主，只有请谢太后迁都逃跑。

宋军战败的噩耗传来，中书舍人王应麟建议下诏勤王，合力作战，以攻为守。但是谢太后在下诏勤王和迁都之间左右两难，便交给大臣讨论。贾似道在朝的爪牙附和贾似道，坚持迁都；左丞相王爚主张固守，两派争执不下。王爚自以身居宰相，仍不能决定国家大计，气愤地弃官出走。太学生们也强烈反对迁都，说我既能往，寇亦能往，徒然惊扰自家，别无益处。犹豫不决的谢太后觉得这个说法有理，方才下定决心，重新下诏勤王。可是勤王诏下，各地反应冷淡，诸将多观望不前，只有李庭芝和张世杰派兵支援。

四月，赣州知州文天祥变卖家财，组织了一支五万人的民兵队伍前往临安勤王。友人劝阻他说："元军之势已难再当，君以乌合万余赴难，是何异驱群羊而搏猛虎？"文天祥答道："国家有急，征集天下兵。无一人一骑入关者，吾深恨于此，故不自量力，而以身殉之，或许天下忠臣义士，将有闻风而起者。"可谓用心良苦。然而朝廷并不领情，勤王的张世杰反遭当朝的陈宜中猜忌，忧国之士颇为寒心。

鲁港惨败后，谢太后罢免了贾似道，任命王爚为平章，陈宜中、留梦炎为左右丞相，并兼枢密使，都督诸路军马。贾似道既被罢免，他当政时的害民之政，也陆续除去，得罪贾似道而被贬官流放的人也发出公文追回，连被贾似道迫害致死的前丞相吴潜和大将向士壁也都追复原职。朝政有了振作的势头，可是谢太后却起用了陈宜中做丞相，又把这良好的开端断送了。

陈宜中是贾似道的同党，幻想纳币求和，无心抵抗。伯颜根本不予理睬，率大军四处攻击，连陷州城，湖北荆南各地宋将非逃即降。元军不再有西顾之忧，战局急转直下。幸亏扬州守将李庭芝率众死守，方才稳住阵脚。五月，宋将刘师勇收复常州，浙西降元诸城也重新反正，与张世杰会师，庆远府的仇子真、淮东兵马铃辖袁克己，各自率军入卫京师，有诏令二人与张世杰、张彦分道出击，增援扬州。

四路出兵，却无督师统一指挥，谏官上奏太后要求大臣督师，谢太后也不知如何处理，交给大臣讨论，又久议不决。大臣陈文龙气愤地说：
"事态已经是火烧眉毛了，我等还在这里不紧不慢，请诏令众大臣，不要
再妄生空谈。"但大臣们争执不已，互相排挤，谢太后也无力阻止。平章
王爚也说："陈、留二相，宜由一人督师吴门，否则我自己请求前往。"
陈宜中心中不满，暗地里百般阻挠。他不得已和留梦炎一起上书请求行
边，却迟迟不肯动身。

不久王爚忧愤而死。陈宜中已回到温州老家，遇使者征召，就以母亲
年老无人奉养为由推辞，谢太后又亲自给其母杨氏写信，让她督促儿子还
朝。这次陈宜中总算回来了，但他本人并无才具，能和则和，能降则降，
根本没有通盘考虑，只知道敷衍。

九月，朝廷突然发布了两个诏令，一命文天祥出知平江府，率军守吴
门；一命襄阳守将吕文焕之侄吕师孟为兵部尚书，同时封其父吕文德为和
义郡王。这预示着谢太后和陈宜中为首的南宋小朝廷急于乞降了，而对于
文天祥这支抗战的力量从没有认真使用过。

德祐元年（1275）四月，局势危急，文天祥奉诏勤王，率五万人星
夜奔赴临安，可是大军刚刚开拔，谢太后和陈宜中又怕文天祥到来会妨碍
正在进行的乞和投降活动，又传令留屯隆兴府。七月，张世杰在焦山战
败，谢太后又下诏命文天祥提军入卫，可是又久留不遣，不肯用这支力量
抗战。

文天祥发现朝廷正在一步步滑向乞和、投降亡国之路，他利用"陛
辞"的机会上了奏本，他在本中迎头痛斥"朝廷姑息牵制之意多，奋发刚
断之义少"，要求将鼓吹投降的新任兵部尚书斩首，振作将士之气。他又
提出重建藩镇的主张，认为藩镇虽可能尾大不掉，可是国家已经到了危急
关头，必须立即变通，分天下为四镇，地大力众，才足以抗敌，改变郡县
各自为战的局面。

可是这时朝中左丞相是后来降元的留梦炎，右丞相是陈宜中，结果可
想而知。文天祥竟被视作"迂阔"，只好叹息出京。谢太后两用权臣，致
使时局一坏再坏，终至于无可逆转。

残年已过，新年伊始即噩耗频传。临安城人心惶惶，谣言四起。参知
政事陈文龙，同签书枢密院事黄镛又相继逃走，左丞相留梦炎已在上次军

情紧急时逃走，执政乏人，太后只好下诏任命吴坚为左丞相，常懋参知政事。正午时在慈元殿宣诏，文班只到六人。不久常懋又偷偷溜走。外面的凶讯接连不断，临安诸关守兵逃之一空，太皇太后惶惶不可终日，便想向元称臣，奉表乞和。

谢太后肝肠寸断，涕泪交流，但仍然幻想称臣以保全朝廷。她便派监察御史刘岊前往元军奉表称臣，上元主尊号，岁贡银绢二十五万两、匹，恳求保留国土。此前伯颜怕过早攻打临安会惊走小朝廷，故而一直虚与委蛇。现时大军兵临城下，执意要南宋君臣出降。刘岊无奈，回朝复命。太后召集群臣会议，了无主张。主战派文天祥请求命吉王、信王出镇闽广，徐图恢复，但群臣多已丧胆，所以议而未决。幸亏几位宗室大臣，不甘心绝了宗祀，附和文天祥之议，太后方才晋封吉王昰为益王，出判福州；信王昺为广王，出判泉州。

二王虽然都是幼龄稚子，但抗元火种实赖以保存。宰相陈宜中见元军不肯许和，仓皇无计，便率群臣入宫，请求迁都，实际上是要逃亡。陈宜中痛哭流涕，伏地不起，谢太后才下令整装待发。合宫草草收拾已毕，却又不见宰相前来护驾起程，等到夜幕降临，谢太后大怒，说："我本不想迁都，可是大臣屡请，谁知竟是欺骗我呢？"一边说，一边将满头首饰扯得遍地都是，闭门大哭。群臣请见，一概不理。

次日一早，形势骤变，伯颜率军进驻皋亭山。阿拉罕与董文炳的部队也与伯颜会师，前锋直抵临安府北新关。文天祥、张世杰联名上书，请求转移三宫下海，由文、张二人率军背城一战。陈宜中认为此招太险，不肯应允，反而与太皇太后私谋派遣监察御史杨应奎携带传国玉玺及降表前往元军大营投降。

伯颜接受了降表，一边派人召陈宜中商讨投降事宜，一边派人将宋朝传国玉玺和降表飞马送赴上都。不料陈宜中听说伯颜指名要他前往议降，竟在当夜悄悄溜回温州老家。主战派张世杰、刘师勇等人见朝廷不战而降，各自率部出走。刘师勇下海后，见时不可为，心中忧愤，不多久便郁郁而死。

伯颜屯兵城下，必欲宋朝执政出城议降，谢太后只好另外任命文天祥为右丞相，与左丞相吴坚同赴元军。可怜文天祥一片忠心，见了伯颜尚苦

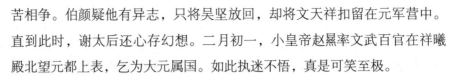

苦相争。伯颜疑他有异志，只将吴坚放回，却将文天祥扣留在元军营中。直到此时，谢太后还心存幻想。二月初一，小皇帝赵㬎率文武百官在祥曦殿北望元都上表，乞为大元属国。如此执迷不悟，真是可笑至极。

伯颜秉承忽必烈意旨，在临安建立两浙大都督府，派蒙古岱、范文虎入城治事，另命张杰、董文炳、张弘范等人将临安府抢劫一空。随后元军进屯钱塘江沙岸上，临安人都寄望钱塘江波涛大作。谁知天不助宋，涨落有时的钱塘江潮竟三日不至，临安人只好嗟叹不已，无可奈何了。

三月间，伯颜进入临安，率手下左右翼万户观潮浙江，又登狮子峰揽胜。耀武完毕，便在翌日起程北返，同时派人押送小皇帝赵㬎及全太后等人北上朝见。亡宋小皇帝赵㬎、其母全太后及一班宗室大臣凄凄惨惨起程北上，重演了一百五十年前悲怆的一幕。太皇太后谢道清因为年老有病，暂时留在临安。几个月后，太皇太后谢道清被从宫中抬出，押送到元朝大都，降封为寿春郡夫人。

元至元二十年（1283），谢氏客死他乡，终年七十四岁。

第五章 南宋度宗赵禥皇后全氏

宋理宗之母慈宪夫人的侄孙女全氏年幼的时候，其父全昭孙出任岳州知州，把她携带身旁。开庆初年全昭孙任满进京，途经谭州时恰遇蒙古将领兀良哈台率部南侵。兀良哈台已经击破四州，所向无敌。全氏只好与父亲暂入城中避难。谭州战事异常艰苦，几乎无望。不料全氏入城不久，兀良哈台即解围北归。城中人纷纷传言，全氏身受神明庇佑，合城百姓赖以保全。不料这却成了全氏日后成为皇后的契机。

第二年，战事平息，全氏回到临安。父亲全昭孙出调外任，病死治所。恰好太子赵禥正拟议纳妃，有的大臣便直接提名全氏。理宗虽对全氏未加认可，但他眷念母族，倒是很想亲上加亲，又听说全氏之父昭孙早死，便召全氏入宫，抚慰她说："你的父亲昭孙殁身王事，朕每念及此，总是哀怜不已！"

全氏自幼读书，深明大义，便随口答道："家父固然可念，但淮、湖一带百姓更是可念！"理宗见她年纪轻轻竟能出语惊人，颇识大体，于是主意已定。次日理宗便告知大臣们说："全氏之女宜配太子，以承祭祀。"

景定二年（1261）年末，全氏正式被册封为太子妃。景定五年（1264），度宗即位以后，全氏被正式册封为皇后。

度宗贪恋女色，而两人共度的十四年间全氏却并无嫉妒争宠之事，颇为贤顺。咸淳十年（1274），刚过三十三岁的度宗即告驾崩。年幼的全皇后之子赵㬎奉遗诏之命即位，尊全皇后为皇太后。

度宗在位时，南宋已经病入膏肓；度宗一死，形势急转直下，时日无多。全太后虽位居太后，却无意干政，朝中仍由年迈的婆婆太皇太后谢道清听政。谢太后懦弱平庸，她倚为栋梁的陈宜中等人既不能建策，又不能齐心协力，终致一误再误，合朝被擒。

德祐二年（1276）年初，太皇太后谢道清宣布投降，元军统帅伯颜进入临安。不久接到降表的元世祖忽必烈指示宋朝母后、君臣前往大都觐见元主。全太后带着少帝与一班皇亲国戚凄凄惶惶地离开了京城，五月到达大都。

当时元朝的统一战争已近尾声，出于对统一战争的考虑，元朝皇帝忽必烈对赵㬎颇为宽容，封他为开府仪同三司、检校大司徒、瀛国公。当然这只是佯示优礼罢了。实际上全太后与小皇帝被软禁在高墙深院中苦熬岁月。许多随来的宫女不堪凌辱自戕而死。全太后念及小儿伶仃孤苦，忍辱含垢，不肯轻生。但远迁北方不服水土，还是使她受尽折磨，因此日渐憔悴。忽必烈的皇后察必看她凄苦难耐，多次向皇帝求情让她回乡终老，但忽必烈担心南宋遗民思念故国，引起事端，不肯通融。

公元1282年年底，忽必烈突然下诏，命赵㬎和宗室以及前宋官员火速迁离上都，解往内地，并勒令赵㬎出家为僧。原来忽必烈接到警报，说有人要谋害皇帝。他凭直觉认定退位的亡宋小皇帝赵㬎仍是一个潜在的威胁，所以有此一举。全太后也奉命削发为尼，出居大都正智寺。后来，全太后悄然死于大都正智寺。

第七卷

明朝后妃

第一章 明太祖朱元璋皇后马秀英

马秀英自幼聪明，能诗会画，她与当时的女子不同，坚决不缠足，故成为"大脚娘子"，人称"马大脚"。

马秀英的父亲马公为杀人避仇出逃他乡，临行前将爱女马秀英托付给生死之交郭子兴，后来客死他乡。郭子兴夫妇对好友的遗孤十分怜惜，遂收为义女。马秀英聪明伶俐，又从容冷静，知书达理，深得郭子兴夫妇喜爱。后来郭子兴夫妇见义女已及婚嫁之龄，便要给她寻一佳偶，使她终身有所托。

时值元朝政治腐败，社会黑暗，逼使民众纷起反抗。又遇黄河大决口，大规模的农民起义爆发了。元至正十一年（1351），韩山童和刘福通在颍州发起了红巾军起义，次年郭子兴也在濠州起兵响应。

当时在皇觉寺做和尚的朱元璋在闰三月的一天，到濠州投奔了郭子兴。郭子兴见他龙形虎躯，便收入麾下做了亲兵。这和尚入伍后机智勇敢，又识得一些文字，很快就被提升为亲兵九夫长。郭子兴见他义勇有为，便与张夫人商定将义女马氏许配给他。

朱元璋做了主帅的女婿，在军中地位大大提高。马氏从此随朱元璋南征北战，忧勤相济，不离不弃。朱元璋在郭子兴军逐渐受到重用，却不免遭到周围人的嫉妒排挤。郭子兴气量狭小，常听信谗言，多次猜忌贬斥朱元璋，甚至把朱元璋监禁起来，不准进食。每逢此时，马氏就将自己的饭食偷送给丈夫。为了让丈夫吃到热食，马氏总是将刚烙好的饼藏进怀中，甚至不惜将胸口烫伤。同时她又求义母张夫人说情，使朱元璋化险为夷。

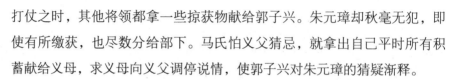
打仗之时，其他将领都拿一些掠获物献给郭子兴。朱元璋却秋毫无犯，即使有所缴获，也尽数分给部下。马氏怕义父猜忌，就拿出自己平时所有积蓄献给义母，求义母向义父调停说情，使郭子兴对朱元璋的猜疑渐释。

这时红巾军已在刘福通领导下建立政权，并立韩林儿为皇帝，号小明王。至正十五年（1355），郭子兴病亡，小明王任命其子郭天叙为都元帅，朱元璋为左副元帅。不久，郭天叙战死，朱元璋便升为大元帅，郭子兴的旧部全都归他指挥。

当时战事极为紧张，朱元璋率大军向南挺进，准备夺取南京。在采石矶与元军大战，取得了渡江大捷。已有身孕的马氏随军来到太平，生活极其艰难。朱元璋以夺取天下为目的，约束军队，不许掳掠，有一个士兵私自向百姓借铁锅都被斩首。朱元璋自己以身作则，与战士同甘共苦。贤明的马氏深深理解丈夫的作为，她即将临产，仍然率全军将士的妻妾随军渡江。军需供给十分困难，她宁愿忍饥挨饿，也设法储备干粮保证朱元璋吃饱吃好。在朱元璋的随从文吏陈迪家里，马氏产下太子朱标。后来又生下朱樉、朱棣及宁国公主、安庆公主等子女，都经她一手抚养成才。

平日在军中，马氏还是朱元璋的重要参谋和得力助手。渡江作战时，朱元璋率主力先行渡江，马氏带领全部眷属后勤尾随。她料到元军有可能采取断后路的行动，便不等朱元璋下令就果断地指挥后勤人员紧急渡江。他们刚渡过江，便见大批元军席卷而来，幸亏马氏料敌先机，才使元军扑空。

马氏还为朱元璋取得天下出谋划策，对朱元璋说："定天下在得人心。"还说："用兵不能不杀人，但主帅不应嗜杀。所以，定天下以少杀人为本。"朱元璋对此谏言极其赞赏。每逢将士出征，他都反复强调不许妄杀和掳掠。还让李善长率领一班文人写成布告，到处张贴，并派执法队沿街巡逻。朱元璋仁义之声远近传闻，许多地方举城归附，这正是朱元璋能够战胜群雄的关键。

马氏还亲自掌管一切军状文书，就连朱元璋随手写下的札记、备忘录，她都保管得井井有序，一旦查问，便可随时准确地拿出。

公元1360年，陈友谅挥兵东下直逼江宁，朱元璋亲赴前线迎敌。危急关头，城中部分官兵惶惑不安，有的还打算逃跑。马氏镇静自若，及时开库犒赏将士，不但稳定了军心，而且使军士大受鼓舞，个个奋勇杀敌，因而大败陈友谅。

由此可见，朱元璋的帝王事业中自有马氏的一份功绩。所以朱元璋称帝后常常在群臣面前夸赞马氏，说她与自己"起自寒微，忧勤相济"，共成大业。

接着朱元璋乘胜东并张士诚，南平方国珍，后自立为吴王，马氏也正式成为吴国夫人。洪武元年（1368），朱元璋在应天正式登上皇帝宝座，国号大明，册封马氏为皇后。从此，马皇后以皇后之尊留心政事、关心人民、礼待臣下，与朱元璋同心同德，为巩固大明王朝而竭尽全力。

朱元璋称帝后，接受历史上的教训，不许后宫干政。马皇后既要以卓越的见识和才能支持丈夫的事业，悉心补救朱元璋政事上的弊病和缺失，又要做到不过本分。马皇后讲求古训，力倡"仁厚之政"，提出"孝慈即仁义"的见解，坚决反对当时"绝仁义而为孝慈"的偏见。马皇后真正理解了汉代统治者所提倡的"霸王道杂之"的黄老之道，在此基础上马皇后进一步提出了"仁厚之治"的主张，将汉代与宋代两家思想合二为一，得出了"仁厚"胜过"刻薄"的结论。她命女史官总结历代仁厚之粹，写成家法古训，上呈给丈夫朱元璋。

她认为重法治、重贤才、重教育是实行仁厚之政、达到尧舜之治的根本所在。因此她在这几方面帮助朱元璋补弊救失，做了不少贡献。马皇后曾提醒朱元璋说："法律经常变动则生弊，法弊则奸邪生，奸邪出则百姓困，百姓困则动乱生。"朱元璋认为这是至理名言，命令史官书之于册，以备省览。

朱元璋当皇帝后暴躁易怒，动辄杀人，马皇后因此劝谏："不应以喜怒加刑赏。"每逢朱元璋龙颜大怒、欲开杀戒的时候，文武大臣都噤若寒蝉。但当朱元璋朝罢还宫，马皇后只要见他面有怒色，就婉言劝谏，因此而得以缓刑免戮的人很多。

有人报告参军郭景祥的儿子怀有持刀杀父之心，朱元璋大怒，下令将此不孝之子杀掉。马皇后得知，劝朱元璋道："郭景祥只有一个儿子，要严防别人诬告。为免枉杀使老郭绝后，不妨派人查明后再作结论。"于是朱元璋派人调查，果然冤枉。

宋濂是明初的谋士，又是太子朱标的老师，朱元璋对他恩礼有加，年老退休返乡后，仍不断派人慰问。不幸其孙子宋慎犯罪，他也被捕到京师判处死刑。马皇后为此竭力劝谏，她说："民间请一老师，还始终不忘恭敬，宋先生为太子诸王的恩师，怎能轻易诛杀呢？何况宋先生已告老还乡，对朝中事多不知情，又怎能因子孙犯罪而牵连至死呢？"

话虽入情入理，朱元璋还是不肯采纳。到进御食的时候，马皇后特意不置酒肉，朱元璋问是何故，答曰："妾已用皇上的酒肉祭祀神灵，请求保佑宋先生，以使太子稍尽敬师之心。"言毕潸然泪下，朱元璋大为感动，第二天即下令赦免宋濂死刑。要不是马皇后的全力营救，宋濂也难免枉死。

李文忠是朱元璋的养子。建国后被派往东南戍守严州。有人诬告他行为不法，朱元璋大为恼怒，令他火速还朝，听从处罚。马皇后待朱元璋怒火稍息后，细语劝道："严州地处边境，不宜轻易更换守将。况且文忠素性忠贤，恐怕有人诬告。"朱元璋向来敬重信任马皇后，便派人去严州调查，果然不实。后来李文忠一直戍守严州，从无疏忽，说明马皇后对他的信任是有根据的。

在用人方面，马皇后深明贤才对治国的重要性。一天，马皇后听说从元都府库里运来了一批宝玉，举朝为之庆贺，便故意问朱元璋："元有这些宝货为什么不能守住呢？"朱元璋顿悟，立即答道："皇后之意，莫非是指得贤才为宝也？"马皇后拜谢道："陛下所言极是，有了贤才，可以与之共保天下，这才是真正的大宝。怎能专门以物为宝呢？"视贤才为大宝，充分显示了马皇后的远见卓识。她提出"愿得贤人共理天下"的建议，被朱元璋奉为至理名言。

朱元璋称帝后，多次提出要寻访皇后的宗族亲戚封官赏爵，马皇后坚决不同意。她主张用人当举贤而不能举亲。有明一代，外戚遵纪守法，没有出现汉、唐时期的外戚之患，这与马皇后的表率作用是分不开的。

马皇后有一句名言："人主自奉宜薄，养贤宜厚。"一次，朱元璋视察太学回来，马皇后问他太学学生有多少，答曰："数千人。"马皇后说道："数千太学生，可谓人才济济。但太学生虽有廪食，他们的妻子儿女靠什么生活呢？"

明建国之初，社会残破，政府财政相当困难。在这种情况下，朱元璋将应天府学改为国子学。国子学的每个学生都由政府发给生活费用。这些学生大都来自一般人家，家有父母及妻子儿女，生活负担沉重，难以安心读书。马皇后征得朱元璋同意后征集了一笔钱粮，设置了二十多个红仓，专门储粮供养太学生的妻子儿女。太学生年纪大而未婚者，可从红仓取粮娶亲，政府还发给结婚聘礼钱。另外，所娶新娘每人发给新衣两套、每月给米二石。太学生家住远方，家有父母或父母亡而有叔父叔母者，每年安排回家探亲一次，探亲费用全从红仓中支出，每人还额外发给探亲衣一套。红仓制度一直延续到明代中后期未变，是明代发展教育的重大措施，也是中国教育史上的重大事件。明代高等教育事业的发展，自有马皇后的一份功劳。

马皇后也非常重视对宫廷子女妃嫔们的教育。朱元璋有二十六个儿子、十六个女儿，这些皇子、公主的教育大都由马皇后亲自负责，特别是自己亲生的五个儿子，马皇后都管教极严。一次，皇子的老师李希颜因小皇子顽皮不听话，用笔管戳伤了他的额角。小皇子哭着上父皇那里去告状，朱元璋大怒，马皇后急忙从旁劝解道："李先生以圣人之道教训吾儿，有何过错？制锦的人受剪刀之伤，可以责怪其师傅吗？"朱元璋深感有理，不但没有惩处李希颜，反而提升他做了左春坊右赞善。马皇后还经常亲自给皇子、公主、王妃们讲述百姓疾苦的事例，教育他们勤俭发奋。

马皇后贵为国母，也从未改变勤俭本色。她常常劝勉丈夫、告诫子孙，当知耕田种地的艰难。她自己则躬行节俭，言传身教，平时穿的是粗丝织的衣服，而且洗了再穿、穿了又洗，衣被破旧了舍不得更换。宫里每次缝制衣服，她就把剩下的边边角角都拾起来，拼成被褥，供严冬御寒。织工治丝，她也不让丢掉一点乱丝败缕，而且要织工将那些坏乱的丝疙瘩织成次等的绢帛，赏赐给王妃、公主，并严肃地对她们说："虽然是次等绢帛，在民间仍然难得，赐给你们，使你们知道蚕桑之不易。"

在饮食方面，马皇后从不特别讲究，平时一律粗茶淡饭。遇到旱年，她和宫妃们以素蔬为食，若是凶年，便吃麦饭野羹。她安排丈夫的生活，也同样以俭朴为原则。她认为不"忘本"，才能励精图治，帝王不但要自奉简素，还要提倡百姓节约储蓄，才不怕荒歉之年的突然到来。由于马皇后的影响和规劝，加上朱元璋自己也是布衣起家，因此朱元璋能注意俭朴。明代开国之初，一切建筑设备都不许过分华丽，凡是雕饰之物，一律禁用。朱元璋还借用马皇后的话告诫臣下："穿衣要思织女之勤劳，吃饭要念耕夫之劳苦。一切兴作都不得劳民伤财。"

马皇后还亲自带领王妃、公主刺绣纺织。她常常告诫王妃、公主，身为妇家，要勤于女红。她自己以身作则，常常缝补旧衣，制作新衣。虽处皇后之尊，她一直亲自操办主管丈夫的膳食，甚至连皇子皇孙的饭食穿戴，她也亲自过问。

就在马皇后死的前两年，发生了丞相胡惟庸案，诛杀万余人，牵连者达三万余人。朱元璋的高压政策，使许多机灵人士辞官引退，开国谋臣刘伯温、朱升等人就是如此。对朱元璋的这种做法马皇后很不满意，她极力主张对下属不能过于苛刻，而要仁厚以待之。所以，她留下了"夫妻相保易，君臣相保难"的遗言。她从夫妻关系推及君臣关系，从治家之道推及治国之道，考虑得极为细致周到。

洪武十五年（1382）秋，马皇后病逝，享年五十一岁。病重期间，她自知难以痊愈，怕因此连累医生，坚决不肯服药。临终嘱咐朱元璋："愿陛下求贤纳谏，有始有终，愿子孙个个贤能，臣民安居乐业，江山万年不朽。"九月，马皇后被葬于孝陵，赠谥号为"孝慧皇后"。

马皇后与朱元璋忧乐与共三十年，彼此始终情真意灼。朱元璋对她尊重信任，充满深情。马皇后死后，朱元璋恸哭不已，命令设立普度大斋，亲自烧香祭悼，从此再也没有册立皇后。

建文四年（1402），成祖朱棣即位，给马皇后上尊谥为"孝慈昭宪至仁文德承天顺圣高皇后"。后嘉靖皇帝又追赠马皇后尊谥为"孝慈贞化哲顺仁徽成天育圣至德高皇后"。

第二章　明惠帝朱允炆皇后马氏

朱元璋开创了大明帝国，却为承袭人的人选所困扰。最终他按照立嫡的传统，于洪武元年（1368）立嫡长子朱标为皇太子。

为了确保朱氏王朝统治，他又开始大肆屠戮功臣而封自己的儿子为王，予以厚禄，分驻在全国各战略要地。朱元璋的用意是"立太子为天下本"，"用宗室以为天下屏藩"。既可以不虞反侧，又可镇压一切异己力量。然而这是一项自相矛盾的错误政策，在立太子的同时，又大力培植、加强诸王的军事政治力量，使这些朱家皇室子弟成为尾大不掉的"藩王"，变成了对皇位继承和行使皇权的极大威胁。

洪武二十五年（1392），皇太子朱标去世。朱标有五子，长子早夭，第二子朱允炆便居长了。朱元璋乃按照传统，册立十岁的朱允炆为皇太孙。朱允炆的性格优柔寡断。而当时，诸王都是他的叔父，且多久经沙场，屡建战功，手里又握有重兵，自然没把年轻懦弱的朱允炆看重。只是朱元璋健在，诸王畏其威势，还不敢犯上罢了。

不久朱允炆到了成婚的年龄。皇太孙既是未来的皇帝，皇太孙妃即是将来的皇后，故选婚更得精益求精。经过严格的筛选，光禄少卿马全之女中选。于是朱允炆在洪武二十八年（1395）大婚，册封马氏为皇太孙妃。是年，马妃怀胎生子，起名"文奎"。六十八岁的朱元璋乐不可支。

洪武三十一年（1398），七十一岁高龄的朱元璋与世长辞，遗诏让皇太孙继承皇位。朱允炆做了皇帝，改年号"建文"，人称"建文帝"。第二年册封马妃为皇后，长子朱文奎为皇太子。

全国一派歌舞升平的景象，表面看天下仿佛太平无事，暗地里却危机四伏。各王府不断出现谋反的迹象。特别是朱元璋的第四子、朱允炆的四叔父燕王朱棣，对皇位蓄谋已久，在王宫中私制兵器，偷印宝钞，招兵买马，搜罗党羽，对中央朝廷造成严重威胁。建文帝和兵部尚书齐泰、太常寺卿黄子澄，深知朝廷权力处境之危殆，但是仓促难图，便决定先削废周、齐等王，翦除燕王的手足，然后再剿燕王。建文帝上台之后便全力废黜诸王，实行坚决的"削藩"政策，数月之间撤免周、湘、齐、代、岷五个亲王的藩王爵位，废为庶人。"智勇有大略"的燕王朱棣不甘示弱，统率十万大军先发制人，于同年七月起兵。为了以示行为正义，他打出了"清君侧""靖难"的旗号。

经过三年恶战，朱棣终于攻陷南京。朱棣命臣下搜捕建文帝，臣下答说建文帝已自焚了。朱棣遂令撰写祭文以祭建文帝，并在众多尸骸中随便寻出两具遗骨当作建文帝与马皇后的尸骨，以帝、后的礼节安葬。然而葬地所在却无人知晓，也没有追赠庙号谥号。由于死不见尸，明人有关建文帝出亡记载多传闻异辞，所谓成祖即位后曾派人遍行天下郡县，名为访仙人张邋遢，实是暗访建文帝下落。又一说建文帝蹈海而去，故成祖时有郑和下西洋之行。无论关于建文帝传说怎样，看来马皇后自焚也许是无疑的。

在明朝帝后世系中，建文帝和马皇后一直没有正式的地位。直到清乾隆元年才上了谥号"恭闵惠皇帝"，而马皇后始终没有谥号，也就无正式地位。马皇后一生无明显失德之处，竟连个谥号也没有未免太不公正。而最为可怜的还是她的两个儿子。当年燕王攻入南京，皇太子朱文奎在皇宫起火的一片混乱之中，不知去向，当时他仅是七岁的孩童。而马皇后两岁的幼子广王朱文圭，被朱棣幽禁于中都广安宫，称为"建庶人"。

景泰八年（1457），英宗复辟后，突发恻隐之心，下令释放"建庶人"，拨给宦官二十人、婢妾十余人，婚娶出入自便，妥善安置于凤阳。

第三章　明成祖朱棣皇后徐氏

徐氏是明朝大将、魏国公徐达的大女儿。徐氏自幼非常聪明，过目不忘，因此徐氏夫妇专门为她聘请了一位老师。在悉心培养下，徐氏十几岁就精通四书五经，且能作诗行文。由于徐达桌案上经常摆放兵书战册，徐氏经常浏览，故而颇懂行兵布阵之法。徐达家里有个才女，这个消息不胫而走，徐氏因而获得了"女诸生"的称号。

朱元璋一共有二十六个儿子，其中四子朱棣格外受朱元璋及皇后马氏喜爱。洪武四年（1371）朱元璋分封诸王时，对朱棣尤为推重，封为燕王，并派他驻守最重要的藩地北平。为了给这个儿子挑选王妃，太祖夫妇没少费心，所以朱棣到了十七岁仍未成婚。当听说徐达有一才女后，朱元璋赶紧把徐达召来。徐达本对太祖突然召见感到不安，一听是要召自家女儿为王妃，可谓求之不得。于是这桩亲事顺理成章就被定了下来。

洪武九年（1376）正月，徐氏被正式册为燕王妃。徐氏嫁给朱棣后，处处以马氏为榜样。徐氏很通礼法，对朱元璋夫妇很是尊敬，为此颇得马皇后的喜爱。洪武十四年（1381），燕王朱棣要到北平去就藩，徐氏也只好辞别马皇后挥泪离开南京。到了北平后，徐氏把从马氏那学到的东西用到燕王府中，她把燕王府一整套机构安排得井井有条，为燕王解除了后顾之忧，成为燕王的贤内助。

洪武二十五年（1392），太子朱标去世，年仅十岁的皇长孙朱允炆成了皇位的合法继承人。朱允炆十分聪明，可是性格柔弱。洪武三十一年（1398），朱元璋辞世，临终下遗诏命朱允炆继位，改年号建文，即建文帝。

朱允炆虽然做了皇帝，可是那些王叔拥兵自重，且早就对皇位觊觎已久，尤以燕王朱棣为最。建文帝也发现了他们的企图，于是在大臣齐泰、黄子澄的协助下进行削藩。在不到一年的时间里，将实力较弱的周王、岷王、湘王、齐王以及代王都削除了。之后，朱允炆决心对最有实力的燕王下手。

建文元年（1399）夏，建文帝密令官员逮捕燕王府的官属。而朱棣先下手为强，打出"清君侧""靖难"的旗号，率十万大军起兵，史称"靖难之役"。因为燕军起事早有准备，所以战争初始，燕军势不可当。建文帝慌了手脚，急命长兴侯、六十五岁的老将耿炳文率军迎战。不料，中秋之夜，燕军偷袭耿炳文，朝廷北伐之师九千人全军覆没，接着真定一役，耿炳文军全线溃退。建文帝只好派大明开国元勋李文忠之子李景隆代替耿炳文，去消灭燕王。

击败耿炳文后，朱棣感到自己的力量不足，便和徐氏商量。徐氏认为占据大宁的宁王朱权拥有骁勇善战的外族骑兵，倒是可以利用。在徐氏提醒之下，朱棣恍然大悟，假如用现有的军队和李景隆作战，胜负难料，不如先攻大宁收编宁王军队，然后再迎击李军更有把握。燕王决定留下徐氏及世子朱高炽守北平，自己率主力奔袭大宁。

李景隆"寡谋骄横，不知用兵"，他把数十万军队分成三部分，把主要兵力放在对付朱棣的回援之师上，并且亲自坐镇指挥。这无疑减轻了北平城的压力。尽管如此，北平九门的战斗仍然十分激烈。朝廷军队人多势众，轮番攻击，日夜不停，作为北平城正门的西正门，战斗尤其残酷。平素端庄文静的王妃徐氏面对危局镇定自若，她一面鼓励将士英勇杀敌，誓死守城，一面组织城中健壮妇女，发给武器，上阵杀敌，她也亲自登上城墙督战。在她的影响下，守兵士气大振，拼命厮杀。除了提振士气，徐氏又让妇女们端水泼城，泼在城墙上的水在寒天冻地之中很快结冰，更增加了攻城的难度。在徐氏的带领下，燕军万余人终于守住了孤城北平，为燕王回援赢得了宝贵的时间。

十月，朱棣率领着明显强大的军队回师北平。朱棣一到，李景隆败逃德州。第二年的四月初一，朱棣又率军南进，到建文四年（1402），攻陷南京城，朱棣终于在这叔侄争皇位的"靖难之役"中取得了胜利。

建文四年（1402），朱棣登上了皇帝宝座，改元永乐，故称永乐大帝。同年十一月，册徐妃为皇后。朱棣当上皇帝后，首先就是要清除旧朝廷中反对自己的人。看到朱棣乱杀老臣，徐皇后就力谏成祖在选拔任用时，不存新旧之分，要一视同仁，如此方能使得臣下忠心效命。

新帝初登基，百废待兴，徐氏非常关心国家大事。她体察民情，关心老百姓疾苦，常劝朱棣要与民休息。朱棣深以为然，当政不久就发布诏谕安定人心。另外，在徐后的帮助下，朱棣在很多方面进行了改革，故而成祖时期，为政宽猛适中，礼乐刑政施有其序。

徐后看到明成祖操劳国务很是辛苦，十分心疼。一次，明成祖下朝回到宫里，徐后便问："陛下经常和谁一起商讨治国大事呢？"成祖答道："六卿理政务，翰林职论思。"徐后于是召见六卿的妻子，叮嘱她们事事都为丈夫多分担一点，积极地支持他们的工作，让他们没有后顾之忧，一心一意精忠报国。徐后最后赐给她们很多衣服和一些丝织的布匹。这些大臣的妻子，都非常感动，下决心要做好丈夫的后勤。徐后的召见收到了奇效，自此以后，朝廷内外办事效率明显提高。

徐皇后始终牢记太祖马皇后的训示，严格约束外戚。徐增寿是徐后的弟弟，官至右军都督，曾随同朱棣出塞征战，素相友好。在朱棣起兵发动"靖难之役"前，徐增寿驻守南京城，建文帝对燕王谋求大位的事已有所察觉，于是想扣留朱棣在南京家中的三个儿子。徐增寿知道后非常着急，于是他跑到建文帝那儿，大讲朱棣的好话，并说："你要扣留他的三个儿子，不是逼他造反吗？"建文帝一听也有道理，就放弃了扣留朱棣儿子做人质的想法。等儿子们回到北平，朱棣也就再无后顾之忧了。另外，徐增寿在京城内部还常为朱棣通风报信。建文帝知道后，就杀了徐增寿，可以说徐增寿对朱棣霸业是有功的。等到朱棣为帝后，决定追赠他为阳武侯，谥号忠愍，并追加公爵。徐氏却不同意赠爵。朱棣自己私下决定加封徐增寿定国公，由增寿的儿子景昌世袭。在徐后在世之时，她没有为一个亲戚争官夺利过。

朱棣一生有四个儿子，长子朱高炽，次子朱高煦，三子朱高燧，均为徐皇后所生。四子朱高爔，不幸早亡。长子高炽，生于洪武十一年（1378），他自幼体弱多病，性格柔弱，沉静好文，为人仁厚、豁达。徐后深知其秉

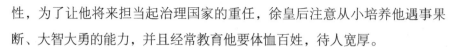

性，为了让他将来担当起治理国家的重任，徐皇后注意从小培养他遇事果断、大智大勇的能力，并且经常教育他要体恤百姓，待人宽厚。

洪武二十八年（1395），朱高炽被册为燕世子。徐皇后为了进一步帮助儿子成就大业，决定给儿子找一位贤德的王妃，因此，她没有注重门第，而是选中了出身农民家庭的张氏。张氏聪颖贤惠，待人和蔼，举止端重大方，做事细心。张氏入宫后，徐皇后对她言传身教如何为后为妻。事实证明，正是由于张氏，仁宗的帝位方得保住。

朱棣本性刚毅，不喜欢拘守礼法，朱高炽与他的性格截然相反。因此他并不喜欢这位世子，总想废长立幼，改立二子朱高煦为世子。朱棣多次在高炽与高煦之间权衡，拿不定主意。徐皇后却认为高煦即位必是暴君，因而主张立高炽为太子。也是徐皇后教育有效，高炽很通爱民之道。太祖朱元璋健在之时，曾命他与秦王、晋王、周王等世子分别检阅皇城卫卒，其他三个世子，很快检阅完回来交令，唯独他迟迟不见回来。等他回来后，朱元璋问他："你为什么这么晚才回来？"朱高炽回答："早晨天气寒冷，卫卒们正在吃饭，我等他们吃完饭才检阅。"朱元璋对他的回答很满意，就故意问他："古代尧、汤时候，如果发生水旱灾害，百姓们靠什么生活呢？"朱高炽毫不犹豫地说："靠的是圣人恤民之政。"朱元璋不由对高炽另眼相看。另外，朱高炽跟徐后也学了一些带兵打仗之道，北平保卫战也有他的功劳。

永乐二年（1404），朱高炽被正式册为皇太子。他就是以后的仁宗。对另外两个儿子，徐皇后也极是关心。因为他们性格比较暴躁，恃功骄横，徐皇后就经常教育他们要顾大局，兄弟之间要互相关心、互相照顾，不能任意胡为。因徐皇后的努力，高煦、高燧虽早有不臣之心，但在母亲在世之时，终没有敢胡作非为。

徐皇后还致力于女子教育事业，极力主张女子入学读书。明朝教育制度、机构已经比较完备了，可是绝大多数学校都为男子学校，而女子可读的书很少。为此，徐皇后决定编一部适于女子读的书。于是，她广泛浏览有关女子教育的资料，并结合马皇后的一些言论，著成《内训》二十篇，主要内容涉及德性、修身、谨言、慎行等方面。她把自己对子孙教育的经验也写在了书里，该书一开篇便提出了对待子孙的教育要宽严适度的原则，指出"本之以慈爱，临之以严恪。慈爱不至于姑息，严恪不至于伤恩"。另外，她还派人广泛搜集古人的佳言善行，集成一个集子，命名为《劝善书》。明成祖看后，深为满意，下令颁行天下。

永乐五年（1407）夏天，徐皇后因身染重病而去世。终年四十六岁。最后按照徐皇后的要求，丧事从简。朱棣追赠徐氏谥号为"仁孝文皇后"。

永乐七年（1409），朱棣在北京天寿山营建了陵墓长陵，工程很宏伟壮观，永乐十一年（1413）方始完工。然后把徐皇后安葬在里面。徐皇后的死对成祖是一个沉重的打击，他忘不了和他志同道合的妻子。徐皇后死后，成祖朱棣再也没有册立皇后。

仁宗即位后，追尊徐氏为"仁孝慈懿成明庄献配天齐圣文皇后"，后人简称为"仁孝皇后"。

第四章　明仁宗朱高炽皇后张氏

　　张氏为兵马副指挥张麟之女。张氏行为端庄、谨守妇道，深得成祖及仁孝皇后的喜欢。

　　洪武二十年（1387），燕王朱棣的长子朱高炽被封为燕王世子。其妻张氏被封为世子妃。时朱高炽十八岁，张氏年约十八岁。

　　洪武三十一年（1398），张氏生儿子朱瞻基，即后来的明宣宗。据说，瞻基出生之时，皇祖父成祖夜遇太祖托梦，视为吉兆。成祖颇为高兴，便在满月时急忙前去见自己的孙儿。这一看顿觉喜出望外："孙儿英气溢面，正符我梦中所见。"遂视孙儿为掌上明珠，爱护备至。

　　成祖考虑该由哪个儿子继承皇位时，成祖本有意于朱高煦，但又怕遭到大臣的反对。他秘密召见阁臣解缙，问他的意见，当时解缙说："皇长子朱高炽仁孝，一定会使天下归心的。"解缙说完看成祖不以为然，灵机一动道："好圣孙！"成祖果然为之所动，马上决定立朱瞻基的父亲朱高炽为皇太子，封朱高煦为汉王、朱高燧为赵王。

　　永乐二年（1404），朱高炽被立为太子，张氏被封为太子妃。太子虽立地位却并不巩固。"靖难"之时，高炽有守城之功，曾以万人拒李景隆五十万大军于坚城之下，为成祖解除后顾之忧；高煦则随成祖出征，几次救成祖于危急之中。居守不如从征功显，因此成祖平日就有宠于高煦，曾对他说："吾病矣，汝努力，世子多疾。"

　　得此许诺，高煦认为自己将被立为皇位的继承人已是确定无疑的了，不料却因一个小儿就被朱高炽把太子之位夺去，而他被封为汉王，而且封国远在云南。朱高煦因此心中快快，埋怨说："我何罪之有？斥于万里之外？"并且赖在南京不去就藩。成祖也感到自己食言有负于高煦，故改封于青州。然而高煦仍不满足，又托故不肯离去，且不惜设构离间加害太子，阴谋夺嫡。

永乐三年（1405）之后，成祖多次巡幸北京、亲征漠北，几次命皇太子朱高炽监国，裁决政务。监国期间，朱高炽注意爱护臣下，关心黎民百姓的疾苦，树立了一个仁厚君主形象。其间虽历尽艰阻，但朝无废事。特别是当高煦、高燧与其同党伺隙谗构觊觎皇位时，有人问皇太子是否知道有谗人相间，朱高炽严词道："不知也，吾知尽子职而已。"

可是高煦图谋不轨，联结宦官、酷吏谗言太子，加深了成祖对太子的猜疑，几欲废皇太子之位。成祖召集朝臣商议此事，朝臣们认为朱高炽是按"祖训"嫡长之议按序而立，如果废除就等于破坏宗法，也必然引发皇权再纷争。于是朝臣纷纷奏请皇上保留原议，勿轻信谗言。成祖勃然大怒，将这些大臣一个个下狱治罪。原为宠臣的解缙因上谏汉王"礼制逾嫡"而成罪囚，不久致死，受牵连的大臣多人也死于狱中。阁臣黄淮、杨溥皆因亲近太子，设由获罪下狱。一时谁也不敢再为太子求情了，太子的地位岌岌可危。

成祖惩治了这么多亲近太子的大臣，为高煦、高燧夺嫡阴谋敞开方便之门，他们的活动更加频繁。但这又引起成祖的警觉，他联想到最近围绕着太子发生的一系列事情，总觉得有些蹊跷，便命侍郎胡濙暗中调查清楚。胡濙奉命明察暗访之后，密奏成祖说："太子诚敬孝谨。"正好此时高煦、高燧的阴谋先后被揭穿败露，成祖方幡然醒悟，太子之地位始安。

永乐九年（1411），成祖又立"圣孙"朱瞻基为皇太孙，也就是皇位的第二位继承人。此后成祖有心专门培养瞻基，每当巡幸征讨之时，也皆令瞻基相从，还特命学士在军中为皇太孙讲经论史。

永乐二十二年（1424），成祖驾崩。太子朱高炽即位，即仁宗。册立张氏为皇后，立长子朱瞻基为太子。仁宗审时度势，勤于国政，信任内阁，重用能臣"三杨"辅政，大有开创"太平盛世"之势。可惜他仅仅做了十个月的皇帝，就溘然长逝了。终年四十八岁。

仁宗死，由太子朱瞻基即位为宣宗，尊张氏为皇太后。宣宗年轻，张太后为皇儿理政十分担忧。她仿效太祖帝马皇后，恪守马皇后所制诫谕，参政而不乱政，有权但不弄权。整顿机构，裁减冗员，重才纳贤，同心辅政。宣宗对母亲十分钦敬，军国大事皆禀太后裁决。在张太后的辅佐之下，社会大有进步，史称此时为"吏称其职，政得其平，纲纪修明，仓廪充羡"。又与仁宗并称为"宣仁之治"。

宣德十年（1435），宣宗因病，不幸英年早逝。新皇帝朱祁镇即英宗嗣位一个月后尊张太后为太皇太后。鉴于皇帝只有九岁，宣宗弥留之际，遗诏国家重务必须禀报张太后。朝臣们也因为张氏自仁宗、宣宗两朝参政以来的政治威望及高尚的美德，联合奏请太皇太后"垂帘听政"。张太皇太后义正词严地予以拒绝。朝臣更加敬重太皇太后的人品，尽管没有垂帘之形式，众臣仍将军国大政一一启奏于太皇太后，太皇太后也不让众臣失望，下令将奏疏悉交内阁，由"三杨"议决，然后施行。

张太后与"三杨"之间默契配合，使仁、宣之治在英宗初年还能闪其余辉。张太后在参决国家大事时，始终不忘"治天下者，治家为先"的古训，她把入宫以来所遵从的妇德、妇言、妇容、妇功等一系列告诫妇女的谕条，用以治理好皇家诸事上。

仁宗除立张皇后外，按照帝王生活的惯制，他还可以有成群的嫔妃，册封为妃的就有七位，仁宗死时有五人为之殉葬。这些后妃为仁宗生养了十子、七女。其中生有三子的皇庶母恭肃淑妃郭氏，也在殉葬之列。仁宗皇帝在位不及一年，统治地位还未巩固就匆匆而去，又留下这十几个年幼子女，对张太后来说，既有国家这个大"家"待她裁决政务，又有皇室小"家"等待她来主持。她默默地承受着，以其贤德表率两宫，治平家事。她对仁宗的子女一视同仁，教养得法。当政的宣宗皇帝就是一例，另外史书颇有称道的还有贤妃李氏所生朱瞻竣，即郑王。

张太后所生另一子朱瞻墡，即襄王。仁宗死后，张太后曾命兄弟二人同时监国，以待宣宗从南京返回就位。宣德元年（1426），郑王亲征乐安，仍受命与襄王居守，兄弟二人协同努力，立下了赫赫战功，而从不居功自傲。郑王死后，襄王在诸王中居长，宣宗去世，曾有谣传欲立其为皇帝，被母后张太后制止。尤其是侄儿英宗亲征瓦刺时，国内无主，宣宗的皇后孙氏见襄王贤德想让他入宫暂时代理，襄王仍洁身自爱，他写信让孙太后请立皇长子朱见浚，让英宗的弟弟郕王监国。郕王即位后，英宗又回京了，他又写信给皇上，提醒要尊敬英宗，早晚问安。英宗复辟成功后，有感于襄王的人品，把他比为周公，特意在宫内设宴招待，为他设襄阳护卫，特准他过年时也可以带儿孙出城猎狩，给他的待遇超过任何一个封王。襄王曾有两次做皇帝的机会都主动让贤，毫无怨言，传为一代佳话。

张太后把皇室这个特殊的家庭治理得井井有条，只有一件事张太后深为遗憾。宣宗为皇太孙时已完婚，由张太后亲自指婚，选锦衣卫胡荣的女儿胡氏为正妃，选孙主簿之女为嫔，及即位，册立胡妃为后，孙嫔为贵妃。胡皇后不受恩宠；孙贵妃姿色俊俏，且工于心计，一向深受宠爱。可惜，两人都没能给宣宗生下龙子，后来孙贵妃谋取宫女之子为自己的儿子，即英宗朱祁镇，之后孙贵妃更得幸眷宠，宣宗遂于宣德三年废胡皇后，册孙贵妃为后。

孙贵妃父亲孙主簿与张太后的母亲彭城伯夫人相识，见孙忠的女儿长相不同凡响，让张太后召之进宫，时年尚幼，则由张太后亲自抚养。宣宗完婚时，也由张太后做主选为嫔位，又封为贵妃。按情理说，张太后与孙贵妃之间的关系要亲于胡皇后。可是宣宗之前，明代尚无废后之事，等于是违了祖例。张太后知道后，非常气愤，责问宣宗："胡皇后是当年懿旨指名册立，既未失德，何以妄行废立？"宣宗早命辅臣商议举过失废之，实在是无什么失德之处，但宣宗决心已定，故答称："皇后身有奇疾，不能生育。"

如若照此布告天下，于宣宗的形象有损，后杨士奇不得已，建议让胡皇后辞让。胡皇后就此被废，退居长安宫，赐号"静慈仙师"。张太后看已成事实，只能自责教子无方，她很同情胡氏无过被废，时常召胡氏到自己住处清宁宫居留，内廷朝宴时的规格仍以皇后等级奉侍，且居孙皇后之上。胡氏无比感激太后的恩德，张太后去世，她悲恸欲绝，第二年就随太后而去。

宣德十年（1435）正月初十，新天子朱祁镇就是明代第六位皇帝英宗即位，改明年号为正统元年。英宗是明代第一个少年天子，当务之急是培养教育问题。张皇太后为使小皇帝不忘祖辈立业之艰辛，请出祖训来，让英宗每天五鼓时，就披衣起身，由司礼监顶着祖训来宫门前跪诵，英宗在床上跪听，完毕再离床梳洗，然后乘辇临朝。"三杨"也上疏，请求太皇太后早开"经筵"择老成重厚、识大体之人供侍讲之职，太皇太后欣然赞同，令礼部尚书胡濙议定经筵注仪。按照注仪，每隔十天以每月之初二、十二、二十二，三日为讲期，皇帝要在早朝之后前往文华殿，听翰林讲官授四书五经及历史，一些重要朝臣也前去参加。经筵之外，还有日讲，日讲不像经筵那样礼仪烦琐，但要求皇帝反复诵读规定的功课十数遍之多，故英宗登基后的最初几年里，他的主要任务是接受教育，履行皇帝必须躬行的各项礼仪。至于朝廷大事，则由太皇太后抚帝听政，"三杨"、胡濙等辅政。他们继承仁、宣之业，尚保海内之富庶，朝野之清明。

岁月不饶人，转眼张太皇太后与"三杨"步入古稀之龄，体衰力竭，已无太多的精力参与朝政了，危机也随之渐近。英宗当太子时，有个名叫王振的太监在东宫伴他读书，即位后，他便把王振提为司礼监太监。

本来，太祖初年曾制法度，严禁宦官预政，不许内臣读书识字。成祖在"靖难之役"中得宦官协助，即位后授以部分权力，宣宗时又设内书室，选小宦官读书其中，从此宦官通文墨。这之后司礼监渐渐成为宦官二十四衙门之首，司礼监秉笔太监则享有"批红"的权力，辅助皇帝批答数量繁多的奏章。成祖和宣宗对太监的管制严厉，若有犯法则置之重典。英宗则是幼年即位，缺乏辨别是非的能力，王振又掌握了这样重要的机构，更加方便他逞奸窃权了。

王振原为一名儒士，后净身入宫，成了英宗的启蒙老师。王振为人狡黠，善于察言观色，迎和皇帝的旨意。他小心翼翼、谦恭自守，以圣贤之道教导约束太子，蒙骗了许多朝内大臣，得到宣宗与"三杨"的赏识，皆认为王振忠诚可倚。英宗年幼，不辨忠奸，竟视王振为忠臣，宠信有加，称他为"先生"，而不直呼姓名。只有张太皇太后察觉到此人掩藏着权谋与野心。

一次，太皇太后命王振偕文武大臣在朝阳门外阅兵，隆庆右卫指挥佥事纪广与王振私交甚密，王振欺上瞒下，谎报纪广为骑射第一，并越级提拔他为指挥佥事。有第一次，就有再二、再三，渐渐地，王振有些放肆了，太皇太后命他到内阁问事，有几次杨士奇尚未决断，王振便自作主张，杨士奇忍无可忍，一连三日不上朝。太皇太后知道后甚为恼怒，立即命皇帝、五大臣到便殿觐见，又厉声令召宦官王振，怒责："你侍奉皇帝饮食起居，不按规矩，应当赐死。"话言刚落，只见几个武装的女官应声而出，遂把刀架在王振的脖子上，王振吓得连呼饶命。英宗和五大臣皆跪下为他求情，太皇太后才改变颜色说："皇帝年少，岂不知此辈自古祸人国家，今天我看在皇帝和诸大臣的面上就饶他一命。但是，要记住以后不许再干预国事。"此后每隔几天，太皇太后都要派人到内阁查问，了解王振有没有不通过内阁擅作主张的事，一旦发现即加痛责。王振畏惧太皇太后的威势，一时间收敛了一些。然而此番放过王振，终究为日后的大祸埋下了伏笔。

正统七年（1442），太后重病在身，仍然关心国家大事。她曾召内阁大臣来到榻前，询问朝中还有哪些急事要办。大臣杨士奇伏身榻前奏道："尚有三件急事待处。"当杨士奇第三件事将要说出之际，太后即窒息谢世了，终年约六十五岁。谥为"诚孝昭皇后"，葬于献陵。

第五章　明宣宗朱瞻基皇后胡善祥、孙氏

　　永乐十五年（1417），成祖下令为十九岁的皇太孙朱瞻基选妃。司天官经过占卜，说应在济河一带选择佳女。于是，济宁人锦衣卫百户胡荣的三女儿胡善祥便被选中。成祖见胡氏端庄贤淑，便册立她为太孙妃。

　　永乐二十二年（1424），成祖驾崩，皇太子朱高炽继位，为明仁宗。以朱瞻基为皇太子，胡氏为太子妃。1426年，仁宗病死，朱瞻基继位，史称宣宗。胡氏被册为皇后。但宣宗并不喜欢胡氏，胡氏又未能生子，因而宣宗宠幸的是贵妃孙氏。胡氏虽然大度，但孙贵妃却并不安分。

　　孙贵妃是永城县主簿孙忠之女。初入宫为仁宗张皇后贴身侍女。朱瞻基十三岁被立为皇太孙时成祖就曾打算为其选妃，朱瞻基的外祖母彭城夫人当时便推荐了孙氏。孙氏虽出身低微，但貌美聪慧。成祖传旨宣孙氏进宫，见她年仅十岁，便令在宫中抚养。后孙氏与胡氏一同嫁给朱瞻基，胡氏为妃，孙氏为嫔。孙氏不但妖娆聪慧，且善于揣摩圣意、博取欢心。所以朱瞻基册孙氏为贵妃。在宫中，孙贵妃的地位同皇后不相上下，尊贵无比。宣宗对她几乎是百依百顺。

　　宣德二年（1428），宣宗朱瞻基对自己尚无子嗣的事情感到忧心。后来他同宠妃孙贵妃说起这事，孙贵妃忙下跪，羞涩地奏道："臣妾常蒙陛下雨露承恩，近一个多月来觉得体内有异常征兆，红潮不至，莫非已怀麟儿不成？"宣宗大喜过望，对孙贵妃许诺道："如若爱卿生下男儿，朕当改立爱卿为皇后！"

　　八个多月后，孙贵妃居然真的生下了一个皇子。宣宗听到喜讯，当下亲为皇子取名叫祁镇，传旨大赦天下以示庆贺。然而实际上皇子祁镇并非孙贵妃所生，而是偶然被宣宗召幸的一个宫人所生。孙氏觊觎皇后的宝座，便暗中与怀孕的宫人订了密约，取宫人子为己子，诳骗宣宗。

几天之后，宣宗决定履行自己在贵妃面前许下的诺言。于是，宣宗让阁臣杨士奇去劝胡皇后自动让位。胡氏无奈，只得勉强表示接受。宣宗迅即布置，先立祁镇为皇太子，后又起草中宫让位诏书，颁行天下。孙贵妃实现了多年的皇后梦，可她还假意地推辞一番，才欣然接过皇后册宝。

胡皇后退位后，移居长安宫。胡氏性喜清静，虽内心痛苦，外表却似甘愿恬退。张太后一向喜欢她的品德，深怜她无故被废，所以常接她到自己所住的清宁宫。每逢内廷朝会或宴饮，也总把胡氏座位安排在孙皇后之上。宣宗为了表示对她主动退让的敬意，也特地赐给她一个"静慈大师"的尊号。

宣德十年（1435），宣宗病逝，皇太子朱祁镇即位，史称明英宗。英宗尊张太后为太皇太后，孙皇后为皇太后。

正统八年（1443），太皇太后张氏去世，胡氏十分悲伤，也许是因为伤心过度，她在第二年也随之死去，以嫔御礼安葬。

天顺六年（1462），孙太后病死。谥为"孝恭章皇后"。祔葬于景陵。英宗这才得知自己非孙氏所生，胡皇后被废亦属委屈，于是在1463年追谥胡氏为"恭让诚顺康穆静慈章皇后"，并下令为她专修陵寝。

第六章 明英宗朱祁镇皇后钱氏

正统七年（1442），英宗册立钱氏为皇后。时英宗十九岁，钱氏约十八岁。钱氏是海洲人，其父钱贵官至都指挥佥事。钱氏被立为皇后以后，钱贵升为中府都督同知。英宗敬重钱后，见钱后的娘家门第低微，有意封钱家为侯，但是钱皇后再三推辞，谦逊谢绝。钱皇后的贤德深得英宗的敬爱。

正统十四年（1449）夏，北方蒙古族瓦剌部首领也先南犯大明，英宗不顾大臣们的反对，下诏亲征。七月，英宗命弟弟郕王朱祁钰留京居守，自己和王振带领文武大臣百余人和五十万大军，浩浩荡荡北去，结果却在土木堡全军覆没，英宗也被俘虏。

英宗被掳北去的警报传到京师，孙太后和钱皇后决定"以物易人"，赎回英宗。她们把宫中珍宝搜集起来，载以八骏名马，皇后钱氏倾己私有，又添了一些金银、珠宝之类的东西，派遣使者送到也先营中。也先是金银珠玉照单全收，就是不肯放还英宗。

钱皇后不见英宗归还，日夜在宫中祈祷，一连数日饮食不进，昼夜祈祷不眠，竟在一天夜里由神坛上昏晕跌下，不幸一侧股骨折断，遂成残肢。又因思夫心切，昼夜啼哭，不久又有一目失明。钱氏就此成了一位残伤跛足的独目妇人。

当时在后宫中，孙太后还算比较沉着，见英宗一时不能回朝，便召集廷臣，商议对策。兵部侍郎于谦主张坚守北京，得到了许多大臣的支持，固守之策定了下来。八月，孙太后下诏立英宗与周贵妃所生的皇长子朱见深为皇太子，命郕王朱祁钰监国，辅助皇太子统理国政。朱祁钰监国后，做了几件取信于群臣的事情。他升于谦为兵部尚书，使京师的武备得到整顿。他下令惩处土木之变罪魁祸首王振的党羽，使宦官势力有所削弱。于谦等大臣认为，英宗被俘、太子年幼，国家无主难以安定，联名上奏请太后立郕王为帝。太后从国家利益出发，答应百官所请，命郕王即皇帝位。

同年秋，郕王登基即位，是为代宗，改年号为景泰。朱祁钰即位后，遥尊英宗为太上皇，英宗的皇后钱氏失去了皇后地位，代宗的正妃被立为皇后。十月初，也先挟持英宗南下进攻北京，北京军民在兵部尚书于谦的领导下，齐心协力打退了瓦剌兵，保卫了北京城。见明朝已立新帝，而且重整武备，也先无法再利用英宗讨到半点便宜，对英宗的幻想终于破灭，有了送归英宗的念头。

然而代宗却不希望他的兄长归来，因而对此事一拖再拖。直到第二年，熬了一年塞外俘虏生活的英宗才回到北京。在东安门前，英宗与自己的弟弟代宗相见，随后英宗这位太上皇便被送入南宫。见过群臣后，宫门紧紧闭上。此后几年间，英宗便被软禁在这里，无法迈出重门紧锁的南宫一步。

英宗被掳在外一年有余，失去了皇位，而即位的弟弟又对自己处处防范，人生大起大落，自然难免心中郁结。钱氏常常劝慰抑郁不欢的英宗，对英宗关怀体贴无微不至。钱氏对英宗被俘没有丝毫的埋怨，英宗对钱氏致残亦丝毫不嫌恶，二人互相安慰，终成为一对患难夫妻。

朱祁钰虽然做了皇帝，但皇太子却是英宗的儿子朱见深，这使他感到自己的帝位不稳固。他考虑再三，想要更换太子，经过一番周折，终于达成了这一目标。景泰三年（1452），代宗正式颁诏，立自己的儿子朱见济为太子，改封原皇太子朱见深为沂王，原皇后汪氏因反对易储被废，改立朱见济的生母杭妃为皇后。

然而太子朱见济、皇后杭氏先后死去，代宗朱祁钰痛失妻儿之下也于景泰七年（1456）得了重病。景帝无其他子嗣，武清侯石亨与都督张轨、太监曹吉祥、右副都御史徐有贞等人为了邀功请赏，密议请太上皇英宗复位。景泰八年（1457）正月的一天夜里，石亨等人率兵拥入禁中，夺取东华门，去南宫接出英宗直趋奉天殿，让百官们入朝觐见。被禁锢七年的英宗再次成为大明帝国的主宰，改元天顺。这一年，英宗已经三十一岁。

英宗对钱皇后一直怀有感激和敬爱之情，复位后，就恢复了钱氏的皇后地位。英宗长子、周贵妃生的朱见深也恢复了皇太子名号。当时有一个太监蒋冕，为了讨好皇太子的生母周贵妃，向孙太后进言，说母以子贵，贵妃当立为皇后。英宗知道后，大为生气，把蒋冕斥责一通，逐出宫去。

钱皇后恢复皇后地位后，贤德有增无减，使英宗更加敬爱。土木之役，钱皇后的弟弟钱钦钟为国殉难，英宗追念其功绩，想封钦钟的儿子爵位，钱皇后却推辞掉。天顺六年（1462），孙太后病死，钱皇后为宣宗的胡皇后辩白、申冤，力请恢复她皇后的名号。英宗遂复胡后号位，追谥为恭让皇后，还下令为她专修陵寝。

天顺八年（1464）元月，三十八岁的英宗病势日渐沉重，临终前，他担心将来皇太子即位后，不再尊崇钱皇后的地位，便留下遗言，对顾命大臣、大学士李贤嘱道："皇后千秋万岁后，应与朕同葬。"他见李贤恭敬受命，将遗言抄录后藏置阁中，这才放心。

同年元月十七日，英宗驾崩，遗诏罢宫妃殉葬。宫妃殉葬，在中国历史上由来已久。明太祖去世时，首创本朝宫妃殉葬的成例，之后成祖、仁宗、宣宗去世，都有一些宫妃殉葬，诸王以及勋戚大臣也加以效法。英宗在遗诏中明令废止宫妃殉葬，可能与钱皇后有很大关系。殉葬制度的废除为英宗本不出色的形象添上了光彩的一笔。

英宗死后，皇太子朱见深即位，史称明宪宗，年号成化。宪宗有嫡母钱皇后和生母周贵妃，两宫尊号的问题上因此引起一番争论。周贵妃嫉妒钱皇后，密嘱心腹太监夏时，要他设法买通阁臣上奏宪宗，只立自己一人为太后。夏时找到李贤说明来意，李贤又惊又怒，力争道："先帝尸骨未寒，怎能即刻便违背遗命？"大学士彭时也在旁帮腔。争辩之下，夏时不能得逞，只得怒气冲冲离开内阁回宫。

夏时回宫不多时，宦官覃包奉宪宗口谕至内阁，命速拟定两宫太后并尊的诏旨。李贤见宪宗同意两宫并尊，便放下心来。但彭时又说："两宫并尊，毫无区别，太不相称，应于钱太后尊号之前加入正宫二字，以显尊贵。"覃包再回宫请命，不一会儿，宪宗传谕恩准彭时所奏，于是诏书拟定，尊皇后钱氏为正宫慈懿皇太后，周贵妃为皇太后，两宫太后地位相等。事后，覃包私下对李贤说："两宫并尊也是皇上之意，因为周太后所迫，不敢自主，若不是公等守正不阿，力争两宫并尊，险些误了大事。"

成化四年（1468），钱太后逝世，在丧葬问题上又引起朝廷君臣的争议。英宗曾留下遗言，钱皇后死后与他合葬。但周太后不愿让钱后与英宗合葬，想替钱后另造陵寝。宪宗宠爱的万贵妃迎合周太后的意思，力劝宪宗听从母后之命。宪宗在父命与母命之间难以抉择，不得已召集大臣，由廷议决定。彭时上奏建议将钱太后葬于裕陵英宗梓宫的左首，右首则虚位以待将来。周太后暗加阻拦，宪宗母命难违，摇摆不定。后经大学士彭时、学士刘定元、礼部尚书姚廷夔与廷臣九十九人力争，宪宗才传谕按群臣所议去办。大臣们听了，额手称庆，山呼万岁。

然而钱太后虽合葬裕陵，但并未与英宗真正合葬在一起，而是葬在了距英宗玄宫数丈远的左配殿，还特意堵塞了英宗玄宫与左配殿的甬道。然所留空虚右配殿，其甬道则独与英宗玄宫相通，以待周太后安葬。

成化二十三年（1487），宪宗驾崩，皇太子朱祐樘继位，是为孝宗，年号弘治。弘治十七年（1504），周太后死，终年七十五岁，谥"孝肃皇后"，亦葬裕陵。时孝宗曾提出对钱太后的埋葬不合礼制，欲打通甬道。可阴阳家却说："打通甬道恐怕动及先帝的陵堂及地脉，动则不安，多有不利。"故孝宗只好维持原状，未敢再动。

第七章　明代宗朱祁钰皇后汪氏、杭氏

正统十年（1445），十八岁的郕王朱祁钰迎娶曾任金吾左卫指挥使的汪泉世的孙女汪氏为郕王妃。授汪氏之父汪瑛为中城兵马司指挥。汪氏颇能知礼遵法，很受英宗皇帝的养母孙太后喜爱。

正统十四年（1449），英宗亲征以对抗蒙古瓦剌部首领也先之土木堡一役，明朝从征军全军覆没，英宗被俘。为安定人心，皇太后下诏，立英宗之子为皇太子，又命郕王监国，总管百官，经理国事。郕王监国的第十三天，就提升兵部侍郎于谦为兵部尚书，令群臣直言国事，举拔人才，积极筹集物资备战。并惩治"土木之变"罪魁祸首王振党羽，削弱了宦官势力。文武百官皆寄郕王以厚望，联名上奏皇太后，请立郕王为新君。

皇太后也认为百官所言极是，于是命郕王嗣皇帝位。郕王朱祁钰登基，是为代宗，遥尊明英宗为太上皇，改元景泰元年。尊皇太后为上圣皇太后，生母贤妃吴氏为皇太后，册封王妃汪氏为皇后。代宗封汪皇后祖父汪泉世为都指挥同知，汪皇后父亲汪瑛为锦衣卫指挥使，旋又晋升为左都督，连汪皇后叔辈亲戚皆授以高爵厚禄。

朱祁钰即位之时，正是国家多难之秋。代宗登基后，不负众望，任用于谦抗击瓦剌，守卫京师。在于谦的亲自部署和指挥下，瓦剌再次进犯顺天时，遭到军民的迎头痛击，也先急忙退兵出关。顺天保卫战的胜利，使明王朝度过了一场巨大的危机，也为代宗的统治奠定了基础。

汪皇后深深理解皇上初登皇位的难处，她尽己所能，在内主掌中宫大权，在外协助代宗树立威仪。当瓦剌军战败撤离后，血战之后的顺天城郊，许多战死的士兵及遇害百姓仍曝尸荒野，景象十分凄惨。汪皇后不忍，亲下懿旨，令人埋葬，这一举动深得人心。经过两年的整治，明朝江山渐见平靖，代宗和汪皇后总算松了一口气，然而皇帝和皇后之间却因易换储君一事，不久就闹翻了脸。

随着朝政统治的巩固，代宗想让自己的亲生骨肉朱见济做太子的想法日益强烈。代宗没有贸然行事，而是准备先与汪皇后商量，以征得她的同意，再正式提出。没想到汪皇后竟坚决反对。她认为：代宗由监国而皇帝，已是超越祖训的应急之策了，现在又"易储"，未免太过；另一方面汪皇后自己无子，早把希望寄予未来的皇位继承人朱见深身上，对皇太子见深喜爱无比。而代宗则认为"父有天下，必传位于子"是天经地义之事，非要立自己的儿子当皇太子不可。于是就开始有计划地为自己儿子创造条件。当瓦剌也先部终于将英宗送回顺天时，代宗竟将兄长深锢在"南宫"之内。

两年之后，代宗越加感到此事非办不可，于是在易太子之前，先给内臣们加官晋爵赏金赐银，以堵众臣之口。等代宗正式提出废太子时，大臣们皆唯唯听命，只有汪皇后仍极力争执。皇后胆敢违忤圣上本意，代宗不由得火冒三丈，盛怒之下立即下诏废皇后汪氏，改立朱见济的生母杭氏为皇后；废原皇太子朱见深为沂王，立自己的独子朱见济为太子。新皇后的家人也备受皇帝恩赐，父亲杭昱累官锦衣卫指挥使，皇后的兄长杭聚则被授以锦衣千户。

不料太子朱见济竟突然暴病身亡。杭氏悲痛欲绝，在第三年也离世而去。代宗赐杭氏谥号为"肃孝"，葬在代宗为自己营建的寿陵。又授杭皇后之弟杭敏为锦衣百户。这足以说明景帝对杭皇后的爱宠之深。

景泰八年（1457）正月，代宗身染沉疴，一病不起。代宗已无子嗣，国本无着。大臣们自然又暗地议论起皇位继承的问题。正月十六日，被幽禁七年的太上皇英宗复辟，复立自己的儿子朱见深为皇太子，即后来的宪宗皇帝。改景泰八年为天顺元年，废代宗仍为郕王，迁往西内。十七日，郕王毙，时年三十岁。英宗毁景泰所营建的寿陵，以亲王礼埋西山，谥为"戾"。他极其憎恶杭皇后，于是废杭氏皇后号，毁其陵。而杭氏所生之子朱见济，也由"怀献太子"降为"怀献世子"。

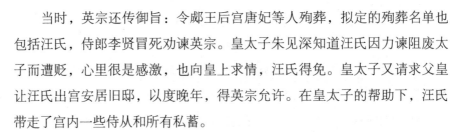
　　当时，英宗还传御旨：令郕王后宫唐妃等人殉葬，拟定的殉葬名单也包括汪氏，侍郎李贤冒死劝谏英宗。皇太子朱见深知道汪氏因力谏阻废太子而遭贬，心里很是感激，也向皇上求情，汪氏得免。皇太子又请求父皇让汪氏出宫安居旧邸，以度晚年，得英宗允许。在皇太子的帮助下，汪氏带走了宫内一些侍从和所有私蓄。

　　汪氏出居王府后生活还算安逸。朱见深对她十分尊敬，加上汪氏与朱见深的生母周贵妃脾气相投，朱见深经常陪伴母亲周氏前去看望，并邀请汪氏进宫叙谈家常，感情一如当初。后朱见深即位为宪宗，对汪氏的晚年生活照顾得十分周到。

　　成化十一年（1475），宪宗朱见深下诏宣布叔父朱祁钰"勘乱保邦、奠安宗社"有功，改谥号"郕戾王"为"景皇帝"，恢复了其皇帝身份。但是景帝的遗骨并没有迁到昌平的明陵，只将原郕王墓扩建为皇陵。明朝十六帝中除太祖朱元璋建陵于南京、建文帝朱允炆下落不明外，代宗朱祁钰是唯一没有进天寿山祖茔的皇帝。尽管如此，宪宗皇帝的做法，无疑对仍健在的汪氏是一个安慰。

　　正德元年（1506）年末，汪氏去世，终年八十岁。谥"贞惠安和景皇后"。以皇后礼与景帝合葬于金山。

第八章　明宪宗朱见深皇后吴氏、王氏，贵妃万氏

　　吴氏出身于顺天的书香门第，从小便耳濡目染，不但通读经史子集，偶尔也能写诗填词作赋。琴棋书画，无所不晓，无所不能。

　　景泰八年（1457），明英宗朱祁镇复位且下诏为皇太子朱见深选妃。英宗对为太子选妃特别重视，且尤其注重才德。英宗自从南宫复辟后，将长子朱见深复立为太子。大概是土木堡的惨痛教训和南宫的囚禁经历所产生的影响，英宗颇有意做一个名副其实的君主，十分珍惜这失而复得的帝位，因而他勤于政务，早出晚归，励精图治。怎奈他虽然年轻，却体质很弱，加之"土木之变"后一年的被俘和南宫七年的囚禁生活，使他无论在身体上，还是在精神上都受到很大损害，病患频至，使他深感力不从心。所以他把革除积弊、重振大明伟业的希望寄托在太子朱见深身上。他希望太子在将来不负嗣统之责的同时，能有一位慧达贤明的皇后辅佐。

　　经过层层筛选，吴氏、王氏和柏氏三人脱颖而出。由于三人都花容月貌、端庄娴雅，一时难分高下，英宗觉得经过一段时间的观察再行定夺，才更稳妥。

　　天顺八年（1464）元月，明英宗突然身体欠安。正月初六，他让皇太子朱见深登文华殿摄事。临终，他对皇后钱氏说，三人中吴氏好像更好一些，他让钱皇后再观察一下然后确定未来皇后的人选，并尽快举行大婚。十七日，明英宗朱祁镇病死于乾清宫。同日，十六岁的太子朱见深即皇帝位，是为明宪宗。英宗没有想到的是：朱见深登基时虽然尚未完婚，却早已和从小就侍奉他的宫女万氏如胶似漆、恩爱缠绵了。

万氏本是孙太后的宫女,她跟着孙太后识了点字,能粗通文墨,并对很多事都有自己独特的见地,对后宫后妃间的斗争也耳濡目染,对很多事情亦都有自己的独到见解,并学会了察言观色及处理错综复杂关系的本领。后来她又成了太子朱见深的贴身宫女。

万氏出身与地位都很低微,依靠太子朱见深是她唯一的出路。她便把全部心血倾注在太子身上,就像亲生母亲一样对太子关照得无微不至。太子被代宗废逐东宫之时,其父英宗幽居南宫,其母周氏亦不便多见,废太子可谓孤苦伶仃、举目无亲。而万氏对他的疼爱、关心却始终如一。废太子亦把万贞儿当作唯一的亲人,对万氏依恋万分,这种情感在太子的心里留下了深深的烙印,以至于他后来做了皇帝仍然对万氏情有独钟、一往情深。

景泰八年(1457),英宗复位,朱见深亦复立为太子。随着太子渐渐长大,太子朱见深对万氏的感情也由对母亲般的依恋转为男女之间的爱恋。按宪宗的心意,是要立万氏为后,但英宗已确定了他皇后的候选人,他不能违背先帝的遗愿;况且他是一个宽厚仁柔的人,也不好把与万氏的私情立即提出来让内阁去廷议。何况万氏不仅只是一般的宫女,还比他大十九岁,这在历代帝王的婚配中是没有先例的。因此此事只能从长计议。

皇太后钱氏对宪宗皇后的人选尚未确定这件事非常着急,几次想找宪宗生母周贵妃商量此事,却被周氏借故避开了。周氏对钱氏是充满了敌意的。当初钱皇后无子,周贵妃有子被立为东宫。母以子贵,周贵妃因此颇有骄色,英宗对此极为不满,曾几次让她给钱氏道歉。周氏对此耿耿于怀,她坚持要独尊为皇太后,宪宗不敢违背母亲的意愿,却遭到了廷臣们的坚决反对。周氏派人以钱氏肢体损伤、无子不宜为太后为理由试图说服廷臣,内阁大学士彭时据理力争,坚持不让,周氏无奈,加之宪宗百般劝解,方才谕允廷议。钱氏上尊号为慈懿皇太后,周氏为皇太后。两宫太后的徽号之争既已结束,皇后人选的确定和宪宗的大婚就该列入议事日程了。

太监牛玉按照两宫太后的旨意,又对三位皇后候选人进行了德才、身体等方面的检查和比较,觉得三人中吴氏端庄雍容、知书识礼、贤慧明达,是个能母仪天下的人。牛玉便把这些情况如实向两宫太后作了启奏,恭请定夺。两宫太后决定选吴氏为皇后，传下命令，择吉为明宪宗举行大婚。

明宪宗大婚在即却不怎么高兴。他不知该如何与被册封的皇后相处，万氏也对他说了不少坏话，使他已经对这个未来的皇后不屑一顾了。册封皇后的一系列繁文缛节，更是让他对大婚产生了厌烦之感。这一年的七月二十一日，明宪宗举行大婚，吴氏被册立为皇后。

万氏的全部希望都集于朱见深一人身上，因此与吴皇后处于天然的尖锐对立状态。万氏十分清醒地知道吴皇后比她年轻、漂亮、有才识，但她也有她的优势：警敏、富有后宫经验、敢于取媚于宪宗。更重要的是，靠着她十多年来对宪宗的侍奉，她对宪宗的性格、爱好等了如指掌，她有办法控制住宪宗，并让宪宗完全听她的，这些都是吴皇后所远远不及的。

宪宗由于万氏的挑拨离间，一开始就对吴皇后存有偏见，在心理上难以容纳吴皇后。他觉得吴皇后虽然年轻漂亮，却是一个冷美人。他始终无法从吴皇后那里得到万氏那种热情、温柔、体贴、娇媚以及温馨之感。这也难怪，吴皇后从小接受的是儒教"笑不露齿""窥必藏形"，更何况她是大家闺秀，感情内敛矜持，当上了皇后，更加端庄矜持，这是年仅十六岁的宪宗不能理解的。吴皇后与宪宗举行完大婚不久，就毫无意外地受到了宪宗的冷落。

此后，万氏便利用宪宗对她的专宠，在宪宗面前千方百计地诋毁诬陷吴皇后。同时她一再故意挑衅吴皇后，有一次，吴皇后实在忍不住了，愤怒地斥责了万氏的粗俗和无礼。万氏见报复的时机已到，便跳起来大骂吴皇后。吴皇后愤怒至极，便命令身边的侍女杖打了万氏。万氏借着被打的狼狈相，跑到明宪宗那里哭天抢地，大声喊冤。宪宗被寻死觅活的万氏吓坏了，再加上看到吴皇后把他心爱的万氏欺凌得如此可怜，就发誓定要借机废掉吴皇后，立万氏为皇后。

但废后毕竟是一件大事。明朝历史上自宣宗才开始有过废后，不过那是因为胡皇后无子，并且是以胡皇后主动辞让的形式废后的。代宗时，汪皇后因为坚决反对易储，才被代宗废掉。而吴皇后又有什么大的过失呢？万氏和宪宗都明白，仅凭吴皇后杖责一个嫔妃的罪名是不足以废后的，况且吴皇后是经过两宫太后长时间的观察选定的，刚刚册立仅一个月的时间，不仅两宫太后不会同意，就连廷臣们也通不过。除非从立后本身做文章，才可能达到废后的目的。

于是宪宗着人逮捕了当时负责选后具体事务的太监牛玉，打入大牢，对他严刑拷打。牛玉被迫做了伪证，说明英宗在世时已确定王氏为太子妃，但由于明英宗驾崩突然，未及正式诏示，而只有牛玉一人知道。在后来的选后过程中，吴氏的父亲吴俊对牛玉进行了贿赂，故牛玉在对两宫太后启奏情况时，将先帝英宗选定的王氏改为吴氏。

在从牛玉那里逼取了假口供后，宪宗立即奏报两宫太后。他提出废掉吴皇后，请求两宫太后批准。钱太后明确表示不同意。周太后也觉得吴皇后是个贤后，但她总想与钱太后对着干，况且先帝对册王氏已有言在先，不废掉吴皇后怎么能表示对此事的惩戒呢？她于是同意废后。钱太后见宪宗态度坚决、周太后也同意，便不再坚持。内阁大臣们在对废后进行廷议时，听说这是明英宗的遗愿，尽管将信将疑，却不好多说，况且两宫太后已经同意，便草草过场。

万氏以为自己成为皇后的机会终于来了，她怕夜长梦多，急忙催促宪宗发布废后诏书，造成既成事实。宪宗马上传谕礼部，立即颁布废后诏书。吴皇后接到诏书后欲哭无泪。但诏书既下，一切都不能挽回，于是只做了一个月零一天皇后的吴氏只得交还皇后册宝，迁居西宫。吴皇后废居西宫之后，过着十分冷清的生活。她才十六岁便被打入冷宫，真是何其不幸。

吴皇后被废，万氏所伪造的证据里涉及的一批人及其亲属也随之蒙上不白之冤。一个月前，吴皇后的父亲吴俊因其女贵而贵，被封为都督同知。一个月后，则因其女被废而被革职下狱，后来又被贬谪到登州服役。太监牛玉被贬谪到孝陵种菜。牛玉的侄子朱纶被革去太常寺少卿之职。牛玉的外甥吏部员外郎杨琼也被革职为民。此外，牛玉的姻亲怀宁侯孙镗也同时被勒令回家。

文武大臣们为了废后的诏书而议论纷纷，越来越觉得牛玉的证词漏洞百出，吴皇后被废得冤枉。但是他们又不能在上疏中直抒其疑，便采取了曲笔的方式。南京给事中王徽、王渊、朱宽、李翱、李钧等在给宪宗联名上疏中说："太监牛玉把国家大事视同儿戏，实乃十恶不赦，不杀不足以平天下人之愤，其族人也该当治重罪，而今牛玉却仅仅被罚去种菜，族人也仅被免职，这岂不是罪重罚轻了吗？如果牛玉的罪名确实成立的话，不是也应该追究当时主管此事的大学士李贤的责任吗？"

明宪宗被王徽等人的联名上疏一下子刺中了要害。他恼羞成怒，为挽回面子，压制大臣们对废后的猜疑，下令将上疏的王徽、王渊、朱宽、李翱、李钧等人都贬为边远州镇的判官。结果这实在是欲盖弥彰，反而更证明了牛玉易后的罪名是假的。

尽管宪宗极力想让万氏当皇后，可是万氏的愿望还是没有实现。因为宪宗立万氏为新皇后的意图遭到两宫太后的坚决反对，而且在假造的废后证据中先帝是想让王氏当皇后的，而不是万氏，于是王氏捡了个大便宜，成了一国之后。费尽心机的万氏没料到自己竟然吃了这么个哑巴亏，到头来为王氏做了嫁衣裳。她的注意力从此转移到了新皇后王氏和其他嫔妃身上，倒是不再找吴皇后的麻烦了，这倒使吴皇后没有继续受到迫害，过了一段颇为清静的日子。

新皇后王氏是中军都督王镇的女儿，她自幼嗜书好学，通晓文墨，可谓才貌双全。但她也不免同样受到宪宗的冷落。王氏十六岁当上皇后以后，一生被宪宗召幸不过十次。王皇后十分贤淑，又注意吸取吴皇后的教训，从不得罪万氏，总是小心谨慎以保安然无恙。王皇后待人仁厚和蔼，从不恶言伤人，深受宫人钦敬。

万氏对于新册立的王皇后虽心怀不满，但也无可奈何。废后之事不可一而再，两宫太后和廷臣们也都坚决不会答应。想明白个中利害之后，万氏不但不再找王皇后的碴儿了，反而在礼节上显得十分尊重王皇后，两个人关系竟一直处得不错。

万氏知道抢先为宪宗生育皇子是她地位得以确立的关键，即使将来她当不上皇后，儿子即皇帝位后她却是必然的皇太后。按照"有嫡立嫡，无嫡立长"的祖制，万氏要想达到这个目标必须阻止别的嫔妃尤其是皇后生皇子，如果不能成功，她的美梦必然破灭。因此万氏千方百计阻挠宪宗去召幸皇后和其他嫔妃，还指使人对怀孕的嫔妃进行堕胎。宪宗在万氏的挑唆和离间下始终没有亲近王皇后。而王皇后也不敢与万氏争宠，为防止万氏的妒火烧到自己头上，当宪宗偶尔要来召幸她的时候，她总是找出种种借口推掉了事。宪宗出席一些重要的典礼也从不带着王皇后，而是带着万氏。王皇后很少能见到宪宗，甚至连一般的妃嫔都不如。

成化二年（1466）正月，三十八岁的万氏得以偿愿，为宪宗生下皇长子，宪宗大喜，他可以照祖制很顺利地为万氏加封名号了。万氏更是心花怒放，多年的梦想即将成为现实，后位对她来说已是触手可及。为了庆贺皇长子的诞生，宪宗一面派出许多太监到全国各地名山大川四处祈祷，乞求山神河神天神地神们保佑他的皇子健康成长，一面晋封万氏为皇贵妃，并移居昭德宫，宪宗在加封号时，特意在"贵妃"前加一"皇"字，以示对她的宠爱。

万贵妃的家人也因为她的原因而骤然显贵。万贵妃的父亲万贵，先前坐法被贬，如今贵为皇亲国戚，被封为锦衣卫都指挥使，万贵妃的哥哥万喜被封为指挥使，后又被晋封为都指挥同知，万贵妃的另一个哥哥万通被封为指挥使。她的弟弟万达被封为指挥佥事。万通的妻子王氏可随意出入于宫掖。

随着万贵妃的擅宠得势，一大群趋炎附势的无耻之徒云集其门下，正好满足了权欲熏心的万贵妃的需要，故而成化年间奸佞丛生。

在这群狐朋狗党之中，昏庸的大学士万安位居首要。万安本是眉州人，他既不与万贵妃同乡，又不与之同宗，只有姓是一样的，竟也牵强附会地与万贵妃联系为同宗，自认是万贵妃的本家子侄。万贵妃正自愧于出身寒微、本家本族中没有高官显贵，也想借这个万安装饰自己家族的门面，便装作糊涂地认了这个侄子。从此万安得以经常向这位比自己小近二十岁的姑妈问安行礼，极尽巴结之能事。万安也凭借万贵妃的势力青云直上，由礼部左侍郎兼学士入阁，官至吏部尚书、太子太师兼华盖殿大学士，后来又成为首相主持内阁。

当时宪宗整日沉迷于声色犬马，君臣隔绝，内阁请宪宗召见大臣，及宪宗召见，万安不奏时政，只顿首呼万岁，被大臣们私下讥讽为"万岁阁老"。万安还按万贵妃的旨意交结佞幸，排斥异己。另一个内阁大学士刘吉也久柄政权，权势烜赫，为万贵妃尽心竭力，颇得万贵妃的赏识。

宦官汪直幼年就入宫侍奉万贵妃，他为人狡黠，善于奉迎，深得万贵妃喜爱。成化十三年，宪宗设西厂时，万贵妃推荐汪直任提督太监。他倚仗万贵妃这一后盾，气焰十分嚣张，时常带领校尉出外侦察，上至王府，下至民间无不在缉察之列，搞得人心惶惶。他还受万贵妃指使屡兴大狱，罗织罪名，迫害朝臣，以致到了"今人但知汪太监也，不知有天子"的地步。

太监梁芳贪婪狡猾，善于阿谀逢迎，靠"日进美珠"取悦于万贵妃，得以"擅宠于内"。依附他得高官的达数千人之多，妖人李孜省、僧人继晓就是通过结交他而得到重用的。此外，太监钱能、覃勤、韦兴等人也都聚在万贵妃的羽翼下，到全国各地借为皇宫进贡为名搜刮民财、巧取豪夺、贪污府库供万贵妃挥霍，以结万贵妃的欢心，他们都得到了重用。

这些奸佞无耻之徒通过迎合万贵妃的利欲之心，得以递身进阶。而万贵妃则依靠他们控制后宫，左右朝廷，排斥异己，为所欲为。万贵妃自从被晋封后，更是挥霍无度、欲壑难填，以致公开索要钱财。那时万贵妃居昭德宫，外廷凡通过内侍以宝献给她的，她都要根据东西的多少传旨给予多大的官阶或给予赏赐，很多想当官的人正是为迎合万贵妃的需要而搜刮民财、挪用府库。此外，各地向朝廷进献的奇珍异宝等，她也都据为己有。她还指使手下的太监到各地去取珍夺宝。

正当万贵妃神气活现、身价倍增之时，天不作美，她的儿子还未及命名、活了不到一岁便夭折了，从此她再无生育。即使后来万氏用尽了一切奇巧淫技和任何可以利用的办法，但都无济于事，因她已经过了生育的年龄，再无怀胎的可能。万氏脾气变得越来越坏，对其他妃嫔生子夺宠的可能性更加恐惧，因此更加密切地注视后宫动静。

但即便如此，也有漏网之鱼出现。成化五年四月，柏贤妃在严格保密下生下了一个男孩，这是皇次子，取名祐极。成化七年，朱祐极被按照祖制立为皇太子，但不到四个月，皇太子突然死去。对朱祐极的死，宪宗十分难过，赠谥号为悼恭。小太子死得十分可疑，但人们惧于万贵妃的心狠手毒，没有人敢公开提出自己的怀疑。宪宗实际上很清楚是怎么回事，但是他对万贵妃太过依赖，因此也不打算深究此事。

宪宗有子即逝，中年无嗣，朝廷内外很多人为此而不满和忧虑，因为没有皇嗣就等于没有国本。但或许冥冥中自有天意，让宪宗没有血脉断绝，万贵妃的多年谋划，也终归成了镜花水月。

成化三年，明朝讨灭广西一带南蛮部叛乱，送了一批俘虏到顺天，其中一部分女子被送进皇宫当宫女。王皇后从中挑选侍候自己的宫女，发现一个姓纪的小姑娘漂亮机敏，便把她给留下了。纪氏很讨王皇后欢心，王皇后也亲自教她读书识字，教她汉族人的生活风俗和宫中的礼节。纪氏秀外慧中，许多事情一学就会。王皇后大为高兴，于是便提拔她到宫廷内库去做了"女史"。纪氏把资料整理得井井有条，对王皇后的提拔之情十分感激。

成化五年（1469）夏的一天，明宪宗在宫中闲逛时偶然来到了内库，见这里的女史纪氏举止娴雅，把内库到处收拾得干净利落，很是高兴。他顺便问及内库的管理情况，纪女史回答得简洁明了、细致详明。宪宗惊叹于她的伶俐美丽，当晚便留在内库临幸了纪氏。

谁知一朝雨露，纪氏居然就有了身孕。万贵妃得知后立刻派一名女官前往内库逼纪氏服堕胎药，以防止怀孕。谁知纪氏所怀的胎儿生命力极强，又被万贵妃看出来。万贵妃便又派了一名女官去给纪氏堕胎。这次奉命去为纪氏打胎的宫女却左右为难了，因为这一胎关系到"国本"，一旦以后让皇上知道了，自己身家性命难保。她还是不忍对纪氏下手，便回去向万贵妃报告说纪氏并非有身孕，而是肚子里长有瘤块，总算蒙混过了万贵妃。

为了防止宪宗再次召幸纪氏，万贵妃便命人把纪氏由内库贬谪到安乐堂去干重活。纪氏为了躲过万贵妃的监视与毒手，整日提心吊胆，躲躲藏藏，终于熬过了十个月，生下了一个男孩，这是明宪宗的皇三子。孩子头上有一片一直没有毛发，这是当初万贵妃让人逼纪氏服药所致。纪氏知道万贵妃的耳目到处都是，自己是没有办法把孩子养大的，这孩子与其说早晚让万贵妃害死，倒不如自己现在把他弄死算了，免得他以后受苦。她忍着巨大的悲痛，抱着孩子找到了安乐堂守门的太监张敏，哭着求他把孩子溺死后扔掉。

张敏接过婴儿，心想："皇上还没有儿子呀！现在好不容易有了儿子，是无论如何也不能溺死的。怎么也要想个办法，把皇子偷偷养起来。"张敏知道废后吴氏与万贵妃有着不共戴天之仇，他便偷偷到附近的西宫找到吴皇后商量办法。然后张敏依计偷偷地把皇子藏在安乐堂旁边的一间密室里，并以米、面调成的稀粥再加上蜜糖之类食品进行哺养。吴皇后所居的西宫距这里很近，也每天往来共同哺养。由于万贵妃所派的人严密监视纪氏，纪氏虽知道自己亲生儿子就在附近的密室里，却从来不敢去喂奶或是看一看。但在张敏和吴皇后的哺养下，皇子总算活了下来。

明宪宗自从太子祐极死后，一直郁郁寡欢。他盼子简直是望眼欲穿，到了成化十一年（1475），也没听到后宫有报喜的消息。有一天，宪宗召唤太监张敏给自己梳头，从镜子中看到自己已有了几根白头发，不禁触景生情，对自己仍未有子叹息不已。张敏本不想太早地将纪氏生子的事情告诉宪宗，怕纪氏母子难逃万贵妃的毒手。可看到宪宗悲苦的样子，他不忍再继续隐瞒，便十分激动地磕起头来，说道："老奴死罪，万岁早已有子了，怎么能说没有呢？"宪宗听了十分惊诧，说："你胡说什么呀！朕哪儿来的儿子呢？"张敏还是不住地磕头，边磕边说："万岁确实已有皇子了。老奴只因担心皇子的安全，才一直没告诉万岁。请皇上为皇子做主，为老奴做主。"这时在一旁的司礼太监怀恩也跪下证实了张敏的话。宪宗还是将信将疑，张敏便把纪氏生皇子的前后情况、曲折经历讲给宪宗听，宪宗这才确信无疑，他又惊又喜，立即起驾来到西内，派人去安乐堂迎接皇子。

张敏疾步来到安乐堂旁的密室，向纪氏奉上皇上的旨意，说皇上要召见皇子，并向纪氏道喜。纪氏听了却十分悲戚地大哭起来，对儿子说："孩子你去吧！事已至此，为娘的性命恐怕难保了。你跟着这位到那边去，看见一个身穿黄袍、脸上长有黑长胡须的，便是你的父皇。"说着，纪氏为儿子换了件红色长袍，把他抱到车上，让张敏等几个太监推走了。

小皇子在太监们的引导下来到宪宗面前，他依照母亲的描述，一眼便认出了他的父亲，跑着扑向宪宗的怀抱。皇子出生后，纪氏等人一直不敢给他剪头发，让他看起来像个女孩。宪宗紧紧地把皇儿搂在怀里，望着他那几乎拖在地上的长发，不禁悲喜交加，潸然泪下。他扳起皇儿的脸细细端详，一边流泪一边说："是我的儿子呀！长得像我！长得像我！"

这几年，大臣们一直为皇上没有皇子而忧心忡忡，不断为此而上疏奏章。这年五月，乾清宫因雷击发生了火灾，大臣们认为这是上天对皇上没有继嗣的一个警告，便借此纷纷上奏，请求皇上为国家利益着想，赶快想办法生皇子。宪宗阅过奏章，有些按捺不住了，就派司礼太监怀恩前往内阁，宣布："皇上已有皇子，现已六岁！"大臣们莫名其妙、惊诧不已。等怀恩把原委讲了，群臣这才恍然大悟，个个兴奋不已。随后宪宗颁诏天下，皇嗣有人，大臣们纷纷入朝祝贺，礼部送上已为皇子拟好的名字，宪宗看了总觉得不甚满意，便亲自为之取名"祐樘"。

万贵妃听到这些消息，如五雷轰顶。她无论如何也没想到宫中的妃嫔宫女和太监竟敢和她对着干，更没想到一个已经六岁的皇子像从地底下冒出来似的出现在面前。她知道纪氏的存在对她是一大威胁，一旦纪氏的儿子即了帝位是不会轻饶了她的，她必须先发制人。

大学士商辂为人正直，做事稳健，他知道万贵妃什么事都能做得出来，担心纪氏的安全，也担心皇子重蹈悼恭太子的覆辙。于是他率大臣上疏说："皇子为国本之所在。着以贵妃保护，恩谕已出，教养之事仍以其生母纪氏主持为好。但现在皇子之母因病别居宫外，致使母子不能相见，于情于理，均有不妥。请皇上降旨，令纪氏就近居住，使之母子朝夕相见，以便教养。"宪宗欣然准奏，让纪氏移居永寿宫并召见了她，两人七年以后重见，相看有泪，无语凝噎。第二天，宪宗册封纪氏为淑妃。从此，宪宗频频召见纪淑妃，与她饮酒作乐。

这年六月，纪淑妃在宪宗召她饮酒时，突然感到腹痛难忍，告病回宫。第二天，万贵妃便派太医院院使方贤、治中吴衡前去诊治，不几时纪淑妃就告薨。其时距宪宗召见皇子朱祐樘只有四十二天。这件事又是万贵妃的"杰作"，她首先指使人趁宪宗召纪淑妃饮酒之机在她的酒中下了毒，见没有毒死，便又串通太医借诊治为名将她毒死。

消息传来，举朝震惊，多数人都能猜出一二。宪宗想派人调查，但又怕如果是万贵妃所为不好收场，便息事宁人，说纪淑妃得急病而死，赶忙让人埋葬了事。大臣们都是敢怒而不敢言。太监张敏听到纪淑妃的死，心中已经明白了大半，自己抚养皇子的事已经人人皆知，自知不保，吞金而死。

纪淑妃死时，朱祐樘年仅六岁，但几年来他所处的险恶环境使他体味到了较深的人生艰难，对万贵妃充满了愤怒，当他听到母亲的不幸后，"哀默如成人"。这年十一月，他被明宪宗册立为皇太子。

周太后深知万贵妃的手段毒辣，她看到宪宗经常无暇顾及年幼的太子朱祐樘，担心太子也遭到万贵妃的毒手，便亲自把太子接入自己所在的仁寿宫中抚育，饮食起居，照顾得无微不至。一天，万贵妃突然发出邀请，请太子到她那里去进膳。对于这种礼节性的邀请不去是不妥的，但去了难以保证不发生意外。周太后左右为难，千叮咛万嘱咐朱祐樘不吃万贵妃给的食物，不喝万贵妃给的水，因为里面可能有毒，然后才让他前去。万贵妃见太子如约前来，显得特别高兴，令人摆上宫廷中最好的美味佳肴，让太子入座进膳，朱祐樘却十分坚决地说："我已经吃过了，不能再吃了！"万贵妃又故作热情地让太监端上一杯热腾腾的羹汤给朱祐樘喝，朱祐樘连看也没看，用愤怒的眼睛直逼万贵妃："不喝，我怀疑汤中有毒！"说完，就起身告辞。望着太子远去的背影，万贵妃怔了好一会儿，等她缓过神来，才暴跳如雷地说："这么小的岁数，就对我这样，等他将来长大即位，还不把我当鱼当肉给撕着吃了！"

　　万贵妃盛怒难平，得了一场大病。万贵妃自知已不能生子，便退而求其次谋求易储，废掉太子朱祐樘。此后她一反常态，再也不阻挠宪宗去召幸其他妃嫔了，反而对宪宗说："历来帝王多子嗣者，基业稳固，国家昌盛，否则就会国本不固、危机频致。请皇上博恩泽广继嗣，以保国祚绵长。"并代宪宗下诏，广选民女，充实后宫。这些正中宪宗下怀。此后，后宫陆续传来皇子降生的消息。

　　一次，宪宗视察府库，发现几年工夫历朝百余年积累的七窖钱财全部用尽，便质问掌管府库的太监梁芳、韦兴："宫内所积存的金钱已消耗一空，倘要究其责任，在你们二人，你们知道吗？"韦兴心中害怕，不敢作答。梁芳却有恃无恐，振振有词地说："臣用金钱，是为修建显灵宫及各祠堂、庙宇时所用，这是为陛下造齐天之福，不能说是靡费。"说罢，便将给皇上和万贵妃建的祠堂庙宇一一罗列，并多报了许多数额。其实，宪宗心里有数，除了上述罗列的修建费外，他们为取悦于万贵妃而日进美珠以及中饱私囊而贪污了一大笔。但宪宗生性过于宽厚，因为里面涉及万贵妃，他就不好加以追究。他不耐烦地、有些愠怒地打断了梁芳的禀报，说："朕即使现在宽恕了你们，恐怕后人也不会饶恕你们，迟早总要找你们算账的！"宪宗的话使梁芳、韦兴面如土色，惶恐不安。

宪宗一走，梁芳和韦兴立即来到安喜宫找万贵妃禀报。梁芳有意蛊惑万贵妃说："皇上所说的后人，不就是指的东宫太子吗？倘若将来东宫太子即了位，奴才遭殃倒不要紧，奴才担心的是贵妃会受到连累。"万贵妃听了不由得倒吸一口凉气，她联系太子朱祐樘对她的仇视，越发感到事情的严重和易储的必要。她一想到朱祐樘就恨得咬牙切齿，只因为太子对她存有戒心，几次欲谋害都不成，现在她又愁一时无法找到废太子的理由，以及另立太子合适的人选。梁芳是最会迎合万贵妃心意的，他一眼就看出了她的心思，趁机说出他已考虑好了的计策："皇上如今是最钟爱兴献王祐杬了，只因早已立了太子，不好再改变，要按现在皇上的意思，恐怕是非兴献王莫属。贵妃虽然膝下无子，却可以将兴献王养于贵妃宫中，再保荐兴献王为太子以达到易储的目的。到那时兴献王就会对贵妃您感恩戴德，待之胜似生母。如此一来，就可使贵妃无子而有子、兴献王无国而有国，岂不两全其美。"万贵妃听了梁芳的妙计，连称是个好办法。

万贵妃利用宪宗对她的宠爱以及自己所网罗的势力对宪宗展开了一场易储运动。在宪宗面前，万贵妃说了一大堆东宫太子朱祐樘的坏话，说他目无朝纲、不懂礼仪、蛮横粗野，等等，要求宪宗废掉朱祐樘，另立知书识礼、文韬武略的兴献王朱祐杬为太子。那些卖身投靠万贵妃的奸佞之徒积极响应，纷纷向宪宗奏章上疏要求废易皇储。宪宗本来很喜欢邵宸妃所生的皇四子兴献王朱祐杬的"嗜诗书，绝珍玩，不畜女乐"，远见卓识，但对太子朱祐樘却也并无成见，故而从无易储的想法。可是这一次在万贵妃及其党羽的一再鼓噪下竟有些动心了，他向来是少主见的，看到万贵妃态度十分坚决，也就同意了。

宪宗准备易储的决定，遭到许多正直大臣的反对，司礼监大太监怀恩据理谏争，宪宗恼羞成怒，在万贵妃的怂恿下，把怀恩斥居凤阳。然而朱祐樘能够在万贵妃的重重谋害下降生并存活至今，冥冥之中仿佛真的有天意护佑。就在朱祐樘岌岌可危之时，泰山突然发生大地震。有个大臣马上借机进谏，说泰山大地震是上天示警，表明上天对改易东宫太子的不满。

宪宗一辈子都崇佛道、好方术，对这种自然现象发生所做的附会解释尤其笃信。他害怕如果做出改易储位的忤逆天意的举动，各种灾难祸害就会接踵而至。他连忙到寺庙挂袍行香，祈求上天原谅他的过失，并下旨说："东宫太子之立乃天意，不可违背。任何人不得再提改易储位之事。"

天不助己，万贵妃改易太子不成，却又无可奈何。她知道有朝一日宪宗归天，太子即位，是不会饶恕她和她的家族及她的党羽的。万贵妃变得心情低沉，郁郁不乐，嚣张之势有所收敛，脾气却越来越坏，她肥胖臃肿，一发起脾气来就呼吸急促，好半天喘不过气来。成化二十三年（1487）春的一天，一个宫女因一点小事触怒了万贵妃。盛怒之下，她操起驱赶蚊蝇的拂尘猛力地朝宫女狠打几下，气喘之下，一口痰堵在嗓子里，居然就此气绝身亡，卒年五十九岁。出外而回的明宪宗听到宠妃暴薨的消息，急忙赶到安喜宫，放声大哭，他抚摸着万贵妃的尸体，边哭边叹："万侍长去了，朕怎么能再久留于世呢！"为了表示对万贵妃的痛悼，他下旨辍朝七日以示哀悼，并按皇后礼葬万贵妃于昌平天寿山西南的苏山，赠谥号为"恭肃端慎荣靖皇贵妃"。

万贵妃之死对宪宗是一个极大的打击，还不满四十岁的他竟因哀伤过度，一病不起，也于当年八月死去。明宪宗去世后，太子朱祐樘即位，史称明孝宗。明孝宗尊王皇后为皇太后，对王皇后特别孝敬，因感念于王皇后对他母亲纪氏的恩德，待之如亲生母亲。吴皇后的恩德他也一直念念不忘，令人把吴皇后迁出西宫，安居到条件很好的仁寿宫。同时，他命令要完全按皇太后的礼遇安排吴皇后的衣食住行。孝宗还封赐吴皇后的侄子为锦衣卫百户之职。

历经磨难的明孝宗深知匡时纠弊的必要，即位之初就惩治了靠依附于万贵妃而进身的贪赃枉法、奸佞无耻之徒。他命令把李孜省谪戍边卫，旋又下旨把他捕入大狱，最后拷死于狱中；僧人继晓也被逮捕法办，后来被处死；太监梁芳、韦兴等被充南京净军，至死未再复用。大学士万安一看势头不妙，慌忙改弦更张，逢人便辩解说："我与万家并无亲缘，我与万家已经很久没有来往了。"后来孝宗无意中翻得一小箧奏疏，里面全是讲房中术的，每疏末尾处都署有"臣安进"。孝宗阅后怒不可遏，立即派已被重新召回的、忠厚耿直的司礼太监怀恩提着箧子去内阁质问万安："这难道是你大学士应该上的奏疏吗？"万安吓得魂飞魄散，跪在地上不敢作声。怀恩又将科道弹劾他的奏疏读给他听，让他辞职。可万安跪下哀求并无去意，怀恩只得摘其牙牌说："请公去矣。"万安这才仓皇索马回府，请求回乡。

朝中憎恨万贵妃的人十分多，许多大臣纷纷上奏章列举万贵妃残酷恶毒、杀人害命，以及其兄弟的骄横霸道。御史曹璘上疏要求孝宗拆掉万贵妃的坟墓，削夺她的谥号，并治万贵妃家属的罪。山东鱼台县丞徐琐上疏说，纪太后之死系万贵妃所为，请求逮捕当时的太医和万氏眷属曾出入宫禁者，究问纪太后的死因。还有的大臣借孝宗头上一直有的秃疤想激怒孝宗，治万贵妃家属的罪。但孝宗仅据事实降了万贵妃兄弟的职，降万喜都督同知为指挥使，降万通、万达都指挥同知为副千户。仅此而已，并未做过多处理。孝宗的孝悌观念很强，他正是因为孝敬父母才被后人称为"孝宗"的。孝宗下旨说，如果追究万贵妃的罪过，就会违背明宪宗的意愿，他不能做不孝之事，对于有关万贵妃的事情，也就不再追究与过问。

孝宗逝世，武宗即位后，尊王皇后为太皇太后，并于1510年给她上尊号"慈圣康寿"。正德四年（1509），吴皇后病逝，享年六十一岁。明武宗朱厚照以妃礼葬之。1518年，太皇太后王氏也病故了，享年六十九岁。经内阁廷议，为王皇后尊谥号为"孝贞庄懿恭靖仁慈钦天辅圣纯皇后"，并为她在明宪宗朱见深的茂陵举行了合葬仪式。

第九章　明孝宗朱祐樘皇后张氏

　　成化二十二年（1486），昌国公的女儿张氏因姿色出众、知书达理被选为太子妃。同年，孝宗即位，她也被册封为皇后。

　　明孝宗和张氏的感情非常好，常常形影相随，恩爱无比。他们关系如此亲密，除了张氏的温柔体贴外，孝宗坎坷的身世也是一大原因。孝宗自幼生活在宫中险恶的环境里，后妃们尔虞我诈的争斗，使他看透了世态炎凉，过早地成熟起来。他在万贵妃的压迫和威胁下长大，始终是在提心吊胆中度日，感情没有寄托，内心十分孤独。所以他登基后和张氏互敬互爱。张氏了解孝宗的身世，对孝宗更加体贴温柔。她不仅亲自照管皇上的起居饮食，还与皇上一起分担国事忧愁，加上她本人聪慧伶俐、知书达理，二人的感情是越来越深，后宫里的美女成群，但孝宗平生所爱始终只有张氏一人。闲暇之时，他总愿和张氏共同度过甜蜜的时光。

　　张氏不仅关心皇上的生活，更替皇上为国为民出谋划策。在她的倡议和支持下，孝宗进行了一系列的政治制度改革，提高了国力，罢免了许多奸臣，边备也有所巩固。

　　孝宗去世之后，朱厚照即位，是为武宗。张氏为朱厚照择选了美丽庄重的陈皇后，起初二人恩恩爱爱，国内也是一片升平。可是朱厚照本性自由奔放，甚至有些荒唐胡闹，一批佞幸之臣聚集在他的周围，朝纲日懈，宦官专权，中枢朝堂变得乌烟瘴气。

　　正德十六年（1521），武宗朱厚照病死，身后却没有子嗣。张氏与众大臣商量，让孝宗的堂弟朱祐杬的儿子朱厚熜即位。可是新的皇帝远在湖北，一时还赶不到京城，而以江彬为首的反对势力控制着首都的禁卫部队，妄图趁朝中无主的机会策动政变。一时间形成了"武宗存，则挟天子以令诸侯；武宗崩，即矫遗命以擅大宝"之势，京城内外人心惶惶。张氏先镇定地说服了宦官张永、魏彬等人，又与内阁首辅大学士杨廷和等大臣紧急磋商，草拟出武宗的遗诏，让忠于江彬的一支部队到通州领赏，将其调离京师，以减轻京师的压力。然后又在宫中设埋伏，以太后的名义邀请江彬到宫中参加"观兽吻"的仪式，把江彬逮捕处死。太后与内阁随即又以迅雷不及掩耳之势打击了江彬的余党，夺回了守卫国都的军队大权，稳定了人心。逮捕了江彬的余党后，张太后又发出懿旨，进行改革，大批裁减宦官，清除了一批贪官污吏，使受到刘瑾、江彬一伙迫害的官员得到了昭雪，提拔了一批正直有才干的官员，将皇庄和一部分贵族多占的土地分给无地的农民耕种，免除受灾地区的赋税。在张太后和杨廷和主政的四十七天中，朝政出现了明中期少有的兴盛局面。

但是世宗登基之后不久，便与内阁首辅杨廷和等人发生冲突。首辅大学士杨廷和与群臣为了平衡世宗与孝宗、武宗两宫遗孀的关系，共议援引宋代故事，认为世宗是继承孝宗、武宗皇统，那么也应继嗣。他们建议称世宗的伯父孝宗为"皇考"，称生父即孝宗的亲弟弟兴献王为"皇叔父"、兴献王妃蒋氏为"皇叔母"，兴献王妃称世宗为"侄皇帝"。这一要求虽然从法理上勉强可以说通，但是对世宗而言却太过于不通人情，无法接受。世宗气愤难忍，怒气冲冲地说："世上哪有这个道理，父母还可以易换的吗？"

此事引发了嘉靖朝影响极为深远的"大礼议"事件，世宗和杨廷和都不肯退让，双方越闹越僵，斗争越演越烈。最终世宗以在左顺门血腥杖杀哭谏大臣的狠辣手腕赢得了胜利。大礼议之事让世宗对张太后也愤恨不已，张太后因受到世宗的排挤和苛待而忧郁成疾，不久便死去了。

第十章 明武宗朱厚照皇后夏氏

正德元年（1506）秋，十六岁的明武宗朱厚照大婚，迎娶了军都督府都督夏儒的长女。

武宗朱厚照为孝宗皇帝的独子，从小聪明伶俐，刚两岁就被立为皇太子。因孝宗忙于政务，忽略了对这个储君的培养，而陪伴他度过童年的是一批宦官。这些宦官大多是市井之徒，粗通文墨，善于表演各种杂戏，如刘瑾等。他们为了博取皇储的欢心，常弄些鹰犬、鸟兽、角牴之戏供武宗游玩取乐。朱厚照的性子也活泼好动，因此而荒废了学业。

孝宗过世，十五岁的朱厚照继统，不几天就把批阅奏章朝政大事都交给宦官刘瑾，以其为司礼监掌印太监。于是一批奸佞之人趁虚而入，集结在刘瑾身边。他们一共八人，皆为武宗居东宫时的旧侍，此番凭借武宗的势力，成了宦官中的新贵，号称"八虎"。

武宗朱厚照本人个性自由奔放，不拘礼法，守礼恭谨的夏皇后自然无法获得朱厚照的青睐。他常常带几个宦官微服出宫到青楼妓馆寻欢作乐。夏皇后本性和柔，对武宗一切作为都只能极力迁就。

次年，武宗大兴土木，以耗费二十四万余两白银的代价在西华门外太液池附近修了座多层的宫殿，命名为"豹房"。"豹房"刚落成，武宗干脆搬出皇宫，住进了"豹房"，日夜纵情玩乐。刘瑾见武宗沉于声色，便趁机窃取权柄。当时有人讥讽说朝廷有两个皇帝，一个"立皇帝"即刘皇帝，一个"坐皇帝"即朱皇帝。

正德末年，武宗又宠信边将都督金事江彬。江彬是宣府人，为讨好皇帝和夸耀乡里，多次对武宗谈起自己家乡宣府的乐户美女和迷人的塞外风光，劝诱皇帝去宣府一游。这样，武宗自正德十二年出幸宣府，十三年太皇太后驾崩回京奔丧，之后又出巡江西，十四年春回銮，接着又南巡，足足在外游幸了四年，他在位的十六年中，倒有一半的年头不视朝政，只在各处游幸，所以时人称他为"游龙"。

正德十五年（1520），武宗借亲征叛乱的宁王的机会南下游历，游完南京回返顺天，路过积水池时驾小舟钓鱼为乐，结果落水后染病在身。第二年三月终于不治身亡。他一生虽嫔妃众多，但无子无女。为了确保帝统长存，张太后和内阁首辅杨廷和定策，以武宗遗诏的名义，召兴献王朱厚熜入继帝位。朱厚熜即明世宗，当年十四岁。改年号为嘉靖。

世宗即位时，册后妃、尊太后的同时，也给予夏皇后一个"庄肃皇后"尊称。

嘉靖十四年（1535）正月，夏皇后孤寂地告别了人世。世宗即位之初的礼仪之争本已平息，不料因夏皇后的葬仪问题而风波再起。世宗皇帝以叔、嫂关系来为自己和夏皇后定调，因此拒绝穿丧服，而大臣们暂时罢朝的要求世宗倒是答应了。等到议定谥号时，大臣们与皇帝又发生了争议。大学士张孚敬附会皇帝意上奏说大行皇后既然是皇上的嫂嫂，谥号用两个字或四个字就可以了。李时及左都御史王廷相、吏部侍郎霍韬却都表示反对。这时众臣皆议论纷纷，因古代一般人的谥号才用两个字，明代世宗之前的皇后，除懿文太子、建文帝一系两个皇后（一个没即位，皇后用两字，一个始终无谥号），其他封元后的皆用十二个字。故众臣集议奏道应行今制，大行皇后的谥号应与列圣列祖之皇后的谥号一样用十二个字。世宗见大臣都引经据典为夏皇后说情，不由得大怒斥责，要群臣重新商议。经历过当年左顺门的血腥，大臣们还哪敢再议，只好请以张孚敬的折中方案去办，即用六个字。皇帝也勉强同意，于是才给夏皇后上谥号"孝静庄惠安肃毅皇后"，这场争论就这样结束了，大行皇后的遗体总算可以埋葬了。过了一年，世宗觉得张孚敬所上的谥号不完备，六个字不配称武宗皇帝，这才给夏皇后改成十二个字的谥号，曰"孝静庄惠安肃温诚顺天皆圣毅皇后"。

第十一章　明世宗朱厚熜皇后陈氏、张氏、方氏

　　正德十六年（1521），明武宗朱厚照驾崩，武宗无子，于是宪宗皇帝的孙子、兴献王朱祐杬的儿子朱厚熜即位，是为明世宗。第二年，世宗改元嘉靖，立王妃陈氏为皇后。陈皇后是朱厚熜为兴献王时的妃子。刚即位的朱厚熜临朝时精神欠佳，大臣们也都看出来了。当时大理卿郑岳曾委婉地劝说他："皇帝陛下应该遵守圣祖的训示寡欲勤治。宫中的安寝应有节制，宫人进御应有定时，退朝应到文华殿裁决奏章，天黑后再回宫，以便养精蓄锐，益寿延年。"但朱厚熜根本听不进去。

　　嘉靖七年（1528）十月的一天，世宗和陈皇后坐在一起同享秋光。陈皇后当时身怀六甲，不日即将临盆。在旁伺候的张、方两位妃子献上芳茗，陈皇后拿过茶杯时一抬头，发现就要做爸爸的世宗正目不转睛地看着张妃的玉手。怀孕期间情绪不稳的陈皇后顿时勃然大怒，投杯而起。这一举动败了朱厚熜的兴，他立即喝住陈皇后，大发脾气。盛怒之余的陈皇后受此惊吓，不仅胎儿流产了，连她自己也因此被夺去了生命。世宗余怒未消，下令丧礼从简。并给了陈皇后一个"悼灵"的谥号。

　　第二年三月，将陈皇后葬于襖儿峪。下葬之日，也只是梓宫出王门，大臣们到场一天，便草草收场。给事中王汝梅感到太不像话，上疏谏诤，也是空言无补，无济于事。陈皇后的父亲陈万言，在女儿被册立时得到了鸿胪卿的官职，后又改都督同知，封泰和伯。兄弟陈绍祖也曾得到尚宝司丞的印绶，赐第黄华坊，建房西安门，给田八百顷。当时言官余瓒、给事中张汉卿以及巡抚刘麟、御史任洛等多方谏阻，统统无效。陈皇后一朝失

宠去世，父亲被罢黜，兄弟也不让嗣封。

因她那双绝妙的玉手而被世宗宠幸的张妃随即被世宗立为新皇后，但是张皇后的好运并不长久。她当上皇后的时候正值世宗追崇古礼，于是世宗便命她率领嫔御到京城北郊养蚕。张后为了取悦太后和以身作则，还每天带领六宫粉黛在宫中听讲章圣皇太后编的《女训》。大量的劳作使张后的双手变得粗糙了，渐渐失去了昔日的魅力。更重要的是，新采选的淑女中有位南国佳丽方妃，光艳照人，在众妃嫔中犹如鹤立鸡群。于是在嘉靖十三年（1534）正月，喜新厌旧的世宗下令废张后，将她移居别宫。

张后听到诏令，如五雷轰顶。她哪里会知道，她的过错就是没有保持住昔日的娇颜和美丽的双手。她盼望世宗能念及她的好处回心转意，但一切均是梦幻泡影。

嘉靖十五年（1536），张氏在万般失望和孤独中离开了人世。正在纵情享乐的世宗听到张后的死讯，毫无悲伤之情，下令用妃子的葬礼埋掉，无谥号。同年，礼部尚书夏言旧事重提，议请改陈皇后之谥。这时的朱厚熜因纵欲无节，即位近十年仍然没有儿子，因而怀念起陈皇后来，于是改谥陈皇后曰"孝洁"。后来穆宗即位后，礼臣们商议："孝洁皇后是大行皇帝的原配，应该合葬祔庙……大行皇帝升祔时，应该奉孝洁配，迁葬永陵。"穆宗同意了。陈皇后的墓地这才由襖儿峪迁到了永陵。又尊谥她为"孝洁恭懿慈睿安庄相天翊圣肃皇后"。

世宗即位十年都没有子嗣，这成了嘉靖朝君臣的共同心病。大学士张孚敬进言应扩大后宫规模，以求皇嗣。此谏正中世宗下怀，于是遣官全国选取秀女。经过精挑细选之后，五千名秀女中只选出了九人，即方氏、郑氏、王氏、阎氏、韦氏、沈氏、卢氏、汀氏、杜氏，被封为"九嫔"。后来张皇后被废，世宗选立玉手美女方氏为第三任皇后。方氏有一双和已故张妃同样完美的手，世宗只要看上一眼，即再难移开。

世宗迷信方士，幻想通过方术得到长生，成为神仙。嘉靖二十一年，为了炼出长生不老药，他听信方士的话，广选天下美貌健壮的千余名少女入宫，以牺牲少女的健康性命为代价，毫无人性地强迫少女大量服用催经下血之药，用少女"精血"为自己炼丹制药，以供补身壮阳，将许多少女摧残成了为皇帝制药的"药渣"，并有不少人因此丧命。受害宫女对世宗恨之入骨！

明世宗这种做法，激起了宫婢们的强烈愤怒。这时他又宠爱美貌的曹妃，册立她为端妃，经常住端妃宫，这也引起了妃嫔们的争风吃醋。于是以王宁嫔为首谋、宫婢杨金英等为主犯的一场弑逆行动便开始了。这一年的某一天晚上，明世宗又住进了端妃宫，杨金英等十六名宫婢联合起来，趁世宗熟睡的时候，有的用绳子系脖子，有的用抹布堵嘴，有的骑在他身上用力勒绳子，不料她们不懂打结的方法，将世宗脖子上的绳系为死结，屡收不死。本来这样折腾下去，时间一长，世宗也没有不死的道理，偏偏她们当中又出了一个叛徒张金莲。她见世宗没断气，以为皇帝真的有神灵保佑，觉得谋事在人、成事在天，天子怎么能是凡人杀得了的？想到这里，她偷偷溜出去把事情告诉了方皇后。方后急忙带人赶到，杨金莲等人已经离去，世宗也奄奄一息。她慌忙解开世宗脖子上的绳结，边抚摸伤痕边叫："快拿水来！"

经过一阵急救，世宗又慢慢醒了过来。她又命令内监张佐等，逮捕宫人进行拷问。在一顿严刑拷打之后，首谋王宁嫔、主犯杨金英被供了出来。端妃实际对此事一无所知，但她被世宗宠幸，方后早已嫉妒怀恨，因此说她也与这个阴谋有牵连。当时世宗余悸未消，说不出话来，方后便传他的命令，逮捕端妃、王宁嫔及杨金英等十六个宫婢，一起磔杀在市上，并杀掉她们的族属十几人。方后的功劳使她父亲方锐由安平伯晋为安平侯，打破了"爵禄私外家，非法"的祖训。方锐死后，其子方承裕又袭封了爵位，直到穆宗继位后，主事郭谏臣谏止，才罢袭。

最终，世宗知道了端妃的死是冤枉的，对方后的救命之恩虽然不能割舍，但端妃的容颜又不时浮现眼前，这使世宗不能不怨恨方后。嘉靖二十六年（1547），宫中发生火灾，大火在方后的宫中熊熊燃烧，宦官们请求救火。世宗又想起了端妃的事情，便断然地摆了摆手："此乃天意，随她去吧。"方后就这样被大火活活烧死。明世宗竟置救命之恩于不顾，甘心让方后被烧死，其残忍程度由此可见。事后，他竟厚颜无耻地说："皇后救我而我不救她，是想用隆重的葬礼来报答她。"他下诏说："皇后曾经救我于危难之中，用元后的礼节埋葬。"预定葬地名称为永陵，赠谥号曰"孝烈"。谥号、葬礼都是由明世宗亲自制定的，所以显得特别隆重。

礼成后，诏告天下。到大祥时，礼官请安放神主奉先殿东夹室，世宗说："奉先殿夹室，不是正室，可以直接祔于太庙。"大学士严嵩等请设位于太庙东面，在皇姑睿皇后的下面，后寝藏神主即设幄于宪宗庙皇祖姑之右，这样就符合了礼义。世宗说："祔礼至关重要，怎么可以权就呢？皇后虽不是皇帝，也是配皇帝的，自然应有一定的顺序，哪里有享祭从此而神主藏彼的礼仪呢？将仁宗的神主迁入远祖的庙，祔祭以一种新秩序，就放到我的位次上，不得乱礼。"严嵩等说："充分地祭以新秩序，不是臣下敢说的，而且阴不可以代替阳的位置。"世宗这才下令姑且藏神主于睿皇后侧面。事情暂且告一段落。

方后死后的三年，世宗又想祔祭方后于太庙，命朝臣再商量。尚书徐阶反对，而给事中杨思忠赞同，其余大臣都表示沉默。朝臣商量的结果传了进来，说："皇后正位中宫，按礼应该祔享，但突然谈到庙中的次序，那么臣子的心情，不只是不敢议，实际上也是不忍心议。应该设位于奉先殿。"世宗见此大怒。徐阶、杨思忠又诚惶诚恐地说："周建九庙，是三昭三穆。国朝的庙制是同堂异室，和《周礼》不同。现在太庙九室都满，若以圣躬而论，仁宗应当迁入远祖的庙，这没什么可说，但这是以后陛下子孙的事。我们听说夏朝的庙只立五室，商朝七室，周朝九室。礼是由义而起，五室可变七室，七室可到九室，九室之外自然也可以加。请在太庙及奉先殿各增加二室，以祔祭孝烈皇后，那么仁宗就可以不必迁入远祖的庙，孝烈皇后也可以迅速确立南面之位，陛下也就没有预迁先皇神主以等待自己的嫌疑了。"世宗说："臣子的职责，应当迁神主还是祔祭神主，努力请求是可以的。如果于礼合适，为什么要避预迁之嫌呢？"在世宗的压力下，徐阶等人只好再会廷臣上言："唐尧、虞舜、夏禹都是五庙，他们的祭祀都止四世。周朝九庙，三昭三穆，然而有兄终弟继的现象，也不能尽足祭祀六世。现在仁宗是皇上的五世祖，以陛下论，仁宗于礼应当迁入远祖的庙，孝烈皇后于礼应当祔祭。请将仁宗迁入远祖的庙，祔祭孝烈皇后于太庙第九室。"并上祧祔的仪注。方皇后终于得到了祔祭于太庙的资格。

接着群臣又请问方皇后的忌日祭礼，世宗犹衔前议，回答说："孝烈皇后是继后，所侍奉的又是入继之君，忌日不祭也可以。"徐阶等更加力请，世宗才说："不是天子不议礼。皇后应当祔祭庙中，居我室下面，礼官坚持说今天不应该如此，只是粉饰其说以惑众听。"世宗见状手谕严嵩等道："礼官听从我的话，是勉强罢了。既不忍心迁仁宗神主入远祖庙中，暂且放置方后神主于别的庙中，将来由臣下们商议处置。忌日令祭一杯酒，不至于伤情而已。"礼臣们想到嘉靖初年的大礼仪，谁还敢再触怒龙颜？于是纷纷赞同就按圣上说的办。

嘉靖三十一年（1552），杨思忠贺表中又谈到这件事，世宗本来对他和徐阶提反对意见就很恼火，这次又犯忌讳，下令将他廷杖削职，发回老家。穆宗即位后，方皇后被尊为"孝烈端顺敏惠恭诚祇天卫圣皇后"，世宗挖空心思所争取的方后神主被移到了弘孝殿。

方后被活活烧死时年约二十四岁，谥"孝烈皇后"，后葬于永陵。

第十二章　明穆宗朱载垕皇后陈氏、贵妃李氏

嘉靖三十七年（1558）秋，裕王朱载垕的元妃李氏死，陈氏入选为裕王继妃。世宗皇帝因为笃信道教"二龙不相见"的箴言，与自己的皇子都颇为疏远。而且朱载垕仁慈宽厚，与其父刚愎暴戾的性格截然不同，自然不被嘉靖帝所喜。他的异母弟弟景王朱载圳为夺嫡而勾结权奸严嵩之子严世藩，频频在嘉靖帝面前邀宠并陷害裕王。在此情况下，裕王一度岌岌可危，全靠老师高拱与内阁次辅徐阶等多方维护才最终被立为太子。陈氏也陪着裕王度过了这如履薄冰的八年。

这期间，泥瓦匠李伟的女儿李氏进入了裕王府，成为了侍候裕王朱载垕的侍女。裕王本来好色，对年轻貌美的李氏十分动心。刚好陈氏不能生育，李氏又特别机灵，她对陈后毕恭毕敬，很得其欢心，所以对于裕王与侍女的举动陈后也就睁一眼闭一眼，听其自然了。

嘉靖四十一年（1562），李氏生下一子，裕王的前两个儿子都夭折了，但这位王子却健康活泼，聪敏异常。裕王在宫中骑马驰骋，他就谏曰："殿下是天下之主，一个人骑马驰骋，难说没有马翻的危险啊。"裕王见他小小年纪说出这等话来，十分欣喜。

隆庆元年（1567），裕王终于登上了皇帝的宝座，是为明穆宗。陈妃被册立为皇后，李氏亦封为贵妃。第二年，李氏的儿子翊钧被立为皇太子，就是以后的神宗皇帝。

经过长期的苦难与压抑之后，朱载垕终于可以肆无忌惮了。他开始纵情声色。陈皇后对此婉言劝阻，穆宗却大怒，遂以陈皇后多病无子为由，

移居别宫，从此陈皇后备受冷落。穆宗为了自己纵欲方便，想方设法不让皇后回中宫。他虽然和父亲世宗一样贪花好色，但终究不似世宗一般刻薄寡恩、残忍无情。世宗爱够了某一皇后，即废掉。而穆宗虽然不再喜欢陈皇后，但却不曾有过废后的念头，只是把皇后冷落到一边，自己继续胡天胡地。

陈皇后生性善良，她不因自己不能生育而妒恨别的妃嫔。神宗做皇太子时，每天早晨到她的住所问安，她听到脚步声，总是很高兴，为神宗强行起身。她对待神宗的生母李贵妃也很平易，两宫关系一直和睦融洽。

隆庆六年（1572），穆宗驾崩，神宗继位，以明年为万历元年。以前的制度是，天子立后，尊皇后为皇太后，若有生母称太后的，则加徽号以示区别。当时，太监冯保想取媚李贵妃，暗示大学士张居正让廷臣商定并尊，于是尊陈皇后为仁圣皇太后，李贵妃为慈圣皇太后。仁圣皇太后住在慈庆宫，慈圣皇太后住在慈宁宫。这一行动使张居正得到了李太后的信任。张居正请李太后照看小皇帝的起居，于是李太后又徙居乾清宫。

年方十岁的神宗不能决定国家大事，政务便由陈太后和李太后主持，在两人的支持下，内阁首辅张居正的改革取得了很大成绩。嘉靖、隆庆时期，明朝的财政年年亏空，经过张居正的改革整顿后，变得绰有剩余。军事上，张居正改革前"虏患日深，边事久废"的局面，这时也大为改观。张居正的改革成功是与李太后、陈太后的支持分不开的。

李太后对神宗要求非常严厉，神宗有时不读书，她就罚他长跪。每次为神宗讲课的老师来后，她便命令神宗讲一下老师上次所讲内容，总是亲自听讲。遇到上朝的日子，五更她就到神宗的卧室，叫"皇帝该起床了"。命令左右扶神宗坐起，取水为他漱口洗脸，带着他登上车便走。神宗侍奉李太后非常谨慎。

李太后出身贫苦，她本人就是为帮助父母减轻负担，才到裕邸做侍女的，所以她特别知道钱财的可贵。艰苦的环境造就了她的性格，也影响到了神宗，从而使神宗成了明朝最爱钱财的皇帝。张居正刚一去世，神宗所宠幸的中官张诚便说："张居正的宝藏超过天府。"神宗心痒难熬，于是下令司礼张诚及侍郎丘慢带领锦衣指挥、给事中籍没张居正的家财。全部搜刮完张居正诸子兄弟所藏，也只有黄金万两、白银十余万两。这哪里符合张诚的原告？只好严刑逼供。张居正的长子礼部主事张敬修忍不住痛苦，诬言寄黄金三十万两在曾省吾、王篆及傅作舟等家，接着便上吊自杀了。逼出了人命，朝臣们也看不下去了，合疏论争，神宗才下诏留空宅一所、田十顷，赡养张敬修的母亲。对张居正及其制定的各项措施的否定，是明神宗政治的转折点，此后的神宗一意聚敛财富、骄奢淫逸。

万历六年（1578），神宗大婚，李太后结束临朝，重返慈宁宫。神宗为陈太后加尊号"贞懿"，四年后又加"康静"。

万历二十四年（1596），陈太后去世，谥为"孝安贞懿恭纯温惠佐天弘圣皇后"，祭祀神主于奉先殿别室。祔葬于昭陵。

李太后性格严明，对朝中和家中都要求很严。给事中姜应麟上疏请求册立太子，受到神宗的谪遣，李太后听说此事后不太高兴。一天，神宗到慈宁宫请安，太后问不册立太子的原因，神宗说："因为他是宫女的儿子。"太后闻言大怒说："你也是宫女的儿子！"神宗知道失言，诚惶诚恐地伏在地上，不敢起身。因为太后的这次发怒指责，朱常洛才被册立为太子。

万历二十九年（1601），神宗给他母亲加上慈圣皇太后的尊号。万历三十四年（1606），又加上皇太后徽号。万历四十二年（1614），李太后去世，神宗上尊谥曰"孝定贞纯钦仁端肃弼天祚圣皇太后"，与穆宗合葬于昭陵，别祀崇先殿。

第十三章　明神宗朱翊钧皇后王氏、贵妃郑氏

万历六年（1578），王氏被明神宗册立为皇后。

王皇后性情端谨，淑颜姣美，但不受万历的宠幸。王皇后对李太后的关心无微不至，倒是博得了李太后的赏识。而郑贵妃妖艳娇美，又最善迎合万历的心意，故深得万历的欢心，一入宫即被晋封为贵妃，甚至位分跃居已生有皇长子的王恭妃之上。

朝廷的百官群僚对此极为不满，按礼，母以子贵，已生有皇长子的王恭妃，地位仅可略低于皇后，除皇后之外，没有一个有资格可以位居其上的。群臣都认为，郑贵妃的地位于礼不合，实应尽快加以纠正，至少也得把王恭妃晋位加封为贵妃，才算是合乎礼法。开始大家还只是私下议论，最后朝廷内外，全国各地都在议论不休，闹得举国纷扬，奏章更是像雪片一样往京城铺天盖地袭来，搞得万历十分气恼，又不知如何是好。郑贵妃却只淡淡地说了句："何不把这些奏章一概留中，看看这些乡巴佬还能怎样？"所谓"留中"是指君主把臣下送来的奏章，留在禁中，不批示，不交议。万历一听，心花怒放，不禁脱口说道："知我者爱妃是也。"就这样时间一长，果然为此而上奏章的越来越少，渐渐地居然平息了下来。

后来郑贵妃有了身孕，生下了三皇子朱常洵。万历非常高兴，把郑贵妃又晋封为皇贵妃。这无异于滚油锅里撒了一把盐，上疏论争的人又哄然而起。大家都一致认为，特意把郑贵妃晋封为皇贵妃，最有可能是为了废长立爱。因为"母以子贵"，也可以是"子以母贵"，皇后所生的儿子称为"嫡子"，是理所当然该立为太子的，皇贵妃与皇后相差无几，又加上

位分超出王恭妃许多，极有可能会把皇次子立为太子，晋封郑贵妃一事就是种试探，也是为将来打个埋伏。对此群臣越议论越觉得郑贵妃其人实在奸诈，意欲窥窃神器，其狼子野心已昭然若揭，若不予以迎头痛击，其图谋必然得逞无疑。

户科给事中姜应麟是第一个上疏切论此事的，他那份一针见血的奏疏，在朝野引起了极大的震动，长达十年的建储之争就此拉开了序幕。万历看过姜应麟的奏章后大怒，立下圣旨，降谕道："郑贵妃敬奉勤劳，特加此殊封。立储自有长幼，姜应麟疑君卖直，可降极边杂职。"御旨一下，姜应麟即被贬往大同境内，但旨中有"立储自有长幼"一语，群臣一见便欢呼雀跃，这句话实际上等于肯定了皇长子的地位。万历起初没有察觉有此一失，待诸大臣要求皇上实现诺言，按照"立储自有长幼"原则赶快立储时，方才感到一时疏忽，竟然如此地失策。

这股浪潮很快形成了汹涌澎湃之势。在朝中竟自形成了一种风气，便是以主张立谁为储君，是否主张立储，作为辨别忠奸正邪的试金石，以致阁臣、九卿等，为了表白心迹，也不免上书争论此事。吓得支持郑贵妃的党徒也不敢出面，怕反而因此会被舆论抓住把柄，更不利于皇三子地位的上升，只好让万历一个人去顶着。万历觉得此次不比上次，若再采取留中的办法恐怕是不行了，经过与郑贵妃的一番密谋，决定还是使用惯常伎俩，拖拖看。万历于是强行以"皇长子年纪尚幼，尚不宜立储"为由，将立储时间一拖再拖。群臣激愤，屡屡上疏不止。

郑贵妃心有不甘，就指使爪牙再想些办法。于是又想出一个"待嫡"之说，要万历加以宣谕。强调立嫡，因为所有的皇子都不是嫡子，也都没有什么当立为储的特权。可这"待嫡"之说又很快被众议驳倒，因为立嗣虽应以嫡子为先，但却无必授嫡子之说，而是"有嫡立嫡，无嫡立长"，皇长子之所以不同于诸子，正是由于他是合于"无嫡立长"这一条的。这时候私下已开始有人议论，说"待嫡"之说实在不通，就是当今的万历皇帝亦非嫡子，所以这一说还没等公议，也就很快流产了。一计不成，又生二计，这些人转眼又想出了一招，要郑贵妃请求万历，来个"三王并封"。

所谓"三王并封"，就是在建储之前，先把皇长子朱常洛、皇三子朱常洵和另一个皇子朱常浩三人都先封王。只要三人同日封王，彼此都别无二致，下一步就好另做手脚了。郑贵妃于是让万历交与阁臣拟旨，就在拟旨之时，外面又早风闻此事。大家细细一研究，认为这又是郑贵妃为抑制皇长子布下的一个陷阱。经过阁僚的反对，这招又不灵了。

双方就这样彼此你来我往相较量了无数个回合，皇长子朱常洛已长至二十岁，皇三子朱常洵也已年至十六，但都还没有成婚。万历也被搞得精疲力竭，终于在万历二十九年（1601）册立皇长子朱常洛为皇太子，并于第二年为他完了婚。郑贵妃在这一重大回合中终于惨败。

皇长子虽然已被册立了，可幕后的斗争仍在继续。郑贵妃和她的亲族比以前更起劲地在暗中搬弄是非，挖空心思要把已被册立的太子给废掉。他们又决定利用"妖书"一案，挑起事端，借以扩大影响。所谓"妖书"一案，还是在皇长子朱常洛被册立以前发生的一件案子。那时候的刑部左侍郎叫吕坤，在他任按察使出巡山西时，写了一本名叫《闺范图说》的小书，书中所载是历代一些有贤德淑名女子的图说。恰巧内监陈矩奉诏在外收书，这本小书也在被收之列，运进宫中。万历偶尔翻见到此书，也就把它赐给了郑贵妃。赐者无意，可受者有心。郑贵妃自己又另外加上了十二个人的图说，并且为之作序，交给她的伯父郑承恩拿去刻版成书，又印了一些散发以扩大影响。给事戴士衡因为和吕坤有仇隙，便借这件事上疏弹劾吕坤假手承恩向郑贵妃进献此书，借以谄媚，勾结内宫，包藏奸诈。这时突然有人给《闺范图说》作了名为《忧危竑议》的跋，流传于世。跋文中说，吕坤撰《闺范》一书，以汉明德马皇后为首，是由于那马皇后乃是从宫女逐渐被晋封为皇后的。他的用意，很明显是在向郑贵妃献殷勤。郑贵妃之所以要刻此书，其深意也实在于此，即为自己的儿子能立为太子找个先例，加以宣扬罢了。跋文还在最后说明了该文取名的含义所在，它提到吕坤曾上过名为《忧危》一疏，其疏中可以说无事不谈，但偏偏不谈论当时最为世人瞩目的立储一事，因此吕坤的用心，就此可见一二了。这篇跋文明里是冲着吕坤的，但明眼人一看便知，其锋芒是直接指向郑贵妃的。所以郑贵妃及她的家人同伙一致认定，此文必定是出于弹劾过吕坤的戴士衡，或曾弹劾过郑贵妃的全椒县知县樊玉衡二人之手。郑贵妃于是通过万历之手立即贬黜了二人，才算罢手。

这事本来已算了结，然而不知是好事者还是郑贵妃的爪牙所为，又抛出一篇名叫《续忧危竑议》的文章，成了千古不解之谜。这篇续议名义虽似老调重弹，而意指却已全非，文章核心是说太子虽然已立，但在不久的将来一定会被废掉。因为皇上是被逼无奈的情况下，不得已勉强册立太子的。这篇文章是假托一位叫"郑福成"的人与来客对答的方式而写成的。那时候皇三子朱常洵已被封为福王，从这一取名，一望便知，是暗喻郑贵妃的爱子福王必会成功之意。文中特意举一例证，来证明确有其事，万历曾经特谕一名叫朱赓的入阁为内阁大臣，这个朱赓的"赓"字，就是"更"的意思，因万历忽然有此一命不是含义很深吗？这是向世人暗示要更换太子了。大学士朱赓因文中牵扯到了自己，就寻到这篇文章让万历过目，以明心迹。万历阅过此文，不胜恼怒，立刻严令锦衣卫，一定严加侦缉，务必使主犯归案授首。此案一出锦衣卫便假公济私，借以官报私仇，屡兴大狱，使好多人，上至朝臣下至百姓都无辜受害，死于非命，最后此案竟不了了之。

郑贵妃的种种阴谋伎俩均未奏效，她就只剩下一个希望了，就是王皇后早日死掉。只要王皇后一死，正宫之位就非郑贵妃莫属。到时候"子以母贵"，母正位中宫，其子自然成为嫡子。王皇后身体一直不太好，加上不为万历所喜而心情抑郁。郑贵妃企图推波助澜，把给她的各种供给弄得极差，就是盼着她早死。然而王皇后对万历早已经不抱希望，生性又清心寡欲，态度超然，再加上李太后多方保护，居然熬到了万历四十八年（1620），只比万历早死了几个月而已。郑贵妃手段用尽，绝望之余，只得铤而走险。

万历四十二年（1614），李太后死去。郑贵妃再也没有顾忌了，于是采取了非常手段，这就是次年发生的著名的"梃击"案，此乃明三大案之首案。

次年五月初四傍晚，有一个不知姓名的汉子手持枣木棍悄悄地闯进了皇太子朱常洛居住的慈庆宫，打伤守门太监，直至大殿前檐下才被内侍抓获，扰攘多年的明末之案终于发生了。第二天正好是端午节，皇太子急忙把夜里发生的一切向万历启奏。万历得奏以后，就命先将罪犯交由近处法司先行审问。审理此案的巡皇城御史刘廷元上奏报初审情况大致如此：罪犯名叫张差，是蓟州人，自称靠乞讨为生，语无伦次，若似疯癫。但是察看他的相貌，又像很狡猾的样子。因此最好还是交由法司严讯。

此案接着移交到了刑部，由郎中胡士相、员外郎赵会帧和劳永嘉三人会审。那时候太子早晚将废的传说已经流传多年，成了妇孺皆知的事了，何况郑贵妃一家又是越发显赫，上下左右，到处都有她的心腹党羽，就连当时的内阁方从哲也听从她的指使。有鉴于此，他们习于官场，见风使舵，哪还管什么理不理的呢？因此便抓住是疯子一点，由此串讯，说这个叫张差的原是卖柴草的人，由于柴草被人烧去，气得疯了，于四月间进京诉冤。在路上，有两个不知姓名的人和他同路，他们骗张差说，诉冤没有状子，可以拿一根木棍代替。张差信以为真，就手持木棍，从东华门潜入，一直溜进了慈庆宫门。按照律令，手持凶器，潜入宫门，应开刀问斩，何况还打伤了内侍，更应罪加一等，即刻斩决。

三人把案卷送呈刑部代转，只待听候处理审批了。没想到外间对此早有所知，举朝为之大哗，奏疏再次像雪片一样飞来，都说张差入宫行凶，幕后必有操纵者，而刑部就事论事，只论张差一人，而且这样慌忙草率欲予处决，很显然是要杀人灭口庇护幕后之凶。应请另予详审，查出元凶，以正视听，以服国人。上疏的言辞还略客气些，而私人议论，都认定只有郑贵妃等人在暗中指使才有人敢做出这样的事。这使得郑贵妃一伙极为惊慌，连忙请万历给他们做主，万历想了个办法，让刑部对张差严加监管，外人一概不许过问此事，想以此封锁消息。

虽然把张差与外界隔离了，少些麻烦，可不料一位勇敢正直的朝臣，终于把此事弄得水落石出。他就是刑部主事王之寀。王之寀在入刑部之前曾做过知县，对于审理案情颇有手段。他虽未被委为梃击一案的审讯者，对此案没能公开审问，但既然身在刑部为官，自然总可想出些办法。他想出了一条妙计，请求管理牢饭以接近张差，并设法使张差招供。他亲自率领狱卒给犯人一一送饭，唯独把张差放在了最后，使他感到饥饿难忍。王之寀等人慢慢腾腾地提来一篮香喷喷的饭菜，谁知走到张差跟前却让人把饭摆在一边，要张差供出实情，才能吃饭。

此时的张差已经受了几次杖刑，体力早已不支，而且饭时又早已过了，在饿得再也难以忍受的情况下，语无伦次地说："我是来告状的，你要问我什么？"又说："打死我吧，什么都没用了！"王之寀令狱卒把饭送到张差的口边，又让两名狱卒紧紧地挟住他，不让他够到，就说："看见啦，饭就在眼皮底下，只要实说了，马上就吃，若不然，只有饿死了！"

张差经不住这一招，经过王之寀三审两问就已和盘托出，虽还不免有深藏不说的地方，但这些就足以说明问题了。原来张差确是蓟州人，小名叫张五儿。他之所以来到北京，是他们乡里的马三舅和李外父叫他跟着一个不知姓名的内监来的。他们叫他一切都听从内监的吩咐，还说事成之后可以给他几亩地。他进京后，进了一条不知是什么街名的大宅子，有个内监拿出饭来给他吃，并且对他说："你去闯一闯，看见人就打死他。打死人，我们会救你的，快去吧。"说完，给了他一根枣木棒，并把他带进了后宰门，一直带到那宫门口。在那里，他打翻了一个看门的，但随后又来了很多的内监，他才被捉住了。

王之寀知道张差的供词还有许多不实之处，但只要再来次大审，一定会把事情的来龙去脉弄得一清二楚。于是他把张差的供词呈送给刑部侍郎张问达，请代为上奏。奏章中说依他看来，张差不疯不傻，而且很有胆量。希望能押张差送到文华殿举行朝审，或交九卿科道和三法司共同会审也可。这样定会审出详情，抓住幕后的操纵者。张问达把王之寀奏章奏上以后，万历感到十分挠头，只好暂不批复，留中了事。但奏章的内容却不胫而走，朝中上下又一哄而起，其中促请最力的有大理寺王士昌、行人司正陆大受、户部主事张庭、给事中姚永济等人。在陆大受的奏疏中，竟多处直书"奸戚"二字，矛头直接指向郑承宪等人。

万历对此既感愤恨，可又拿他们没有办法，只有故技重演，一概留中不予过问。此时的郑贵妃和她一家更是感到惶惶不可终日，他们不断派人四出活动，但仍无法缓和这凶猛的来势。正在这时，说也无巧不成书，又有个叫过庭训的御史，也曾上疏言及此事，说这是"祸生肘腋，不容不闻"。万历把奏疏留中之后，这个过庭训竟移文到蓟州，要那里的地方官把张差原来表现如实奏上。蓟州知州戚延龄很快就给过御史来了回文，这个回文对郑贵妃一方极为有利。

文中说，张差确实是个疯子，他所以成疯，是由于郑贵妃要在蓟州修庙，派来内侍在那里设窑烧砖，居民把打来的柴草卖给窑上能很快获利。张差闻知就把家里的田产都变卖了，去抢着做柴薪生意。砖窑附近的人痛恨他抢夺生意，暗中把他的柴草都给烧了。张差向主持此事的内侍起诉，不料反被大骂了一通，因此就气疯了，手执木棍闯入京城想去告御状。这一回文与先前刘廷元的初审供词极相吻合，而且比那个供词更为详尽。蓟州回文一到，郑家就像捞到了救命的稻草似的，又十分活跃起来，连初审的刘廷元也跟着重新多方活动起来。

然而这样一来反而有人怀疑郑家不断派人四出活动，能量极大，说不定蓟州知州戚延龄也事先受了郑家的贿赂，才如此这般地写。万历本想大事化小小事化了，只处置张差一个就完结了案。但经不住群臣的一再抗争，万历只好降谕，命在五月由刑部会集十三司的司官和胡士相、王之寀等人，再行会审张差。这一回张差彻底招供，顿时朝野为之大震。他招出了以前没有说出的人名和地名：马三舅本名叫马三道，李外父本名叫李守才，那个不知姓名的内监是去修铁瓦厂的内侍庞保，他去的那所大宅，是朝阳门外内侍刘成的住宅。他还供认，是庞保和刘成让他去闯宫的。他们告诉他："打死太子，有吃有穿。"张差还供出了他的同伙，他们一共五个人，他的姐夫孔道也是其中之一。

经此一审，案情终于真相大白于天下，刑部马上行文蓟州，责令速拿马三道、李守才、孔道等人归案，并解京候审。又行疏请求，让法司到大内，拘传庞保和刘成对质。这样一来，连常常首鼠两端的首辅方从哲也竟和给事中何士晋等人上疏，请求务必穷追到底。朝中上下形成了一面倒的势态。万历也没有别的办法，只有降旨准予严办此案。

郑贵妃急得像热锅上的蚂蚁，于是跑到万历面前一番哭闹。万历思来想去，最后叹息着说而今只有太子能救得了你了。于是郑贵妃装出十分可怜的样子，抽泣着来到太子宫殿，一见太子便俯身下拜。太子受惊不小，连忙回拜。郑贵妃顺势拉着太子的手，伤心地哭诉着求情，求太子救他们的命。太子也感到事情太大，还是尽快了结的好。所以他听罢郑贵妃的哭诉以后，很痛快地答应了。群臣虽然仍不买账，但见太子这个苦主出面息事宁人，也就无可奈何了。

群臣对此事的议论刚刚平息，万历就急忙传旨，速斩张差。于是第二天张差便被押赴法场，一命呜呼了。也就在这一天，庞保和刘成也被押送到文华门听审。万历降旨给司礼监，让他们在内廷暗中处死了庞保、刘成。梃击一案至此算是草草了结，郑贵妃一家安然无恙。

天启元年，王皇后崩殂，谥号"孝端"。明神宗几个月后也驾崩了，皇长子朱常洛终于在八月初登了皇位，是为明光宗。光宗为当初曾给予自己颇多回护的王皇后上尊谥为"孝端贞恪庄惠仁明媲天毓圣显皇后"。由于明光宗从即位到晏驾一共才三十天，因此还没来得及商议王皇后的后事该如何处理。等到明熹宗朱由校登基方才上册宝，决定将王皇后与明神宗合葬于定陵，配祭于太庙。

明光宗之所以从即位到晏驾仅仅一个月，同样和郑贵妃有些关系。梃击案了结以后，郑贵妃眼见皇太子的地位已经是不可动摇了，对自己的前途很是担忧。为将来着想，她明白自己必须与皇太子勾销前嫌。于是郑贵妃借着感激皇太子在梃击案中的搭救之恩，极力讨好皇太子。一段时间后，郑贵妃摸透了皇太子脾性，发现他跟其父万历没有什么两样，都是一样的贪财好色、嗜酒使气。抓住了皇太子的弱点，郑贵妃就有了办法，她常常给皇太子送些珠宝、赏玩，至于金钱更不在话下了。她还在自己的宫中选出八名最为漂亮的美女，送给皇太子，让她们一定要尽心尽力服侍未来的皇上，使他心满意足。

之前一直生活在重压之下的皇太子经梃击一案后境况大有改观，便开始饱暖思淫欲，整日耽于酒色之中。结果他年纪尚不足四十，身体却早已垮了。等到即位称帝时，已病得很重，没过几天就病入膏肓，卧床不起了。内医太监崔文升开了一剂泻药，想让光宗泻火，光宗服后，腹泻不止，一日要拉三四十次。后来，鸿胪寺丞李可灼献上一颗红丸，自称是仙丹。光宗服后，觉得精神大有好转。过了半日，李可灼又献上一颗，光宗再服之后，睡到次日凌晨，竟再也没有起来。此即为"红丸案"。

光宗一死，内外官员都归咎于李可灼。最后，李可灼充军，崔文升贬放南京，方从哲和郑贵妃却都躲了过去。红丸案也就这样收了场。光宗死后，郑贵妃又唆使光宗宠妃李选侍霸居乾清宫，酿成"移宫"一案。在朝中正派官员主持之下，才挫败了郑贵妃的阴谋。

郑贵妃一手引发的三案遗祸之深，为历代罕见，但她本人却屡次有惊无险，安然地度过了余生。崇祯三年（1630）郑贵妃去世，被谥为"恭恪惠荣和靖皇贵妃"，埋葬于银泉山。

第十四章　明思宗朱由检皇后周氏

　　天启年间，周氏被选入信王朱由检府邸，后被册封为信王妃。信王即帝位，是为明思宗，亦称崇祯帝。她遂被立为皇后。

　　周皇后严谨慎重。有一次京师告急，周皇后婉转进言说："我在南方尚有一家居室。"崇祯想详细问清楚，但周皇后不愿多讲，大概意在提醒崇祯南迁。

　　田贵妃受崇祯宠幸，因而恃宠生骄，周皇后常用礼仪来严束田贵妃。有一年元旦，天气十分寒冷，田贵妃来朝见周皇后，周皇后有意拖延时间，让田贵妃在外冻了许久，才让田贵妃进宫。进宫以后又过了很久才出来，坐在御座上受田贵妃的朝拜，而周皇后没有任何表示，一言不发。田贵妃只好扫兴而去。过了不久，袁贵妃也来朝见，两人欢声笑语，说笑不停。田贵妃听说以后，就跑到崇祯那里连哭带闹告起御状来了。后来，崇祯在交泰殿与周皇后言语不合，一气之下把周皇后推倒在地，周皇后也气得绝食以示抗议。崇祯事后深表悔恨，派人给周皇后送去赏赐给她的貂裍，以表示委婉的道歉。没过多久，田贵妃就被找个过错，申斥之后移居启祥宫反省，长达三个月不召。

　　有一天，周皇后和崇祯在永和门赏花，看到兴头上，就启奏崇祯请求把田贵妃找来一起玩赏。崇祯不肯答应。周皇后说以前我那样对待田贵妃是为了挫一挫她的骄气，既是为她好，也是为大明江山社稷着想，可没有私怨在里边。但崇祯还是不答应，周皇后索性说："这事我做主了。赶快派人用车把田贵妃接来一起玩。"两人相见，前嫌尽弃，遂和好亲厚。

　　崇祯十七年（1644），李自成的大顺农民军攻陷京城。崇祯哭着对周皇后说："大事去矣。"周皇后摇首道："贱妾事陛下已十八年了，您没有听进我一句话，所以才有了今日。"说着抱着孩子大声痛哭起来，然后派人护送他们出宫。崇祯随后令周皇后自裁。周皇后于是自缢而死。崇祯又命袁贵妃自缢，竟然绳子断了没死成。崇祯拔出长剑砍了她的肩膀，同时又砍了几个嫔妃，但袁贵妃却奇迹般地活了下来。

　　清世祖福临平定中原以后，谥周皇后为"庄烈愍皇后"，和崇祯同葬在田贵妃的寝园，取名叫思陵。

第八卷

清朝后妃

第一章　清太祖爱新觉罗·努尔哈赤皇后叶赫那拉氏、乌拉那拉氏阿巴亥

叶赫那拉氏为叶赫部首领杨吉砮幼女，嫁爱新觉罗·努尔哈赤为第六妻。

那拉氏于十四岁嫁努尔哈赤为妻，她端庄、聪慧、忠诚，从不干预政事，又能妥善处理努尔哈赤的众多妻妾与子女的关系，故努尔哈赤对她十分满意。

1592年，那拉氏为努尔哈赤生下第八子，努尔哈赤非常高兴，对那拉氏更加宠爱，并亲自为儿子取名为皇太极。皇太极十分聪明，所学过目不忘。那拉氏对儿子的学习亦非常重视，常诲其勤学苦练，使其进步甚快。

1599年，皇太极七岁，努尔哈赤因常年征战在外，便对他委以重任，让其主持家政之事。那拉氏见儿子年幼、肩负任务非常繁重，于是便全力辅佐，积极支持努尔哈赤建功立业，她对清朝的建立做出了一定的贡献。

1601年，努尔哈赤娶乌拉那拉氏阿巴亥为福晋。时年努尔哈赤四十三岁，阿巴亥十二岁。阿巴亥是努尔哈赤的第四位福晋。她美丽机智，又体贴温柔，故深得努尔哈赤的欢心，爱宠专房。其余三位福晋都被冷落了。

1604年，叶赫那拉氏病死，时年二十九岁，努尔哈赤及儿子皇太极十分悲痛，并下令所属男女老少，在一个月内不许吃肉饮酒，以表对那拉氏的哀悼。后追谥为太祖"孝慈高皇后"。阿巴亥被立为大福晋，亦称太妃。

阿巴亥跟从努尔哈赤的二十多年正是努尔哈赤势力发展的关键时期。

她跟随努尔哈赤从费阿拉到赫图阿拉，又到界凡。她看着努尔哈赤灭辉发，并乌拉，创八旗，征服东海女真，降服萨哈连部，看着努尔哈赤在赫图阿拉创立后金政权，称大汗。她也看着努尔哈赤兴师攻明，取得萨尔浒大战的胜利。

萨尔浒大捷后，努尔哈赤在这里修筑了萨尔浒山城，将太妃及亲眷接到这里。他又率军队攻取辽阳、沈阳去了。

1621年，后金攻占明辽东的首府辽阳，努尔哈赤遂将都城迁到这里。太妃也同诸福晋一起，在众贝勒的迎接下来到辽阳，踏着芦苇席上铺设的红地毯走进后金汗的宫门。四年后，努尔哈赤又决定迁都沈阳。当时的沈阳比辽阳城小一半，但是它的地理位置却更为重要。努尔哈赤认为它是"形胜之地"，便于控制整个东北地区，因而决定迁都于此。努尔哈赤迁都后，沈阳被称为盛京。1625年，开始改建沈阳城，兴修沈阳宫殿。

阿巴亥跟随努尔哈赤从费阿拉到沈阳城，宫殿一天天宏伟豪华，地盘一天天扩大，后金政权也一天天强盛起来。然而，在这漫长的历程中，围绕着汗位的权力斗争也是激烈而残酷的，努尔哈赤为强化和扩大汗权，不惜幽弟杀子、骨肉相残，他的弟弟舒尔哈赤和长子褚英就死在他的手上。连这位最受努尔哈赤宠爱的太妃，最终也成为汗位争夺的牺牲品。

长子褚英被囚死后，围绕后金"建储"问题的明争暗斗更为激烈了。斗争主要在大贝勒代善和四贝勒皇太极之间展开。这时候，四大贝勒代善、阿敏、莽古尔泰、皇太极中只有代善与皇太极二人最有希望成为汗位的继承人。在削平诸部、夺取辽沈一系列战争中，他们跟随父汗东征西讨，立下的战功最多。这二人相比，以序齿论，褚英死后，代善居长，皇太极为弟；以武力论，代善独拥二旗，为皇太极所不及。且代善待人宽，深得众人之心，皇太极则威严色厉，为人畏惮。努尔哈赤有意让代善协助执掌国政。他曾对嫔妃们说："俟我百年之后，我的诸幼子和大福晋就要交给大阿哥收养。"这就暗示他日后要将汗位传给代善。皇太极不甘心汗位被别人占去，他想方设法，要与代善争个高低。

争夺汗位的另一个潜在威胁，就是太妃阿巴亥的儿子们。由于阿巴亥是努尔哈赤晚年最宠爱的太妃，只有她见了努尔哈赤可以不行大礼，只有她可以在贝勒们议事时坐在他的身旁。子以母贵，阿巴亥的三个儿子自然为努尔哈赤所特别喜爱。尤其是多尔衮和多铎，生得最像他们的父亲，当时多尔衮虽只有十几岁年龄，却多次跟随父汗出征，表现出非凡的勇敢和才智。如此受宠爱而年轻有心计的母亲，如此受宠爱又才智过人的儿子，虽然年纪还小，在皇太极看来无疑是他争夺汗位的潜在威胁。

1621年年初的一天，小福晋德因泽向努尔哈赤告发，说大福晋多次备佳肴送给大贝勒代善，大贝勒受而食之；她还送佳肴给四贝勒皇太极，四贝勒没有吃。还有大福晋一天两三次派人到大贝勒家去，像是商量什么要紧的事。又说，大福晋有两三次深夜出宫院。努尔哈赤派人调查，结果告发属实。德因泽又进一步揭发大福晋在诸贝勒大臣举行宴会的时候，浓妆艳抹，与大贝勒眉来眼去。诸贝勒大臣早已心怀不满，却因惧怕大贝勒和大福晋而不敢向努尔哈赤报告。努尔哈赤听了，极为震怒，但他不愿这等家丑张扬出去，也不愿加罪于儿子，便借口大福晋窃藏皇帛，迫令大归，此后，小福晋德因泽因告发有功，取代了阿巴亥在餐桌上的位置。代善则被停止了临朝摄政的权力，又被削夺了一旗。

德因泽的告密是皇太极指使的，他利用代善与太妃的阴私，一箭双雕，既使太妃被废，使多尔衮失了父宠，又使大贝勒代善声名狼藉，失去了努尔哈赤的信任，为他以后夺取汗位迈出了重要的一步。然而努尔哈赤对阿巴亥的感情还是太深了。一年后，阿巴亥又被复立为太妃，且多尔衮、多铎都被封为贝勒，分别领有正白、镶白二旗。这样争夺汗位的斗争还将演出更加惨烈的一幕。

1626年正月，努尔哈赤在宁远城下被袁崇焕打得惨败，这是他起兵以来受到的最重大的挫折。他自己也被火炮击成重伤，众将士哭号着用红布将他包裹着抬下阵来。此后他心情十分沮丧，终日陷入焦躁、痛苦之中，食不甘味，寝不安眠，忧郁不舒，积愤成疾。他创伤未愈，痈疽突发，不得不于七月二十三日到清河汤泉沐养。但到了八月，病势危重，便乘船顺太子河而下，准备返回沈阳。这时，他感觉自己已经不行了，便派人召太妃来迎。太妃在距沈阳四十里的瑷鸡堡迎驾。十一日，六十八岁的努尔哈赤就在这里死去。

努尔哈赤尸骨未寒，争夺汗位继嗣的斗争却已达到白热化程度。此时除了代善、阿敏、莽古尔泰、皇太极四大贝勒外，还有四小贝勒，他们是阿济格、多尔衮、多铎、济尔哈朗。自那桩风流案之后，代善已无力争夺嗣位了，倒是多尔衮三兄弟成了劲敌。多尔衮这时十五岁，多铎十三岁，两兄弟各领一旗，又有其三十七岁正当盛年的生母阿巴亥控制于上，实力强大，日后这汗位很有可能要落到那多尔衮的头上。这自然为皇太极等人所惧，必定要排除这一后患。于是皇太极便用种种手段串通四大贝勒，在临终遗命上大做文章。

努尔哈赤驾崩的第二天，皇太极与代善、莽古尔泰三人来到后宫，由莽古尔泰向阿巴亥宣布了努尔哈赤的遗命，说阿巴亥心怀妒忌，留之恐后为国乱，"俟吾终，必令殉之"。阿巴亥抗争不得，遂要求三个人一起发誓，保护她的儿子，然后沐浴盛装，佩戴上努尔哈赤赏赐的珠玉，自缢而死。

太妃死后，多尔衮和多铎年少失去依恃，无力争夺汗位，代善等人早败下阵来，于是皇太极继嗣父汗以登大位。皇太极称阿巴亥不忘皇恩，殉葬死节，将她同先皇同柩装殓，葬于沈阳城东石咀头山的福陵。当年向努尔哈赤告发阿巴亥和代善的那位德因泽和另一位庶妃阿济根也一同殉葬。

太宗皇太极天聪三年（1629），皇太极又以厚葬之礼，将生母叶赫那拉氏迁葬于清太祖努尔哈赤福陵。

顺治初年，多尔衮摄政。于顺治七年（1650）追谥其生母阿巴亥为"孝烈恭敏献哲仁和赞天俪圣武皇后"。顺治八年，多尔衮得罪皇帝，阿巴亥遂被罢谥，连她的牌位也被"赶"出了太庙。

第二章　清太宗爱新觉罗·皇太极皇后博尔济吉特氏哲哲、庄妃博尔济吉特氏布木布泰

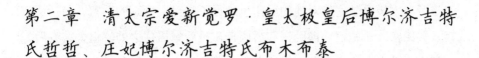

博尔济吉特氏哲哲，科尔沁蒙古贝勒莽古思之女，清太宗皇太极的结发之妻，端庄美丽，性情温柔。当时因政治斗争的需要，努尔哈赤曾把自己的女儿嫁给科尔沁蒙古贝勒，科尔沁蒙古贝勒亦将自己的女儿嫁给皇太极，从而加强了满蒙联盟，壮大了满蒙与明朝斗争的势力。

哲哲出嫁那天，努尔哈赤命皇太极亲自出迎，在辉发扈尔奇山城大宴亲朋，举行了婚礼。哲哲美丽端庄，性情温柔，待人和善，婚后与皇太极生活得十分甜蜜，感情非常好。

然而皇太极和哲哲福晋结婚十年有余仍然膝下无子，这使得科尔沁蒙古王公极为不安。哲哲为了科尔沁蒙古在宫廷中的地位和利益，也为了使自己的生活不感到寂寞，在征得科尔沁蒙古王公同意后，便和皇太极提起，让自己的侄女布木布泰进宫侍奉他。皇太极虽有不少漂亮的嫔妃，但后宫没有一个绝色女子。他曾见过这位侄女，所以一听哲哲此言便立刻同意。

1625年，布木布泰嫁努尔哈赤第八子皇太极为妻，时年皇太极二十四岁，布木布泰十三岁。皇太极得此美女，爱宠专房。再加上布木布泰谈吐不凡，智慧超群，更受皇太极的器重。

次年秋，努尔哈赤死去，经过激烈的争夺，皇太极于当年九月继承了汗位。哲哲被封为中宫大福晋。此后，哲哲的后母科尔沁太妃便常来盛京城看望女儿。每次岳母来，皇太极都要亲自迎送，并赏赐给许多金银珠

宝、绫罗绸缎。

1636年，后金大汗皇太极称帝，年号崇德，改国号为清。清朝的第一个皇帝皇太极登基之后对他的后宫也进行了加封。盛京的后宫，包括清宁宫、关雎宫、永福宫、麟趾宫和衍庆宫，是后妃居住之处。皇太极有后妃十五人，其中七人来自蒙古，这七人中又有三人来自科尔沁部，她们都姓博尔济吉特氏，而且是姑侄两辈。原中宫大福晋哲哲被封为清宁宫皇后；她的大侄女海兰珠被封为宸妃，居于关雎宫；小侄女布木布泰被封为庄妃，居于永福宫；其他两宫来自蒙古阿霸亥部，一个为麟趾宫贵妃，一个为衍庆宫淑妃。

哲哲做了皇后的第二年，太妃又来到盛京城，皇太极设大宴欢迎。宴会后，皇太极追封已去世的岳父莽古思为和硕福亲王，封太妃为和硕福妃。

哲哲皇后恪守妇道，从不妒忌，生活得平平安安。皇太极对她的两个侄女十分宠幸，对她这个皇后却不免有些冷落。她也不计较，始终恭顺地侍候着皇太极，并且关心和照顾着诸宫妃嫔。

1638年，庄妃生下了皇太极的第九个儿子，取名福临，这就是后来的顺治帝。

1642年，皇太极抱病出征松山，击败了明末名将、蓟辽总督洪承畴。洪承畴被俘，锦州守将祖大寿被迫降清，从此明朝严守多年的宁锦防线全线崩溃。

皇太极雄心勃勃，想劝降洪承畴，以便得其相助吞并天下。但洪承畴却拒不投降，并辱骂劝降者，又断然绝食求死。后来，皇太极得知洪承畴好色，于是向其施以美人计，但先后派去的几个美女皆碰壁而回，皇太极焦急无策。庄妃得知后，叫来太宗谋士、秘书院大学士范文程，详细了解、掌握了洪承畴的家世、经历、爱好、脾气等方方面面，然后自请为帝分忧，乔装打扮成汉族美女的样子，屈身为侍婢，前去侍候洪承畴。她对洪承畴动之以情、晓之以理，使他深受感动，于是依其劝言降清。庄妃超人的智慧与才能，使她深得太宗与清室赞颂。

次年，清太宗皇太极猝然病逝，终年五十二岁。他生前未能指定皇位继承人，按制应由八王共举"贤者"。宗室贵族，人人觊觎。于是满洲贵族内部围绕帝位继承问题，展开了一场激烈的争夺。

皇太极有十一个儿子。肃亲王豪格是长子，当时三十四岁。豪格早在太祖、太宗时期就曾领兵南征北战，颇有战功，实力很强。其他皇子，当时年龄都还小，最大的也不过十六七岁，他们既没有战功，也没有地位。因此豪格继承皇位的把握比较大。但是，多尔衮和其弟多铎因战功卓著，被封为睿亲王和豫亲王，其兄阿济格被封为英亲王。他们这一支不但极具实力，而且多尔衮这时也在盛年。努尔哈赤死时，多尔衮因为年幼，母亲被逼殉葬，皇位为皇太极所得。现在皇太极死了，他想以兄终弟及的方式入承大统。资历最老的大贝勒代善，因年老体弱，已没有继位之想。可他在观望着，盘算谁继位对自己更有利。他也有相当的力量。因此，当时最有能力继承皇位的，就是豪格和多尔衮了。

清宫内部关系复杂，矛盾尖锐。皇太极曾亲自统率的正黄、镶黄两旗拥立豪格。豪格本人又统正蓝旗，在满洲八旗中，他已拥有三旗的力量。此外，索尼、鳌拜等大臣也支持他。多尔衮拥有的力量是两白旗，他还得到了多铎、阿济格的支持。双方势均力敌，剑拔弩张，各不相让。清朝内部正面临一场因内讧而引发的重大危机。

庄妃知道自己必须在清宁宫的权力还没有完全丧失之前运用这个权力，为自己的命运去搏斗。豪格与多尔衮二王相争，势均力敌，和不可得，拼则两伤。在这种情况下庄妃几经思索，终于想出了一个折中方案：她要把福临推上皇位。这有可能成功，因为福临的背后，有忠于皇太极、忠于后妃的两黄旗，还有科尔沁的支持。豪格与多尔衮互不相让，谁也不会服气对方，而这也恰恰是把福临登位作为一个双方妥协结果的必要条件。

庄妃想明白之后立即行动起来，先去找皇后商量。她向皇后分析了目前的形势，皇后听完庄妃的话深感害怕。皇后明白不管豪格还是多尔衮谁继位，都要发生一场血战，结果都是不堪设想的。于是她决定支持庄妃让福临继位，以保住清宁宫的特权，避免相互残杀。于是，皇后和庄妃一起劝说豪格支持这个方案。豪格虽然明白这个道理，却总觉得委屈。他回到家中后，豪饮一场，大醉入睡，醒后便心灰意冷，对侍候在身边的爱妻说："我德小福薄，不堪继位。让皇九子继位还可以，如果让多尔衮继位，我决不允许。"

说通豪格后，庄妃和皇后又召大贝勒代善入宫，说以利害。代善年高望重又有实力，争取他的支持很重要。代善害怕豪格与多尔衮反目为仇，自相残杀。可当皇后提出要立福临时，他又担心如果立福临，庄妃就会垂帘听政。庄妃似乎看透了他的心思，对代善说："大贝勒素以国事为重，请放心，福临继位后，我退居后宫，深居简出，决不参政。"有了庄妃这份保证，代善终于默认了。

庄妃的计划里还有一个不可或缺的环节，那就是说服多尔衮。多尔衮之妻是庄妃的妹妹。庄妃利用其妹约见多尔衮，和多尔衮当面谈判。当庄妃来到睿亲王府时，多尔衮吃了一惊。庄妃微微一笑，说："我来睿王府，是和你商议嗣君事宜的。论功劳地位，你是有资格登大位的。但先帝有子，头一个豪格就不会甘心。先帝其他年长的儿子，以及代善一支，都会反对你。到那时，国中岂不就大乱了吗？"

"老皇在日，就有立我的说法。我等了十七年，一直等到今天。"多尔衮说。

"王爷要以国家为重。大清初建，不能自己乱了阵脚。清宁宫决意不拥立肃亲王豪格。他虽然是太宗皇帝的长子，为人又忠厚直爽，但只知其武，不知其文。今后，大清要破关而入，问鼎中原，这副担子他挑不起来。"

多尔衮听庄妃说不再拥立豪格，松了一口气。"我有一个主意，特来和王爷商量。"庄妃接着说。多尔衮虽然以前也听过庄妃十分聪慧，但却没有此时体会得这么深切。他不由对她生出了相当的好感，说道："皇嫂说出来听听。"

"我儿福临，年方六岁，我可传先帝遗命，立他继承，以王爷为摄政王。王爷虽不居帝位，但国政全可由你做主，我从中支持，你岂不如同实际的皇帝一样？这样，众亲王无法反对，就不会发生内乱。"

多尔衮想不到庄妃是这样一个主意。此刻他才明白，拥立皇九子福临继位的活动，已经在暗地里准备好了。他也不想要清国就此分裂，使父兄打下的基业和有朝一日入主中原的雄图化为泡影。再说如果皇太极的后宫还有豪格、科尔沁联合起来和他作对，以他的力量恐怕是抵挡不过的。多尔衮是个绝顶聪明的人,他立刻放弃了自己登位的意图,说道:"皇嫂所说颇有道理,我听从皇嫂的意见。只是皇嫂不能食言,我尽心国事,皇嫂可是要支持我。"

就这样,庄妃运用灵活巧妙的手段,终于平衡了各派力量。经过五天五夜紧张激烈的明争暗斗,八月,讨论嗣君问题的诸王贝勒大臣会议召开。会议由大贝勒代善主持,他年长德高,理所当然。归皇帝直接掌管的两黄旗坚决主张立皇子,两黄旗大臣布置的精锐士卒张弓搭箭,环立在宫殿两侧,一副杀气腾腾的样子,对会议施加压力,使会场险些爆发一场公开的流血冲突。

大臣索尼首先讲话,强调必须立皇子。代善则进一步说明,应当立豪格。而豪格的讲话中则有些谦让,他说自己"德小福薄,非所堪当",中间退出会场。这时,阿济格、多铎先后发言,认为应当劝多尔衮继位。多尔衮开始犹豫未允。对此,两黄旗大臣坚持反对,两黄旗的将领甚至佩剑向前,表示若不立皇子,宁愿跟从皇太极死于地下。而两白旗大臣又坚决反对立豪格。在这种情况下,多尔衮提议拥立皇太极的第九子六岁的福临为帝,由他和叔叔济尔哈朗共同辅政,等福临长大后,立即归政。

这一折中方案得到会议主持者代善的支持,很快被会议通过成为决议。这是五天明争暗斗的结果,也是会前在主要决策者间已经达成的彼此心照不宣的协议。这个协议是他们双方都能接受的,而且已经表示同意的。豪格对代善徒劳的荐己,无礼地退出会场,反映了他直爽、粗鲁的武将性格。多尔衮犹豫未允,反映了他的矛盾心理,而首倡福临,则表明了他的精明和主动。拥立幼帝福临,由济尔哈朗和多尔衮共同辅政,这是一个解决择君危机的折中方案,既照顾了各方面的利益,又有利于发挥多尔衮等人的才能,维护了满洲贵族的团结,以求入主中原。多尔衮与豪格的主动退让,在一定程度上反映了对这种共同利益的认识。其次,也是满蒙联合的需要。蒙古是满族的坚定盟友,也是满族入主中原必须依靠的力量。福临是庄妃的嫡子,也是蒙古科尔沁贝勒的外甥。福临继位本身就是满蒙联合的象征。福临继位,避免了皇室内部的一次大分裂。

崇德八年(1645)八月二十六日,福临在沈阳继承帝位,是为顺治帝。顺治尊生母庄妃和嫡母哲哲为皇太后。她们谁也没有想到,不久之后哲哲与庄妃二位皇太后就随顺治帝福临一起入关，进驻了北京紫禁城。

原来就在这一年，关内形势也发生巨变。农民起义军领袖李自成在西安正式建立"大顺"政权，随后，他统率农民军，斩将夺关，势如破竹，向明朝的都城北京发起了最后的冲击。三月，李自成攻占北京，崇祯帝自缢煤山，明朝灭亡。李自成称帝。

当时驻守宁远的明朝总兵吴三桂对李自成农民军采取观望态度。他们原是奉命防御关外清兵的，李自成进占北京后曾派遣明朝降将唐通携带金银财宝，前往山海关招降。吴三桂和高第也表示愿意归降，他们甚至移交了山海关镇城的防务，由唐通率领八千人接管。吴三桂还奉李自成之命，率所部进京朝见新主。谁知，当吴三桂走到半路时，遇到从北京跑出来的一个家人，报告说他父亲吴襄被抓去拷打，爱妾陈圆圆被李自成所掳。吴三桂顿时怒火万丈，立即率所部四万人马返回山海关，打败唐通，占领了关城，誓兴师灭李。他自忖兵力不足，竟致书多尔衮请发兵助攻。多尔衮乘机倾其全力兴兵入关，与李自成大军会战于山海关，大败李自成。随后多尔衮率军长驱西进，李自成逃往山西。

多尔衮打败李自成后，命令清军每天奔行一百二十多里，一路上几乎没遇什么阻挡，便于五月二日到了北京城。这天，多尔衮乘辇由朝阳门入城，明朝的文武官员迎出五里地以外。多尔衮在武英殿升座，接受了众官的拜贺，宣布定北京为都城。随后，他派兵先后夺取了河北、山东、山西等省，大大稳定了北京周边地区的社会秩序。多尔衮采纳降臣洪承畴、范文程的建议，下安民告示，为明帝后发丧，给予隆重葬礼，免除明一切苛捐杂税以及扰民不便民诸事，重用降臣，不加派田赋。这些措施，很快稳定了局势。这年九月，皇太后和福临在济尔哈朗的护送下，从沈阳出发，前来北京。

九月十六日，福临车驾到达通州，多尔衮率诸王、贝勒、文武群臣前往行殿朝拜。十九日，福临从正阳门进入皇宫。二十五日，多尔衮诸王及满汉官员上表，劝福临即皇帝位。十月初一，福临前往南郊，祭告天地，并派遣官员祭告了太庙和社稷，正式即皇帝位，成为清王朝入主中原、君临全国的第一代皇帝。从此，中国历史进入清朝统治时期。

七岁的福临没有能力处理朝政，国家大权实际上掌握在多尔衮手中。

早在崇德八年，多尔衮就宣布自己"身任国政"。他要求各部尚书、侍郎和都察院听命于他，否则决不宽恕。他规定各衙门办理事务，凡是向皇帝上奏或要记入档案的，一律先启知于他。这样，多尔衮便独掌了朝政，称"摄政王"。辅政大臣之一的济尔哈朗也只好退居第二。为了尊崇多尔衮的地位，顺治元年一月，初步议定了摄政王的各种礼仪，规定其他各王不得平起平坐。多尔衮实际上享有了皇帝的尊荣和权力。他掌理国政，权高望重，天下只知有摄政王，不知有顺治帝。他如果要废顺治自立，易如反掌。他没有这样做，其中也许是受了布木布泰太后的影响。

多尔衮以摄政王之尊，出入内宫，和太后接触频繁。时太后年方三十一岁，正值盛年，一种成熟的美丽更惹人爱慕。多尔衮比太后大两岁，常常为太后之美所吸引，而太后也颇欣赏这位年轻的小叔子。另一方面，为了维护儿子顺治帝的地位，她对多尔衮也特别礼敬、殷勤，日久情生，难舍难分。太后为了笼络和控制多尔衮，巩固自己和福临的地位，便按照满族父死则妻其后母、兄死则妻其嫂的习俗，下嫁给多尔衮。但在太后下嫁之前，必须先去掉摄政王妃——太后的亲妹妹。摄政王妃在这种情形下一夕暴崩，成了这件事的牺牲品。

顺治三年（1646），经过多尔衮与范文程密计，范文程在上朝时说："摄政王功高望重，谦抑自持。我皇上虽想报答，将什么来报答呢。虽然王是皇上的叔父，今日之事，犹如父传其子。王既然以子视皇上，则皇上也应当以父视王。怎么样？"众人议说可以。范文程接着说道："今听说王失去王妃，而我皇太后又寡居无偶。皇上既然视王像父亲一样，今不可使父母异居，宜请王与皇太后同宫。"众臣又说可以。于是，群臣上贺表，又以顺治帝的名义颁发了一篇皇帝的文告，将此事宣示天下。后来乾隆朝时，史家纪昀在修史时认为这是件丑事，便请示乾隆帝毁掉了这段记载。其实太后下嫁也不是什么了不起的事，既然当初允许姑侄同侍一人，寡居的叔嫂结合自然也不是大问题。只不过清军入关后，汉文化对满人的影响日益深入，其中也包括传统的礼教。太后与摄政王多尔衮结婚，当时也的确曾受到维护封建礼教的汉大臣的指责和反对。但皇太后为了维护儿子的帝位，依旧断然下嫁。

顺治六年（1649）一月，多尔衮改称"皇父摄政王"，并通行于全国。然而多尔衮意得志满没有多久，顺治七年，他就突然咯血，病死在塞外的喀喇城，时年三十九岁。多尔衮死后，顺治追尊多尔衮为"诚敬义皇帝"，并以"帝制礼"落葬。但不久之后，就有大臣揭发多尔衮横行霸道、阴谋篡权等一系列悖逆罪过。顺治帝于是下令撤去多尔衮在太庙中的牌位、籍没府中所有不义之财，并将其心腹党羽处死示众。据说，当时人们还将多尔衮的尸体挖出，鞭尸砍头，以解臣民之恨。

顺治八年（1651），年仅十四岁的小皇帝福临在太和殿宣布亲政，后亲理朝政十年，并使清朝政权得以巩固，这与庄太后的全力辅佐是分不开的。福临遵照母后的教导，亲政后立即开始经筵大讲，宣传儒家经典。他经常到内三院与汉人文臣讨论历朝治国的得失，总结治国的经验，选贤任能，严惩贪官，对朝政进行了一系列改革，并取得了一些成就，不负母后所望。同时，太后在后宫大力支持朝政。她对汉人将领孔有德、尚可喜等，抚孤结亲，使其为清朝更好地效力。

顺治九年（1652），入关前降清的定南王孔有德死，遗有一女孔四贞，皇太后把她收为养女，赐号四贞格格，"育之宫中，赐金万两，岁俸视同王"。

顺治十年（1653），皇太后将皇太极的第十四女嫁给吴三桂子吴应熊为妻。

顺治十三年（1656），礼部奉圣母皇太后谕，立孔氏为东宫皇妃。然而孔四贞"自陈有夫"，早年已许配孙延龄。皇太后尊重孔四贞本人的意愿，放弃了立为皇妃的打算，召孙延龄入宫，令其结为夫妇，赐第东华门外。

1660年，她又将抚育宫中的原承泽亲王硕塞之女封为和硕公主，下嫁入关前降清的平南王尚可喜之子尚之隆。通过这些联姻，一方面联络感情，以结其心；另一方面也加强控制，留居京师的额驸，实际上成为人质。

福临年少，血气方刚，性格急躁遇事常不冷静。顺治十六年（1659）七月，坚持抗清的郑成功从厦门率舟师北伐，攻克长江的门户镇江，围困南京，震惊清廷。顺治帝举止失措，想要退守关外。皇太后斥责他说："你怎么可以把祖先以勇敢得来的江山这样轻易地放弃呢？"福临由羞愧转为怨怒，说："我要亲自出征，或胜或死。"他甚至拔剑击案，以示决心。皇太后竭力劝阻，又遣福临的奶母与在京的传教士反复劝说，终于使狂怒的皇帝冷静下来，放弃了御驾亲征的打算，留在北京坐镇指挥。次年八月，福临因宠爱的董鄂妃病故，陷入极度悲痛之中，甚至要削发为僧，也为皇太后等人所劝止。制止少年皇帝的轻举妄动，尽量减少不必要的失误，这也是只有皇太后才能办到的。

顺治在太后的辅佐下掌权十一年，为清朝的发展奠定了基础。1661年，年仅二十四岁的顺治帝因天花病死于养心殿，由顺治帝八岁的儿子爱新觉罗·玄烨即位，是为康熙帝，尊祖母庄太后为太皇太后。庄太后常常劝诫康熙帝要以国事为重，力争做一个勤政爱民的好皇帝。

八岁的康熙继承皇位，由索尼、苏克萨哈、遏必隆和鳌拜四大臣辅政。这四位大臣都不是出自皇族，在顺治亲政时，他们经常侍从皇帝左右，而且接近庄皇太后。皇太后有事，常通过索尼、鳌拜等传谕"启知皇帝"。有一次，皇太后患病，鳌拜等近侍卫护，昼夜勤劳，食息不暇，受到嘉奖。可见，四大臣与皇太后的关系非同一般，他们授任辅政，显然是出自皇太后的意旨。

康熙即位后，安徽桐城秀才周南不远千里来北京请太皇太后垂帘听政。以太后的威望和能力，这是完全可以做到的，可太皇太后断然拒绝了。她谕示诸王、贝勒和大臣们说："你们思报朕子皇帝之恩，偕四大臣同心协力，辅佐幼主，则名垂万世。你们这样，我也就放心了。"

四大臣辅政时期，仍以"效法太祖、太宗"作为施政纲领，并恢复了一部分满族入关前的旧制，思想倾向保守。不久，四大臣内部开始分化。康熙四年（1665）年初，议立索尼的长子噶布喇之女为康熙皇后，鳌拜坚决反对，声称："若将噶布喇之女立为皇后，必动刀枪。满洲下人之女，岂有立为皇后之理？"并会同遏必隆、苏克萨哈启奏太皇太后。太皇太后回答说："满洲下人之女如何立不得皇后？我意已定，不必再议。"毫不客气地给顶了回去。七月，索尼的孙女册立为皇后。索尼成为皇亲，地位提高。而同时，鳌拜权势日涨，遏必隆依附鳌拜。

次年，鳌拜提出镶黄旗与正白旗更换土地的主张，理由是清初入关后，多尔衮在圈地时偏袒自己所领的正白旗，硬把镶黄旗圈占的好地拨给了正白旗，这不符合祖宗规定"八旗自有定序"的原则。四辅臣中的索尼是正黄旗，遏必隆是镶黄旗，他们明哲保身，对这一主张采取默认的态度，而属正白旗的苏克萨哈坚决反对。因换地事件，苏克萨哈与鳌拜发生冲突，积怨日深。索尼年老多病，害怕卷入他们的矛盾，提议并会同鳌拜等共同奏请康熙亲政，他们说："世祖皇帝是十四岁掌政，今主上年德相符，特奏请亲政。"太皇太后没有同意，谕示："帝尚年幼，如尔等俱谢政，天下事何能独揽？缓两年再议。"当年六月，索尼病故。七月，太皇太后考虑到鳌拜与苏克萨哈的矛盾，决定同意康熙亲政。就在这一年，康熙帝亲政。

然而顾命大臣鳌拜勾结党羽，不肯轻易还政。鳌拜的专权跋扈大大威胁了康熙的统治地位，庄太后与康熙于是详加考虑，定下计谋要除了祸患。为了清除鳌拜，他们挑选了一批少年侍卫，经常在宫中练习摔跤，每次鳌拜上朝，他们也不回避。鳌拜只认为是皇帝年幼贪玩，并不戒备。一天，他上朝时，看到一群少年在摔跤，便走过来看。突然这群少年和他扭打起来。开始，鳌拜还以为是在和他开玩笑，直到被捆绑起来，才明白过来。鳌拜被革职拘禁，其党羽也都被处死流放。庄太后巧计擒捉鳌拜，巩固了她和孙子的地位。从此，康熙真正掌握了清王朝的实际大权，著名的"康乾盛世"拉开了序幕。

康熙实际亲政后，太皇太后更全力辅佐。她虽不干预朝政，但朝廷大事，康熙帝基本上是先问过她，然后再办。朝中重大决策，甚至日常事务的处理，都与她的旨意是分不开的。康熙每天上朝前或下朝后，都要到后宫问安请示，有时一天多达三次，聆听祖母面授机宜。康熙赞颂祖母说："祖母虽然处在深宫，但为国家谋划弘纲大政，勉以怀侍，惕以励精。"

康熙十一年（1672）年末，太皇太后谕示康熙："如今天下太平，四方宁谧，然安不忘危，闲暇时仍宜武备训练。人君之道，诚莫如虚公裁断。"又作书以诫曰："古称为君雄，苍生至众，天子以一身临其上，生养抚育，莫不引领。必深思得众得国之道，使四海康丰，历数于无疆，惟休。要宽厚慈仁，温良恭敬，慎言谨行，以继承祖宗大业，也无愧于我心。"次年，翰林院进呈刊刻满译本注释儒家经典的《大学衍义》一书。太皇太后传谕康熙说："你要特别加意编纂，命儒臣翻译刊刻，颁赐诸臣。这样，我心欢悦。"并特发内宫白金千两，奖赏译刻有功人员。祖孙间关系十分融洽，配合默契。祖母对孙子格外慈爱，孙子对祖母极尽孝道，言听计从，躬行不怠。

十二月，规模浩大的"三藩"叛乱爆发了。"三藩"是指吴三桂、耿精忠、尚可喜。这些降清的明将，为清军竭力效劳，充当镇压农民起义军和抗清力量的急先锋，从而使他们得到了保存和扩大实力的机会。他们分别封王，镇守一地，各自拥有重兵，树立党羽，割据一方。"三藩"割据势力的不断发展，严重威胁着清朝的国家统一。康熙亲政后，十分重视国家的统一和权力的集中。他说："天下大权，唯一人操之，不可旁落。"康熙决定撤藩。撤藩令一下，吴三桂发动叛乱，自称周王、天下招讨都元帅，其他王纷纷响应叛乱，使清朝统治者大受震动。这事也日夜牵动着太皇太后的心弦，她时刻关注政局的发展，经常发宫中帑银犒赏前方将士。

康熙二十年（1681）年末，"三藩"叛乱平定。群臣要给康熙上尊号，康熙帝断然拒绝群臣上尊号的奏议，提出应给太皇太后上尊号。太皇太后再三辞谢说："我一个妇人，无功于臣民，如受尊号，实感不安。"康熙说："国家凡有大庆，必归美于尊亲，臣下也有光荣。"硬是说服祖母接受尊号，并大赦天下。

康熙二十六年（1687），庄太后死，终年七十五岁。之后，康熙遵从庄太后"于孝陵近地安厝"的遗嘱，将其安葬于清太宗皇太极昭陵（位今辽宁沈阳）西方、顺治帝孝陵（位今河北遵化）东方，这样庄太后陵介于昭陵和孝陵两陵之间，既与丈夫皇太极陵墓相望，又近靠儿子顺治帝的陵墓，可谓两者兼顾。因庄太后陵墓是在昭陵之西，故称此陵为"昭西陵"。谥号"孝庄文皇后"。

第三章　清世祖爱新觉罗·福临皇后博尔济吉特氏

　　顺治帝的母亲布木布泰太后来自科尔沁，考虑到满蒙联姻的传统及与蒙古王公的关系，遂由她做主，顺治十一年（1654），顺治帝福临又册立科尔沁蒙古贝勒绰尔济之女博尔济吉特氏为皇后。新皇后的妹妹与她同年进宫，被册为淑惠妃。然而顺治帝对这位皇后没什么好感，不仅冷落她，还常常责备她。

　　顺治十五年（1658），皇太后有病，顺治帝责备皇后不懂礼节，命令停止她应当享受的某些礼仪性待遇，并让诸王、大臣讨论执行。后来还是皇太后的干预，皇后的这些待遇才得到了恢复。但顺治帝一直冷落她，直到他去世。

　　康熙帝即位后，博尔济吉特氏被尊为皇太后，居慈仁宫。太后和太皇太后及康熙帝的关系一直非常融洽。康熙二十二年（1683），康熙奉太皇太后出塞，太后未同行，康熙中途射得一只鹿，断其尾用盐腌好，亲自送给太后，极尽孝道。

　　康熙二十六年（1687），太皇太后病重，太后朝夕侍奉在身边。不久，太皇太后去世，太后非常悲痛，几次仆地大哭。康熙帝令诸王大臣奏请太后节哀回宫，再三劝请，她才忍痛回宫。

　　康熙三十六年（1697）春，康熙帝亲征噶尔丹，驻扎在他喇布拉克。太后在康熙生日时，遣使赐金银茶壶，康熙帝奉书拜受。平定了噶尔丹后，群臣请康熙帝加太后徽号"寿康显宁"，太后因康熙帝不受尊号，也坚决不受。

康熙三十九年（1700），太后六十大寿之时，康熙帝制《万寿无疆赋》，并奉佛像、珊瑚、自鸣钟、洋镜、东珠、金珀、御风石、念珠、皮袄、羽缎、多罗呢、犀玉、玛瑙、瓷、漆等诸器，宋、元、明名画，金银、币帛。又令膳房数米万粒，号"万国玉粒饭"，以及肴馔、果品等献上。到太后七十大寿时，也是如此。颇有作为的康熙皇帝，在孝道方面，可谓历代君王的典范。

康熙五十六年（1717）年末，太后病重。是年康熙帝已六十四岁，身体也欠佳，头眩足肿，可当他得知太后病重时，便用帕缠足，亲自到宫中看望太后，并跪在床下，捧着太后的手说："母后，臣在此。"当太后睁开眼睛时，因畏明，便用手遮光，执着康熙的手，仔细地端详着他，不禁流下泪水，但已不能说话了。康熙帝带病朝夕侍奉。

第二年三月，太后去世，时年七十七岁。葬孝陵之东，曰"孝东陵"。

第四章　清圣祖爱新觉罗·玄烨皇后赫舍里氏、乌雅氏

康熙四年（1665）夏，辅政大臣索尼之子、领侍卫内大臣噶布喇的女儿赫舍里氏被康熙帝册立为皇后。她是康熙帝的第一位皇后。

这门婚事是康熙的祖母布木布泰太皇太后定下的。康熙八岁即位，由索尼、苏克萨哈、遏必隆和鳌拜四大臣辅政。居四大臣首位的索尼是四朝元老，从一等侍卫累升至内大臣、一等伯，深得太皇太后的信任与赏识，因此，太皇太后便做主要把他的孙女立为皇后。当将此事交大臣们议论时，鳌拜坚决反对，并声称："若将噶布喇之女立为皇后，必动刀枪。满洲下人之女，岂有立为皇后之理？"并会同遏必隆、苏克萨哈启奏太皇太后。太皇太后回答说："满洲之女下人如何立不得皇后？我意已定，不必再议。"于是，赫舍里氏成为皇后，她一家成为皇亲，地位显赫。

康熙十三年（1674），皇后生下皇二子允礽。但她不幸在生允礽的当天就死去了，年仅二十二岁。谥为"仁孝皇后"。1681年，赫舍里氏葬于孝东陵之东，即景陵，后改谥为"孝诚仁皇后"。

康熙帝之后又先后册封过钮祜禄氏和佟佳氏两位皇后，但这两位皇后均时间不长就相继去世。最后康熙册封了他的第四位皇后乌雅氏。

乌雅氏是护军参领威武之女，生性谦谨、处世温和，聪明伶俐、妩媚动人。乌雅氏入宫后，初侍康熙帝，得康熙召幸，于康熙十七年（1678）为康熙生下皇四子胤禛，翌年晋封为德嫔。康熙十九年，她又为康熙生下皇六子允祚，六岁死。后又生下十四皇子允禵。康熙二十年，被晋封为德妃。另外，她还生了三个皇女，两个夭殇，活下来的只有皇九女固伦温宪公主。

乌雅氏是一位比较幸运的女人，她曾与一代明君康熙大帝共同生活了四十余年，儿子也做了皇帝；同时，她又是一位不幸的女人。因康熙帝有三十五个儿子，她晚年处在诸皇子争夺权位的复杂斗争之中，终日胆战心惊。此时她亲生的皇四子与皇十四子的激烈争夺，即所谓"传位十四皇子"及"传位于四皇子"的"改十为于"的重大疑案。雍正是否真的篡改遗诏我们不得而知，但"改十为于"确属牵强附会的无稽之谈，因为古时所用的繁体的"於"与"十"毫无关联。皇四子胤禛即位后，曾大打出手，打击异己，先后将五位兄弟置于死地，又将一母同胞弟十四阿哥无情幽禁，这使乌雅氏终于气郁得病。

雍正即位后，虽尊生母乌雅氏为皇太后，并准备为其拟加封号"仁寿皇太后"，然她总认为是雍正与隆科多密谋篡改了遗诏，并对雍正残酷打击迫害允禵气愤唯忍，于是病情日益加重。雍正元年（1723），乌雅氏无可奈何地离开了人世，时年六十四岁，谥"孝恭圣仁皇后"，葬于景陵。

第五章　清世宗爱新觉罗·胤禛皇后乌拉那拉氏、钮祜禄氏

胤禛还是皇子时，娶了内大臣、步军统领费扬古的女儿乌拉那拉氏为妻。后来康熙帝册封其为雍亲王嫡福晋。她在雍正的藩邸生活了三十年，亲历了康熙晚年种种残酷的宫廷斗争。胤禛即位为帝后，乌拉那拉氏的地位也随之提高。雍正元年，她被册封为皇后。

乌拉那拉氏孝顺恭敬、谨慎谦和，无论在藩邸之时还是被封为皇后之后，她始终如一。她曾为雍正生下长子弘晖，却不幸在八岁时天折了。雍正对皇后很尊重，常称赞她谦和顺从。

雍正九年（1731），乌拉那拉氏病死。雍正帝非常悲痛，要亲临合殓，但此时雍正大病初愈，身体十分虚弱，大臣们怕他触景增悲，纷纷谏止，雍正只得听从。雍正帝亲上谥号曰"孝敬宪皇后"。乌拉那拉氏后与雍正帝合葬于泰陵。

四品典仪官凌柱的女儿钮祜禄氏则是十三岁入胤禛贝勒府，号格格，生下雍正的第五个儿子弘历。但因齐妃李氏所生第二子早殇，未列叙齿，所以弘历排行为第四，称皇四子。后来弘历继承了皇位，这就是清高宗乾隆皇帝。

弘历自幼聪颖过人，深得祖父康熙帝和父亲的喜爱，他的生母也因此备受恩宠。雍正即位后，钮祜禄氏被封为熹妃，又进为熹贵妃。弘历立嗣以后，又得母以子贵，雍正临终留下遗命，封为皇后。高宗即位后，尊为皇太后，居于慈宁宫。

皇太后钮祜禄氏在乾隆朝生活了四十余年。乾隆帝非常孝敬自己的生母，对母亲的话唯命是从。一次，太后偶然说起顺天府东有一废寺，应当重修，乾隆立即派人修整。乾隆为一代风流皇帝，一生中经常巡游各地。他出巡时常常奉太后以行，她曾随乾隆帝三次南巡、三次东巡、三次到五台山。每次出巡，必兴师动众，修桥铺路，修葺行宫。所到之处，地方官民列队跪伏迎候，好不气派。

每遇太后生辰万寿之日，乾隆都亲率王公大臣奉觞称庆。特别是乾隆十六年太后六十大寿以及此后的七十大寿、八十大寿，庆典一次比一次隆重。在她回宫所经的十几里路上，张灯结彩，几十步搭一个戏台，南腔北调，优伶毕集，轮番演出。以彩绢做高山、锡箔做海湖，一个寿桃竟有几间屋子那么大。乾隆帝知道母亲喜欢江南风光，还特地在万寿寺旁仿造了几里路长的"苏州街"，奉迎母亲穿行于其间。每次寿典所进寿礼，更是不计其数。先进皇上亲制的诗文、书画，再进如意、佛像、冠服、簪饰、金玉、犀象、玛瑙、水晶、玻璃、珐琅、彝鼎、瓷器、绮绣、书画、币帛、花果等，各种外国珍品也无所不有。太后为天下母四十余年，乾隆帝以天下养之。时值国家全盛，钮祜禄氏享尽了人间的荣华富贵。

乾隆四十二年（1777）正月，钮祜禄氏死去，享年八十六岁。葬于泰陵东北，称泰东陵。后上谥号为"孝圣宪皇后"。

第六章　清高宗爱新觉罗·弘历皇后富察氏、乌拉那拉氏

　　雍正五年（1727），乾隆帝为皇子时，封察哈尔总管李荣保的女儿富察氏为嫡福晋。乾隆二年（1737），乾隆帝册立富察氏为皇后。

　　富察氏是个注意节俭的人，她当皇后十三年，从没佩戴过珠宝玉饰，只用通草绒花做装饰品。每年新春正月，后妃们都要做荷包献给皇帝。别的妃嫔都用金银丝线，做成的荷包金光灿灿，非常华丽，唯独富察氏用鹿羔绒毛制作荷包敬献皇上。富察氏这样做，是想仿照清朝在关外时期的样式，以此提醒乾隆帝不忘祖宗。

　　但尽管乾隆帝表面上很敬重富察氏，内心里却对她的劝谏不以为然，他另有一番情趣，依然挥霍奢侈。乾隆帝大修避暑山庄，所费亿万；大修圆明园，所费也不下亿万。圆明园里奇珍异物，令人目眩神迷。乾隆帝口口声声要节俭从事，但并未从事节俭。皇后富察氏再三提醒劝谏，也不起什么作用。

　　乾隆十三年（1748），富察氏随同乾隆帝东巡。三月，途经山东德州，准备乘船返回北京。刚到德州的时候，她就得了感冒。适逢当地又连日春雨纷纷，天气格外阴冷。她感冒没好，又劳累过度，转成肺炎，不治而死。年三十七岁。生有永琏、永琮二子。

　　富察氏死后，乾隆帝很悲痛，昼夜兼程返回北京，将富察氏殡于长春宫，服缟素十二日。在皇贵妃高佳氏死去，上谥以"慧贤"时，皇后富察氏曾对乾隆帝说："我他日期以'孝贤'，可以吗？"于是，此时遂谥富察氏为"孝贤纯皇后"。乾隆帝悲痛之余，亲自为孝贤纯皇后撰写了碑文。字里行间情切意深，表达了乾隆帝对皇后的思念和敬重。乾隆帝还写了一篇《述悲赋》，追忆、评述了孝贤的一生。

乾隆十七年（1752），孝贤纯皇后葬于孝陵西胜水峪。后来便在这里修建了裕陵。

继富察氏之后被立为皇后的是佐领那尔布的女儿乌拉那拉氏，她原为乾隆皇帝的侧室福晋。乾隆二年（1737），被封为娴妃，乾隆十年（1745）进为贵妃。富察氏皇后死后，她进为皇贵妃，管六宫事。于1750年，乌拉那拉氏被册立为皇后，成为乾隆帝的第二位皇后。

乌拉那拉氏和富察氏一样时常劝谏皇帝不要太奢侈挥霍，可乾隆帝依然如故。乾隆三十年（1765），乌拉那拉皇后随同乾隆帝南巡到杭州。杭州地方官为迎驾，用彩绸、彩布搭建彩棚、点景，设立香案等，造成巷舞街歌的喜庆气氛，并雇下昆腔、京腔、秦腔、梆子腔、二簧腔等戏班子迎驾。这份热闹再加上杭州的美景，使乾隆帝不愿回京城。乌拉那拉氏便劝乾隆帝不要过分迷恋，应早日返京，却遭到乾隆帝的唾骂。她一气之下，就把自己美丽的头发全部剪光，以此来表示不满。乾隆帝认为她剪掉头发违背了祖宗传下来的规矩，大发雷霆，下令让乌拉那拉氏先返回京师。乌拉那拉氏回京后，心情郁闷，长久不能恢复，病死于乾隆三十一年（1766），有永璂、永璟二子。

满人御史上疏请求仍以皇后礼葬乌拉那拉氏，乾隆帝不同意，诏曰："无发之人，岂可母仪天下哉。"命按皇贵妃仪礼治丧。

后来乾隆帝东巡，有一个叫金从善的人上书，首及建储，次为立后。乾隆帝谕曰："那拉氏本皇考所赐侧室福晋，孝贤皇后崩后，循序进皇贵妃。越三年，立为后。其后自获过愆，朕优容如故。国俗忌剪发，而竟悍然不顾，朕犹包涵不行废斥。后以病死，止令减其仪文，并未削其位号。朕处此仁至义尽，况自是不复继立皇后。从善乃欲朕下诏罪己，朕有何罪当自责乎？从善又请立后，朕春秋六十有八，岂有复册中宫之理？"下令诸大臣议从善之罪，坐斩。从此，乾隆帝不复立后。

第七章 清仁宗爱新觉罗·颙琰皇后喜塔腊氏、钮祜禄氏

喜塔腊氏是嘉庆皇帝的第一位皇后。乾隆三十九年（1774），嘉庆还是皇子时，册封副都统、内务府总管和尔经额的女儿喜塔腊氏为嫡福晋。乾隆四十七年（1782），喜塔腊氏在宫中的撷芳殿生下了嘉庆的第二子绵宁，就是后来的道光皇帝（即位后改为旻宁）。

嘉庆受禅登基后，喜塔腊氏随即被册封为中宫皇后。只是喜塔腊氏的身体一直柔弱多病，到嘉庆二年（1797），喜塔腊氏就一病不起。二月初七，她在宫中逝去，结束了自己显贵而平淡的一生。当时，嘉庆正充当着傀儡皇帝的角色，他的日常举止时刻要受到太上皇乾隆的监督，搞得嘉庆诚惶诚恐。喜塔腊氏去世后，乾隆让嘉庆素服七日以示哀悼。嘉庆虽然表示尊奉皇父的旨意，但认为应当取意吉祥，况且喜塔腊氏被立为皇后的时间也并不长，许多丧礼都可以免掉。于是不仅嘉庆本人穿戴着常服，他身边的太监们也是如此。

喜塔腊氏去世后不久被谥为"孝淑皇后"，安葬在京西易县的太平峪。嘉庆八年（1803），昌陵在太平峪完工，喜塔腊氏遂先于嘉庆皇帝葬入昌陵，嘉庆死后也葬于此。

喜塔腊氏一生为嘉庆养育了三个儿女。除皇子绵宁以外还有两个女儿。其中一个女儿幼年夭折，另一个女儿成年后下嫁蒙古贵族玛尼巴达喇。在道光、咸丰年间，喜塔腊氏的谥号一再增加，最终被称作"孝淑端和仁庄慈懿敦裕昭肃光天佑圣睿皇后"。

被继立为皇后的是曾任礼部尚书的恭阿拉之女钮祜禄氏。在嘉庆还是皇子时，钮祜禄氏便嫁给了嘉庆，成为嘉庆的侧室福晋。嘉庆称帝后，钮祜禄氏的地位也日渐尊贵起来。起初她被封为贵妃，中宫喜塔腊氏去世后，太上皇乾隆诏令钮祜禄氏继位中宫，她进而被封为皇贵妃。嘉庆四年（1799），钮祜禄氏被正式册封为皇后。

钮祜禄氏是皇三子绵恺、皇四子绵忻的生身母亲。绵恺在嘉庆年间被封为惇郡王，在道光年间又成为亲王。绵忻在嘉庆年间已被封为瑞亲王。此外，钮祜禄氏还有一个女儿，但这个女儿未成年就夭折了。

钮祜禄氏十分工于心计，在成为皇后的最初几年，她给人的印象本比较平和，但她渐渐地也弄起权术来。嘉庆后期，随着嘉庆皇帝日垂暮年，他身后皇位属谁的问题也变得日益突出。出于对自己今后利益的考虑，钮祜禄氏对这个问题也十分关切。

嘉庆二十五年（1820）夏，嘉庆皇帝带着绵宁等人到了承德避暑山庄。七月，原本身体安好的嘉庆猝死。在嘉庆临终之际，内大臣赛冲阿、禧恩等人聚在一起打开了盛有皇帝御书的铁匣子。清王朝自雍正皇帝以后有一个习惯：何人继承皇位是由在位皇帝提早写在御书上，盛在铁匣子里，然后放在故宫太和殿正大光明匾额后面。只有在皇帝去世时大臣们才能打开匣子，按御书上的人选拥戴新的皇帝。当时，赛冲阿等人打开铁匣，取出了御书，只见上面写着让皇次子绵宁继承皇位。嘉庆皇帝刚刚晏驾，远在北京的钮祜禄氏就派人快马加鞭传来了她的懿旨：让绵宁继承皇位。这样就更加确定了绵宁皇位继承人的身份。不过，钮祜禄氏对嘉庆的死讯知道得如此之快不免令人惊讶，似乎她对嘉庆的死早有预料。而且她指定的新皇帝人选与嘉庆御书上所写的正相吻合，尽管这幕新桃换旧符的短剧有令人起疑之处，但这在当时的政坛上并未激起轩然大波。绵宁顺理成章地登上了皇位，他便是道光皇帝。道光皇帝尊奉钮祜禄氏为皇太后，安排她住在寿康宫，并且对这位皇太后一直十分敬重。

后世的一些人坚持认为，钮祜禄氏在嘉庆驾崩、道光继位的过程中扮演了很微妙的角色。不过，这毕竟是人们推测的结果，尚无法成为定论。而且在后世的一些描述中，钮祜禄氏与道光帝皇后的死也有很大关系。

原来，道光皇帝先后有过三位皇后，其中第三位皇后也叫钮祜禄氏，这位皇后与孝和睿皇后——当时已被尊为皇太后的钮祜禄氏还是姑侄关系。皇后钮祜禄氏不仅姿色秀美，而且聪颖伶俐，颇得道光帝的欢心。皇太后钮祜禄氏在道光帝面前说话很有分量，道光帝的后妃对她自然不敢怠慢。这样，太后和后妃们相处得倒是比较宁静。不过，时间一长，岔子就冒出来了。

道光十六年（1836），适逢太后钮祜禄氏六十大寿，皇宫内外隆重庆祝。一天，道光帝到太后那里请安，他们在闲谈时无意中谈起了皇后。道光帝禁不住对皇后的聪颖灵巧夸奖了几句。不料，太后钮祜禄氏却不以为然。她认为女子以德为重，德厚才能载福。若仅有点小聪明，那不算什么福相。太后的这些话后来传到了皇后那里，皇后心里不顺，便想给太后点颜色看看。后来，皇后每当跟太后接触，言语中便带了些讥刺。太后渐渐觉察到皇后对自己的态度有变化，待她明白了其中原委，顿时火上心头。身为皇太后，又是皇后的姑姑，她怎能容忍皇后的不恭？她几次当面训斥了皇后，在道光帝面前也指斥他管教不严。不过，皇后根本不吃太后这一套，她依然是我行我素，甚至和太后当面顶撞。就这样，两人的关系日趋紧张。一些平素与皇后不和的妃子趁机在太后跟前添油加醋，挑拨是非，两位当朝最显贵的女人简直有点不共戴天了。

道光十九年（1839）腊月，皇后不小心得了感冒，便未到太后那里去请安。谁知皇太后竟以已过花甲之身不畏风寒，亲自到皇后那里探望病情，煞是热情。皇后见此，心中不免有些愧疚。转年正月，皇后病好了，连忙去向太后请安。太后很是高兴，两人在一起说说笑笑，气氛很融洽。一天之后，太后特地派人给皇后送来一瓶名酒，皇后很是感激，当着来人的面便饮了一杯，并连夸酒的味道不错。但在当天夜里，皇后就突然去世了。这段后人描述的故事是否属实目前存疑。不过孝和睿皇后钮祜禄氏在一些后人心目中的印象却无疑是不佳甚至可憎的。

道光二十九年（1849），钮祜禄氏在寿康宫去世，终年七十四岁。

咸丰三年（1853），钮祜禄氏被安葬在昌陵之西的昌西陵。从道光至咸丰年间，钮祜禄氏的谥号都有所增加，全称"孝和恭慈康豫安成钦顺仁正应天熙圣睿皇后"。

第八章 清宣宗爱新觉罗·旻宁皇后钮祜禄氏、贵妃博尔济吉特氏

比道光皇帝小二十五岁的侍卫颐龄之女钮祜禄氏，在道光皇帝亲选秀女时被选入宫中。因她生长在苏州，故性情明慧温柔，这与旗下格格的开朗爽健大异其趣，故独蒙帝宠，地位也不断提升，不到一年便从全嫔晋封为全妃，接着又获得了全贵妃的封号。

道光十一年（1831），全贵妃生了皇四子奕詝，就是后来的咸丰皇帝。道光皇帝对钮祜禄氏更是宠爱有加。皇后佟佳氏于道光十三年（1833）去世后，道光皇帝将钮祜禄氏全贵妃晋升为皇贵妃，统摄六宫事。第二年，又立钮祜禄氏为皇后，追封皇后父颐龄为一等承恩侯，由其孙瑚图哩袭爵。但好景不长，仅做了六年皇后，钮祜禄氏便于道光二十年（1840）正月暴崩。享年三十三岁。

关于皇后的暴崩曾有异闻：孝全皇后的暴崩，似是新年宫中家宴，被人下毒所致。相传孝和皇太后对孝全皇后的敏慧过人，未免有些惋惜，她以为"妇女以德为重，德厚乃能载福，若仗着一点才艺，恐非福相"，而孝全皇后不仅能用七巧板"谱成六合同春字"，还在皇太后寿辰时填词写诗，大出风头。但是孝全皇后因有皇四子奕詝，前面三个皇子先后早亡，奕詝就成了长子，很有可能就是将来的皇上，所以不以为然。如此数载，婆媳之间有了嫌隙，为此怀疑是皇太后下手毒杀了皇后。

另一种说法则是，道光十一年（1831），孝全皇后生奕詝。第二年静贵妃也生皇子，即皇六子奕訢。奕訢颇英挺，道光皇帝非常爱之，曾想立

奕䜣为皇太子。但奕詝是现下皇子中岁数最长的，皇帝逡巡未决。相传，孝全皇后隐知皇帝有意于皇六子奕䜣后，曾阴谋设毒，想害死奕䜣，以绝后患。但皇四子奕詝不忍心残害情同手足的亲弟弟，偷偷告诉了奕䜣，这样皇六子才免于一死。所以有人认为，或许此事被皇太后所知，有所责备，因为孝和太后秉性严毅，后妃忌惮。孝全皇后因而羞惧，自己服毒而亡。但这两种说法的真伪已经无从验证。

道光皇帝与孝全皇后恩爱无比，皇后突然长逝，皇帝非常悲痛，心中也很怀疑，可是孝和太后尚健在，道光皇帝又素来孝顺，只得隐忍。但夫妻情深，年近花甲的道光时常哀戚。特谥大行皇后为"孝全"皇后。后道光皇帝感念孝全皇后与之恩爱之情，暗报多年情谊，遂立皇后之子奕詝为皇太子。

钮祜禄皇后死后，道光皇帝不愿再立皇后。其时妃嫔中，名位最高的是静皇贵妃博尔济吉特氏，她的父亲是刑部员外郎花良阿。她生于嘉庆十七年（1812），比道光皇帝小三十岁。她初入宫时为静贵人，后来晋封为静嫔。时常得幸侍奉皇上。道光皇帝的皇二子奕纲、皇三子奕继都是她的亲骨肉，可惜一个二岁时、一个三岁时先后夭折了。静妃痛失爱子，经受了极大的打击。幸运的是她在道光十二年（1832）又生了一子，就是皇六子奕䜣。随即又被封为静贵妃。孝全皇后钮祜禄氏死后，晋封她为皇贵妃，摄行六宫之事。孝全皇后的遗子奕詝即由静贵妃抚养。

奕詝与奕䜣年龄只差一岁多，两人少时同在书房学习，皇贵妃视奕詝如同己出，非常疼爱。奕詝亦视皇贵妃如慈母，相依无间。奕詝与奕䜣不仅同在皇贵妃的照抚之下，且年龄相仿，同在书房，宫中又无可以谈得来的弟兄，他俩的感情自然而然就亲密多了。但奕䜣的才能无疑胜过奕詝。道光皇帝也最钟爱这个皇儿，奕䜣长相颇似道光帝，故而道光帝渐改初意，想立皇六子奕䜣为皇储。不过孝全皇后崩逝，疑案未明，道光帝始终悲悼，倘若不把皇四子立为太子，总有些过意不去，因此犹豫未决。

道光晚年，外侮内讧相逼而来，偏偏祸不单行，皇太后竟一病去世。道光素性纯孝，悲伤过度，皇四子奕詝的福晋萨克达氏又病殁。种种不如意事云集皇家，道光皇帝痛上加痛，忧上加忧，遂病上加病，延至道光三十年正月，病势加重，自知不起，特召宗人府宗令载铨，御前大臣载垣、端华、僧格林沁，军机大臣穆彰阿等人于圆明园慎德堂，谕令诸大员到正大光明匾额后，取下秘匣，宣示御书，大臣们在秘匣内同时发现了两份谕旨，一份为"皇四子奕詝立为皇太子"，另一份为"皇六子奕䜣封为亲王"。这两道谕旨，充分表明了当初道光皇帝的矛盾心情，虽决定传位给皇四子奕詝，但也不能委屈了另一个宠儿奕䜣，因而同时决定封奕䜣为亲王。

奕詝继位，改元咸丰，是为文宗，亦称咸丰帝。即位后尊谥道光帝为宣宗成皇帝。又遵照大行皇帝遗旨，封六弟奕䜣为恭亲王。咸丰三年（1853）恭亲王受任军机大臣，虽为新进，但以亲王身份爵位最高，成为军机处掌印钥的"领班军机大臣"，咸丰皇帝也常召见他议事。

咸丰帝多受静皇太妃抚养，因此尊她为"康慈皇贵太妃"，居绮春园。皇上经常到此问安，对她格外尊敬。"一切礼秩，悉视母后，孝养特隆"，并且还命"恭王得朝夕入宫问安"。清代家规："皇子既受封，即须出宫，别居府邸，非奉谕旨，不得辄入。至皇兄弟亦不能轻入宫禁。"奕䜣能享受特殊待遇，乃因咸丰帝不忘静贵妃抚育之恩。

静皇贵妃自从摄行六宫事以来已整整十年了。只因道光皇帝痛失孝全皇后，不愿另立中宫，所以静皇贵妃始终未得封后。如今咸丰当朝，自恃抚育皇上如亲子，她一心想得到皇太后的封号。而奕䜣也想借生母晋封皇太后来扩张自己的权势。但咸丰帝却有自己的见解，他认为，嗣皇帝的生母，被尊封为皇太后的，清代有例在先，而先帝妃嫔被嗣皇帝尊封为皇太后的尚无先例。静皇贵妃抚育有恩犹如亲母，毕竟并非生母，所以不情愿封静皇贵妃为皇太后。这样皇太后的称号迟迟未决。兄弟间渐有芥蒂，到了咸丰五年，终于出现了明显的裂痕。

一天，静皇太妃醒未起床，咸丰皇上问安即到，太监准备禀告太妃，皇上摇手令勿惊。太妃未察觉是谁，见床首有人影闪动，却认为是刚来问安的亲子奕䜣还未离开。便问："你为什么还在这里？我所知道的都告诉你了。他这个人性情不易知，不要生了嫌疑了。"咸丰皇帝知道是误会，即呼一声"额娘"，太妃才知是皇上，不是恭亲王。照旧向内卧没再说什么，也没理睬皇上，自此开始咸丰猜疑更大。

咸丰五年（1855）七月，静皇太妃病情加剧，咸丰皇帝又入绮春园寝宫探视病情，恰巧碰到恭亲王奕䜣从里面出来，皇上询问："太妃病情如何？"奕䜣跪地泣哭，说："已很危急了。看样子是只等皇太后的封号下来就瞑目了。"咸丰皇帝仓促间不置可否，只随口"哦，哦"两声，便赶去探望太妃。奕䜣等待皇上允诺已久，误认为"哦，哦"就是皇上已经答应，赶忙回到军机处恭办皇太后封号事宜。礼部具奏，陈明一切仪典，准备尊封皇太后。恭亲王传旨，虽非咸丰皇上的本意，但如果皇帝拒绝礼部请尊封皇太后的奏章，则将闹成天下大笑话，所以不得不依奏。咸丰五年（1855）传旨，尊皇太妃为"康慈皇太后"，就这样静皇太妃终于获得皇太后封号。

恭亲王行事，有时不免冲动冒失，加上恃才傲物，因而被认为"狂妄自大"。这次传旨起于误会，却形同挟制，咸丰皇上自然要懊恼。咸丰五年（1855）七月一日尊封皇太后，七月九日康慈皇太后就辞世而去。享年四十四岁。咸丰派奕䜣等恭理丧仪，一切均按皇后礼办理。咸丰服缟素二十七日，青袍褂百日。但有一项下旨：皇后"不系宣宗谥"。即不加宣宗成皇帝的"成"字，谥号是"孝静康慈弼天辅圣皇后"并奉安东陵后，神牌回京，升祔奉先殿，而不祔太庙。从而创下了清代历史上皇后不系皇帝谥号的特例。

封后而不系帝谥，起于明朝宪宗生母孝肃太后。孝肃周太后，是明英宗妃，明宪宗生母，死后不系帝祀以别嫡庶。但在清朝历史上，上谥太后并无此前例。咸丰不以家法，而沿用前朝故事，一方面表示，孝静太后抚育有恩，侍奉如生母；一方面也表示嫡庶究竟有别。致憾之深，可想而知。此乃《清史稿》记载："减杀太后丧仪。"奕䜣知之，曾力争，无奈咸丰皇帝坚执不允更改。奕䜣愤而说道："难道皇上已忘了太后养育之恩吗？"咸丰更不示弱，理直气壮答："此乃情礼并尽，无可非议。"于是兄弟之间意见冲突，不可化解。皇太后过世才十一天，咸丰皇帝就特下朱谕：恭王"办理皇太后丧仪疏略"，退出军机，回上书房读书，并"设词不令奕䜣来见"，"自此远王同诸王"。把恭亲王如同其他异母之弟一样看待，不再有"亲兄弟"之情可言了。

同治帝即位时，奕䜣当国，两宫皇太后倚界方隆，遂改康慈皇太后谥号，系宣宗之谥号，称作"孝静成皇后"，神牌也得以升祔太庙。

第九章 清文宗爱新觉罗·奕詝皇后钮祜禄氏、贵妃叶赫那拉氏

文宗皇后钮祜禄氏是广西右江道员穆阳阿的女儿，在清文宗奕詝当皇帝之前，她就在奕詝宫中侍奉皇储。但那时她只是侧室，嫡福晋是富泰之女萨克达氏。道光二十九年，萨克达氏病逝。道光三十年奕詝即位，就是文宗，也称咸丰皇帝，他马上晋封钮祜禄氏为孝慈皇贵妃。

咸丰二年（1852），钮祜禄氏被立为皇后即慈安皇后，从此开始"母仪天下"。如果说，整个清代的十二位皇帝中，道光皇帝是最节俭的话，那么，钮祜禄氏在清代所有皇后中，算得上是最勤俭最有道德的。有时赶上她过生日，朝内外的大臣官员们为了巴结皇帝和皇后，便纷纷前来献送厚礼，钮祜禄氏一概拒绝，决不通融。她在对待人们送礼一事上，曾这样告诫当时尚为兰贵人的叶赫那拉氏说："我们这些人若多接受一份礼物，老百姓们就会多一分饥寒。所以，我们应该戒除这些陋习！"慈安皇后平时穿的都是布衣服，帷帐、罩幕与雨披等也一律不用绣品，尤其不愿用进口的洋纺织物，她说那些东西只是好看而不中用。宫中穿用的花盆底的绣鞋，鞋面上的花，她都督令宫女们绣上去，每年必定要亲手绣一双花鞋面，以此为宫中女子表率，倡导人人都干些力所能及的活儿。她平时的一举一动，严格遵守各种封建礼法，绝没有疏漏越轨之举。夏天天气再热，她也不露出身体来，洗澡时也从不用宫女、太监们伺候，不换上礼服就不去见皇帝，坐着时腰板挺直，走动时都是慢步徐行，从不快步疾走。对待下人，她也比较和善，从不疾言厉色。她的所作所为，简直成了咸丰皇帝

眼中的女圣人。

一次咸丰皇帝为了游乐下令花巨款整饰圆明园等居处，为劝阻他这种做法，一向温顺的钮祜禄氏竟拔下头上的簪子，披头散发地对咸丰皇帝进谏。为此咸丰皇帝对她更为敬重。

咸丰元年（1851），叶赫那拉氏被选为秀女。叶赫那拉氏是安徽宁池广太道道员惠徵长女，属满洲正黄旗籍。她自小随父南来北往，见识较多，善于察言观色，更学会了官场中逢迎拍马、尔虞我诈的权术。她天生丽质、聪明伶俐，还能唱几曲优美动听的江南小调。

叶赫那拉氏入宫之初被分配到皇家园林圆明园当差。叶赫那拉氏兰儿素好打扮，入宫后越发打扮得婀娜娉婷。她也很有心计，一次见咸丰帝来圆明园散步，她便躲在林荫深处，唱起了拿手的一曲江南小调，用歌声将咸丰帝吸引过来，咸丰帝召见她并在廊栏坐下问话，对她十分喜爱，于当天晚上便召幸了她，第二天即封她为兰贵人。

按照清朝宫中的规矩，妃嫔以下所有女子穿的服装，都必须是窄袖长袍，不许穿裙子，头上的髻要统一梳成横长式，站时要挺直腰板。等到被册立为妃时，穿着、发型、行动才能稍微自由一些。叶赫那拉氏刚被封为贵人时由于不熟悉清宫里的礼制，曾经梳过宫外满洲妇女们常梳的飞云髻，恰巧被慈安皇后看到了。为此她传谕申斥，警告兰贵人要谨遵宫中法度。大概从这时起，兰贵人就对皇后有了不满，只是她当时地位不及皇后，又很善于伪装，于是长期隐忍。

被后宫佳丽三千包围的咸丰帝很快就忘记了兰贵人。直到咸丰四年（1854），有一天咸丰帝退朝入宫，正值皇后奉太后之召赴慈宁宫。宫娥们前呼后拥，侍候皇后，一见皇帝驾到，纷纷上前请安。兰贵人正在皇后的坤宁宫当差，故而也在其中，咸丰帝见了她不禁旧情复燃，当下令宫女们各自回宫，独留兰贵人。自此她对皇上着意迎奉，颇精取悦皇上的技巧，从而逐渐得到了咸丰皇帝的宠信。她还讨好皇帝身边得宠的太监，又巴结皇太后并取得其欢心。咸丰四年（1854），叶赫那拉氏兰儿便由贵人而晋升为懿嫔。

清代宫禁内有这样一种规定：能够与皇帝同房的妃嫔们都要由皇后决定，到傍晚的时候，由皇后选出一些写着妃嫔名号的牌子交太监呈给皇帝，皇帝留下哪个人的牌子，就召哪位妃嫔到皇帝寝宫去伺寝。如果皇帝想到哪个妃嫔宫中去住，必须先由皇后传谕旨给那个妃嫔，令该妃嫔做好接驾的准备，然后皇帝才前往彼处。但这种谕旨上必须要盖上皇后的金印。由此可见，皇后对于各个妃嫔的制约是很大的，她不让你见皇上，你就见不到，而妃嫔见不到皇帝的面，是无望出人头地的。

正是在这些方面，钮祜禄氏为叶赫那拉氏提供了很多方便，当然慈安皇后对其他嫔妃也不错。其实，兰懿嫔之所以能够步步高升，与慈安皇后的提携是分不开的。她刚入宫时，先在皇后住处坤宁宫当差，皇后对她很好。兰贵人为皇帝生了皇子载淳以后，地位才开始变化。按封建宗法制度，嫡庶之分极其严格。历史上正后夺取庶出的儿子占为己有、亲生母亲遭废黜甚至虐杀的事，不乏其例。可是，作为正后的钮祜禄氏，虽比叶赫那拉氏年轻两岁，却不争风吃醋，是个心地善良的人。加之叶赫那拉氏处心积虑又功夫到家地曲意奉迎，竟使她对叶赫那拉氏有了很大的好感，甚至在风流皇帝面前时常说叶赫那拉氏几句好话，不料竟然就此铸成了大错。

咸丰五年（1855），懿嫔成功怀孕。她从怀孕开始，便十分重视保健，以保证皇儿的健康发育。在她怀孕六个月时，便将她的母亲接入宫中，对她进行特殊护理。在她怀孕七个月时，宫廷又为她增派了高等女护及浆洗女佣各两名。不久，又为她选派了六名御医和两名高级助产婆轮流值班，昼夜守喜。有关皇儿降生后所用之物，如小被、小褥、小单；小衫、小袄、小裤、红黄兜肚；木碗、木盆、木摇车、各种珍玩等，则不计其数。懿嫔于咸丰六年四月也就是她入宫后的第六年，生下了皇长子，即咸丰帝唯一的儿子载淳，从而得到皇后、皇贵妃、贵妃、妃、嫔、贵人、常在等赏贺银数千两，又从懿嫔晋升为懿贵妃，名位仅次于皇后。本来就权欲极强的懿贵妃从此开始利用自己的特殊地位参与朝政，为日后篡权执政打下了基础。

第一次鸦片战争以后，外国资本主义势力入侵，促进了中国封建社会内部矛盾的迅速发展，导致了太平天国起义的爆发。太平军声势迅猛，各地告急的奏章纷至沓来。咸丰帝坐卧不宁。懿贵妃乘机帮他看奏章、出主意，策划镇压农民起义。

由于清廷腐败，它原有的"八旗""绿营"军都不能打仗，连连败北。咸丰帝为了镇压太平天国起义，命令长江南北的官僚地主举办地主武装——团练。礼部侍郎曾国藩于咸丰三年因母丧守制在家，便领头办起了湘军，他不断指挥湘军攻打太平军。懿贵妃看重他的才干，就不断劝说咸丰帝重用曾国藩，"要供给湘军粮饷，不使缺乏"。从此，曾国藩扶摇直上，成为满族统治者信任的汉族官僚。懿贵妃也就以此为契机，逐步参与政事，滋长了夺权的野心。

咸丰十年（1860），第二次鸦片战争进入激烈阶段。由于清朝政府的腐败无能，英法联军的进攻连连得利。他们打天津，犯通州，向京师逼近。整日寻欢作乐、耽于声色的咸丰皇帝，被敌人的炮火吓得惊慌失措，携带皇后钮祜禄氏、贵妃叶赫那拉氏和儿子载淳等人，假借"木兰秋狩"之名仓皇离开北京紫禁城，逃到热河承德避暑山庄。风流皇帝奕詝本就沉溺声色、纵欲过度，致使体弱多病，而皇后钮祜禄氏又本性懦弱，根本无力劝止。御医诊治后说长饮鹿血，可补肾亏阳虚之症。于是设立鹿苑养了一百多只鹿，天天取鹿血以供其饮用。此番仓皇逃往热河，鹿自然没有带走。到了热河行宫，情况与京城里又有极大不同。咸丰帝到达这里时，暑气早消，再加路上颠簸，又失去了鹿血的进补，病情一天比一天严重。懿贵妃趁机帮助咸丰帝批阅奏本，如此一来，她对朝廷里争权夺利、钩心斗角的动态，摸得一清二楚。

咸丰十一年七月，皇帝开始大量咯血，病情急剧恶化，于当月十七日在寝宫烟波致爽殿病逝。这一年，皇后才仅仅二十四岁，叶赫那拉氏也才不过二十六岁。咸丰皇帝将死之时，命大臣代笔遗诏，立独生子载淳为皇太子。皇太子载淳即皇帝位，马上尊封钮祜禄氏为皇太后，上徽号为"慈安"；由于懿贵妃叶赫那拉氏是小皇帝的生母，所以也一并尊封为皇太后，上徽号为"慈禧"。称慈安太后为"母后皇太后"，称慈禧太后为"圣母皇太后"。两宫太后居住的宫院，慈安太后居上首、坐东，慈禧太后居下首、坐西。后来她们共同垂帘听政，同样是慈安太后坐皇帝座上首，慈禧坐下首，所以慈安太后又称东太后，慈禧太后则称西太后。

当时载淳尚不满六岁，无法独立执政，便命其宠信的王公大臣怡亲王载垣、郑亲王端华、协办大学士户部尚书肃顺等八人为"赞襄政务王大臣"，协助载淳处理一切政务。肃顺等人都是咸丰皇帝在位初期，为施展个人宏图大志而重用的大臣，后来咸丰皇帝雄心日减，耽于声色，朝政便由他们把持了。八人中，肃顺胆大有远见，办事果断，他是核心，但因他骄傲自大，结怨甚多。咸丰皇帝临死前的这种安排，朝里朝外有许多人心怀不满，其中最有意见的就是慈禧。

野心勃勃的慈禧，尽管已成了"圣母皇太后"，上徽号为"慈禧"，朝野皆称为"慈禧太后"，但她并不满足，觉得手中没有实权。慈禧是一个素有政治野心的女人。她对肃顺等人包揽政柄、奉承咸丰皇帝、无视她的存在、压制她出头的做法早就非常憎恨。特别是有传闻说，肃顺曾建议咸丰皇帝赐死慈禧而仅留其子，以免日后慈禧专权，因此慈禧对肃顺等人恨之入骨。咸丰皇帝在世的时候，慈禧的仇恨不敢表现出来，咸丰皇帝一死，眼见肃顺等人控制政权，岂能甘心？慈禧在权欲与仇恨的推动下，决定孤注一掷，发动政变，消灭对手，掌握政权。慈禧为此周密谋划，采取了一系列颇为主动的步骤。

慈禧首先利用自己的皇帝生母身份，控制了"同道堂"的印章，代子钤印，八大臣对此极为不满。于是慈禧便怂恿皇帝不予用印，因此辅政大臣首次发给内阁和地方官员的咨文，就没有印章。最后肃顺等人只好妥协让步。懿贵妃在第一回合的斗争中取得胜利。

要打败肃顺等人，慈禧深感自己势单力薄，于是她决定联合那些对肃顺等人不满的人，共同对付肃顺等人。她联合的最主要对象就是恭亲王奕䜣。由于奕詝死前和六弟奕䜣关系不好，没有把奕䜣列入辅政大臣之中；奕詝死后肃顺等人又不许奕䜣去热河奔丧，这一切都让有政治野心的奕䜣极为不满。奕䜣的这种心境和慈禧非常相似。而奕䜣不仅在内阁和军队里一直有众多的支持者，而且还得到了洋人的信赖。当初，咸丰皇帝在逃离北京时，留下奕䜣与英法侵略军交涉，奕䜣在谈判中满足了洋人的要求，在列强中引起"较好的反应"，这正是慈禧所要借重的。对于奕䜣来说，慈禧则是一把"尚方宝剑"。所以，当慈禧派宠信太监安德海秘密前往北京联络奕䜣时，双方一拍即合。

于是奕䜣不顾肃顺等人的阻止，强行来热河装出一副悲痛欲绝的样子，奠祭咸丰皇帝。之后，慈禧单独召见了他，叔嫂密谋策划了政变的具体方案。然后奕䜣回到北京开始联络人员、组织力量，为政变积极做准备。慈禧还拉拢钮祜禄氏，让她相信肃顺等人心怀叵测图谋不轨，并要钮祜禄氏和她一道垂帘听政。钮祜禄氏比她小两岁，心地比较善良，但缺乏主见，经不起她的花言巧语、曲意奉承，终于同意了她的主张。

第三步，慈禧和奕䜣开始策动一批官员弹劾肃顺等辅政大臣，并制造皇太后垂帘听政的舆论。胜保等咸丰皇帝在位时不得宠的大臣，纷纷指责肃顺等辅政大臣，说他们"揽军国大权，以臣仆而代纶音，挟至尊以令天下，实无以副寄托之重，而餍四海之心"；同时提出"为今之计，非皇太后亲理万机，召对群臣，无以通下情而正国体"。一时间，要求皇太后垂帘听政、撤销肃顺等人辅政的呼声响遍朝野。在这种气候下，慈禧大胆地做了一些政变前的试探动作，主要是削减了几个辅政大臣的军权。当载垣等人以事务繁忙为由，违心地要求减少他们的部分职务时，慈禧立即顺水推舟，以皇帝的名义下诏解除了载垣的銮仪卫、端华的步军统领、肃顺的管理理藩院的职务；并通过奕䜣同兵部侍郎胜保相勾结，还收买了另一个掌握兵权的蒙古亲王僧格林沁，控制了北京周围的军队。对于慈禧的步步紧逼，八位辅政大臣中，只有肃顺主张"先行下手"，但其他人却不同意。

咸丰十一年（1861）九月二十三日，咸丰皇帝的灵柩要运回北京。慈禧以护送灵驾任务重要为名，让肃顺等人护送，自己却和慈安太后、小皇帝载淳绕小道提前四天回京。回京后，慈禧立即召集在京的王公大臣诉说了肃顺等人的"罪状"，并说"辅政之事"是肃顺等人伪造的诏书，并不是咸丰皇帝的"钦命"。大学士周祖培、贾桢等立刻上疏，要求皇太后临朝听政。胜保等武将更是气势汹汹地说："非皇太后临朝听政，召对群臣，没有办法通下情而正国体。"满朝文武见此情形，没有一个敢反对的。加上英法使馆早就扬言："只要朝廷不在北京，端华、肃顺继续掌政，我们就不认为中国已确实承认了条约。"以此施加压力。

三十日，慈禧挟制载淳，传旨将载垣、端华、肃顺等人革职拿问，并严行议罪。接着突然将载垣、端华、肃顺三人逮捕，逼令载垣、端华自杀，将肃顺处斩，其余五人或革职或发遣。与此同时，凡拥戴垂帘听政的人都按功行赏，加官晋爵，其中当数恭亲王奕䜣头功，被封为议政王，在军机处行走，掌握了军政大权。

同年十一月一日，慈禧与慈安在养心殿东暖阁垂帘听政。废弃载垣拟定的年号"祺祥"，改为"同治"，以示两宫皇太后与小皇帝一同治理朝政。因为这一年是辛酉年，历史上称为"辛酉政变"；又由于这次政变发生在北京，外国人多称为"北京政变"。这次政变，开始了慈禧长达四十八年的黑暗统治，在慈禧一生中占有极其重要的位置。此时，名义上为两宫太后听政，但慈安仅是陪衬与摆设，实际朝政大权全由慈禧一人操纵，慈禧已成了不挂名的女皇。朝臣对她虽不呼"吾皇万岁"，然而却又把她神化于皇上之上，称她为"老佛爷"。这一年，慈禧才二十七岁。

辛酉政变之后，慈安、慈禧两宫太后在养心殿共同垂帘听政。开始的时候，由于慈安太后位居正宫，名位高于慈禧太后，因此慈禧也不敢太张狂，大权一度由慈安太后掌握着。那段时间里，节俭自爱的政风很浓。现在，以她为主垂帘听政时，注重节俭自然是顺理成章的事。她常以东南太平天国未灭、国家正处多事之秋为由，驳回一些阿谀奉承的大臣奏请大兴土木重修圆明园的奏折。

原圆明园管理大臣殷德以园务不能振兴为一大憾事，他百般恳求两宫皇太后，坚持要重新修复圆明园。而这时太平天国农民革命虽已失败，但捻军和西北回民的武装斗争却气势正盛。慈安太后素来崇尚节俭，根本就不同意大兴土木的修园之举；而慈禧太后此时正韬光养晦，密谋夺权，也就颇为顾忌朝野内外对她所作所为的议论，无心过多地游乐。所以殷德的愿望无法实现，心中也深感不快。

据传，北京城内有一个名叫李三的奸商。李三勾结广东商人李光照，投殷德所好，与殷德拉上了关系。他们在小皇帝载淳出外游玩时前往参见，哄骗小皇帝答应重修圆明园。李三与李光照暗自高兴，以为可借此次机会大捞一把。为了能取得慈禧太后的赞同，李光照前去用重金贿赂大太监安德海，安德海开口要价二十万两白银，讨价还价一番后，最终以十万两白银成交。不料李光照行贿之事竟然被恭亲王奕䜣等大臣侦知了，立即上报给了慈安太后，素以节俭著称的钮祜禄氏大怒，接着传下懿旨，命逮捕奸商李光照，并追查行贿修园一案。后来，安德海虽因慈禧太后关照，度过了这一风波，但重修圆明园之事直到同治皇帝亲政前，再也没被提起过。

慈禧垂帘听政后，对外进一步投靠列强，满足外国侵略者的无理要求；对内联合各方面的反动势力，疯狂镇压太平天国革命和少数民族起义。为了巩固自己的地位，慈禧采取各种阴谋手段，培植亲信，排斥异己，逐渐在朝廷里形成了自己的势力范围，成为不可冒犯的大独裁者。同治四年，恭亲王奕䜣遭到慈禧太后暗算，被革除了议政王的头衔。从此以后，慈禧太后就完全把持了朝政。慈安太后的"听政"，也就只是作为一种陪衬、一个摆设而存在了，慈安那套节俭的做法自然而然也就随之消失了。

同治十二年（1873），皇帝已经十八岁了。依照祖制，慈禧应该把政权交给皇帝，这叫作"还政"。对此，慈禧尽管十万分不愿意，却也毫无办法。偏偏同治皇帝不争气，由于慈禧多方干预他的私生活，在后妃之间制造诸种矛盾，赌气之下不再亲近后妃，竟让太监领着，微服化装到花街柳巷去寻欢作乐，结果染上了重病，同治十三年（1874）十二月便一命呜呼。

慈安太后为人宽厚仁爱，小皇帝载淳虽不是她亲生的儿子，但她与载淳的关系和对他的关爱却远远超过了载淳的生母慈禧太后。传说曾经有这样一个故事：载淳常常出宫游玩，他总是从后门出入，路旁有个卖凉粉的小摊，感到口渴时，他就去喝凉粉，但从来不知道应当付钱。卖凉粉的见他举止不凡，认为他一定是大官家的子弟，所以也不敢向他要钱。有一次小皇帝看到别人喝了凉粉都交钱，感到很奇怪，就问卖凉粉的小贩。小贩回答："我全家就靠这小买卖吃饭，怎么能不收钱呢？"载淳听完，非常内疚地说："那我吃喝你的就多了，我要多赏你一些。现在我写个条子给你，你拿条子去取钱，行吗？"小贩很高兴地说："这当然可以！"于是小皇帝写了一张字条给卖凉粉的小贩。小贩不识字，拿着字条去问朋友，其友人指着字条惊异地说："这是敕令广储司付给你白银五百两啊！广储司在皇宫中，谁敢命令他们付钱呢？难道这个喝凉粉的人，就是当朝的皇帝？"小贩一听，哪敢去皇宫中取钱。朋友却极力怂恿他去试一试，于是小贩硬着头皮就去了。官员知道后立即向慈安太后做了汇报，慈安太后说："这真是胡闹！虽然是小孩开玩笑，但皇宫怎能失信于百姓呢！"马上命令照字条上写的数目付银子。接着又召小皇帝来询问这事，载淳毫不隐讳地都承认了，慈安太后听完只是笑了笑。这表现了她宽厚仁爱的性格。

为同治皇帝选立皇后的事情同样体现了慈安太后对小皇帝的关心。她怕载淳亲政以后年纪太轻，不能胜任繁重的政务，所以得要一位成熟贤淑、识大体，而又能动笔墨的皇后辅助皇帝。出于这种考虑，她先同载淳商量，征得了载淳的同意，在立后问题上，明确坚持要立载淳满意的钮祜禄氏为皇后。皇帝"大婚"之后，慈安太后对皇后钮祜禄氏更是百般关照，每次皇后来问安、伺膳，她都热情接待，并屡次催促皇后早早回宫，不必过于拘礼。但她却没有保护住皇后，由于慈禧太后的挑拨、干扰，致使帝后分居，造成了以后的悲剧。在载淳刚死后的几天里，也多亏她安慰、开导皇后，才使钮祜禄氏有了生活的勇气。

反倒是作为生母的慈禧与同治皇帝没有多少母子情谊。同治给慈安请安，还留下说一会儿话。等到了自己的亲生母亲那里，反而连一句话也没有，母子关系越来越糟。在慈禧眼里，权力比儿子重要。同治皇帝长到十四岁时，按照前朝惯例，就应该接掌政权，可是慈禧根本不提这码事。直到同治皇帝十七岁时，慈禧才不得不答应次年还政。但是多年来，慈禧的党羽已遍布朝廷内外，同治皇帝即使掌握了政权，实际上也当不了多大的家。对于这一点，同治皇帝心里自然也很明白。同治皇帝在执政前后，也曾与慈禧发生过几次冲突，表示了他的不满，但最终也没起什么作用。

同治皇帝没有留下皇嗣便驾崩了，按照规矩可以选一个年长一些的晚辈继承皇位。但是那样一来，慈禧就成了太皇太后，就不便于再继续听政。于是同治帝一断气，慈禧立即派亲信太监和士兵把守宫廷内外，然后召集亲王大臣进宫举行会议，提出继承皇位问题。慈安提出立恭王奕䜣的儿子载澂为帝，奕䜣害怕慈禧猜疑，提出立溥伦为帝。慈禧当然不会同意，驳回了两位提议人以后，自己提出立载淳的堂弟载湉来继承皇位，慈禧做出这种安排，可谓煞费心机：首先，载湉与同治皇帝载淳是同辈人，慈禧仍可以以皇太后的身份听政；其次，载湉年方四岁，不能理政，慈禧至少可以再控制十几年政权；再次，载湉不仅是咸丰皇帝的亲侄子，还是慈禧的亲外甥，便于控制。那些王公大臣，心里都明白，可嘴上谁敢说个"不"字。同治十三年（1874）十二月底，载湉继承皇位，改元光绪。不到两天，慈禧便表示："皇帝虽然有了，但年龄太小，现在时事艰难，万机待理，不得已，还要实行垂帘听政。"于是两宫太后再次垂帘听政。

尽管慈安权欲心不强，性情又比较平和，但慈禧仍觉得她碍事，处处排挤她，对此慈安自然看得清楚。在玩弄权术方面，慈安太后远远不是慈禧太后的对手。尽管如此，在诛杀安德海的问题上，慈安太后还是起了决定性的作用。大太监安德海是直隶南皮人，人称"小安子"。同治初年，他因受慈禧太后宠幸，开始干预国政。载淳虽然尚未成年，但对安德海飞扬跋扈的一套非常不满，经常为一些事训斥安德海，而每次挨了训，安德海都要向慈禧太后诉委屈，慈禧太后马上便召载淳来指责一番，这样反而更加深了小皇帝对安德海的仇恨。

为除掉安德海，载淳曾找慈安太后密商办法，他们认为山东巡抚丁宝桢敢作敢为，因此在丁宝桢入京晋见时，令他俟机诛杀安德海，丁宝桢慨然允诺。同治八年（1869），慈禧太后命安德海往南方采办宫中用物，安德海公然打着钦差大臣的旗号乘楼船沿运河南下，一路声势浩荡，大肆招摇纳贿。安德海进入山东德州地界之时，丁宝桢得知消息。他令总兵王正启率兵追捕安德海，一直追到了泰安，王正启才抓住了安德海，并马上把他押送到济南府。安德海不识时务，死到临头还叫嚣道："我是奉皇太后的命令外出，谁敢冒犯我，那是他以卵击石自寻死路！"

逮住安德海后，丁宝桢便飞马上奏朝廷。慈安太后得到报告，立即召见军机大臣及内务府大臣等商议处置办法。诸位大臣都说太监不得出都城之门乃是祖制，大清建国二百多年来还从没有敢违犯的，如有违犯者要坚决处死，绝对不可饶恕，安德海应就地正法。慈安太后果断地以皇帝的名义降旨，在济南杀掉了安德海。这是她一生中干得最出色的事情。

由此，慈禧和慈安之间的矛盾进一步加剧。光绪朝虽然仍是二人同时训政，但慈安太后已没有一分权力，实权都掌握在慈禧太后的手中。在光绪年间，她诚心信奉佛教，在宫中天天以持斋念佛为主要功课。慈禧太后更觉无所约束，益加肆意弄权、胆大妄为了。光绪一朝，慈安太后日益倦怠不问外事，而慈禧太后则日益振奋，统摄全局大权独揽。慈安太后崇尚节俭，不事铺张，吃饭以素食为主。而慈禧太后却肆无忌惮地挥霍。她在体和殿每日正餐两顿，每顿饭仅主食就有五十多种，菜肴一百二十多样，每天需用猪、牛、羊、鱼、兔肉五百多斤，鸡鸭一百多只，前前后后要有四百五十多人伺候，花费白银达千两。耗费之大，实在惊人。同慈安太后形成了鲜明的对比。

慈禧太后还经常单独召见大臣，决定大事要事逐渐地也不再告知慈安太后。过去她可不敢这样做，像同治年间补瑞麟为文华殿大学士这样的大事，她都要找慈安太后商量，取得慈安太后的同意后才可以实施。此时，慈安太后竟成了可有可无之人。这使慈安太后心内愤愤不平，两人之间的矛盾也逐渐凸显起来。慈安太后打算劝阻慈禧太后骄横擅权的独断行为，决定给她一个警告，使她收敛一些。

光绪七年（1881）的某一天晚上，慈安太后在自己宫中置办酒宴，说是为慈禧太后祝福。酒至半酣，慈安太后屏退左右侍从人员，先热情详细地追述了在热河行宫，肃顺擅权，两宫太后受挤，随后果断谋划辛酉政变，以及同治十一年间二人同时垂帘听政的事情，动情处抽泣垂泪良久。慈禧太后听了也悲不自胜。慈安见打动慈禧，忽然话题一转道："咱们姊妹现在都老了，说不定哪天就要离开尘世。相处二十多年，所幸从来都是同心协力，连一句冲撞对方的话都没说过。而我这里存有一件东西，是过去从先帝文宗处接受的，现在它已经没什么作用了。"说完，慈安太后从袖子里拿出一个精致的信封递与慈禧太后，让她拆开看一下。慈禧太后接过信封一看，吓得脸色顿变，羞惭得不敢抬头看慈安太后。这封函内装的不是别的，正是清文宗交给慈安太后的遗诏。遗诏的大意是：叶赫那拉氏是皇帝的亲生母亲，母以子贵，日后定会尊封为皇太后，我对此人实在是不能深信。此后如果她能安分守法也就罢了，否则，你可以出示这一纸诏书，命廷臣宣布我的遗命，把她除掉。慈禧太后看完后，慈安太后又把它要回，当着慈禧的面非常仗义地放在烛火上烧掉了。当时，慈禧太后惭愧与恼怒的心情交加，但仍勉强装出感激泪下的样子。慈安太后又对她百般劝解安慰，至此酒宴方才结束。

过了几天，慈安太后偶然因有事到了慈禧太后宫中，慈禧太后对她礼节周全非常恭敬，一反过去那种骄狂放纵，连一旁伺候的太监宫女都感到很奇怪。慈安太后也暗自高兴，认为是前日自己烧密旨的做法收到了预期的效果。两个人坐下来聊天，越聊越投机，时间稍长，慈安太后觉着腹内稍微有点饥饿，慈禧太后便命令侍者捧来一盒糕饼，慈安太后吃着很香甜，很合口味，说这好像不是御膳房做的食物。慈禧太后回答说："这是我妹妹送给我的。姐姐您喜欢吃，明天我叫她再送一份来。"过了一两天，慈禧太后派人把几盒糕饼送到了慈安太后的宫中，花色味道都与慈安太后上次吃过的一模一样。但是慈安太后只吃了一两个，顿时就觉得不舒服。不料到了晚上，竟撒手归西。享年仅四十五岁。

慈安太后死后，被埋葬在定陵东面的普祥峪，取名为"定东陵"（定东陵包括慈安和慈禧两陵，因两陵均在清文宗咸丰帝定陵之东，故皆称定东陵，地在今河北遵化市）。当初，钮祜禄氏刚被尊封为皇太后，已加上了"慈安"的徽号。后来国家有喜庆事，又迭加徽号，称为"慈安端康裕庆昭和庄敬皇太后"。到她死时，光绪皇帝给她加谥。宣统年间再加谥，这样，钮祜禄氏的谥号全称就是"孝贞慈安裕庆和敬诚靖仪天祚圣显皇后"。

慈禧独揽了听政大权，但她除了慈安以外还有一个心腹大患，那就是恭亲王奕訢。慈禧和奕訢，在发动政变时配合得还不错，但那只不过是互相利用而已。政变成功后，奕訢平日就飞扬跋扈，现在以功臣的身份集宫内外大权于一身，再加上军机处里的人对他很恭维，洋人对他很赏识，不觉有些飘飘然起来，有时做事竟不再把慈禧这个"女流之辈"放在眼里。这当然是慈禧绝对不能容忍的。光绪十年（1884），机会终于来了。这一年，法国入侵越南，把中国在越南的军队赶了出来，并把战火烧到中越边界。慈禧立即抓住时机，以奕訢办事循旧、固执己见为由，彻底罢免了他，并且改组军机处。由此慈禧的统治地位大为巩固。

罢免奕訢后，慈禧开始起用醇亲王载沣，醇亲王载沣是光绪皇帝的生父。鉴于这种身份，有大臣提出他不宜参与军机处事务。醇亲王载沣本人也再三推辞。但慈禧决计让他取代奕訢，主持军机处事务。慈禧这样做，不仅因为醇亲王载沣是自己的亲妹夫，更看好的是他胆小怕事，很好控制。由于慈禧始终把加强个人独裁统治放在第一位，在她心目中国家利益就成了次要的，甚至是可有可无的。中法战争是在慈禧把持政权过程中发生的第一场大的对外战争。为了避免战争危及自己的统治地位，她授权李鸿章与法国侵略者谈判，并乞求美英政府出面"调停"，希望大事化小，苟安于现状。慈禧不顾法军的一再猖狂挑衅，严令沿海守军"静以待之"，从而助长了侵略者的气焰，加快了他们发动战争的步伐。中国方面宣战以后，广大军民同仇敌忾，逐渐掌握了战争的主动权。光绪十一年（1885），取得了震惊中外的镇南关大捷，法国侵略军一败涂地，受此影响，法国茹费理内阁倒台。但就在这个时候，慈禧却下令停战、撤兵，爱国官兵非常气愤。以慈禧为首的清政府却宣扬什么"见好就收"，与侵略者签订了不平等条约，连法国政府都感到意外。

就在中法战争激烈进行的同时，慈禧大兴土木，花费六十三万两白银修缮储秀宫，在一片歌舞升平、平安富贵的气氛中度过了自己的五十大寿。

光绪十一年（1885），光绪皇帝十五岁了，慈禧又到了结束听政的时候。她恋恋不舍地答应次年把政权交还给光绪皇帝。这时，一些王公大臣迎合慈禧的心意，奏请她在结束听政以后，再训政几年。慈禧非常痛快地答应了。

光绪十五年（1889），十九岁的光绪皇帝已经完婚。慈禧独揽朝政的形式，无论从哪方面讲都不能再继续下去了，在归政之前，她提出给自己建造一个好的"怡养之处"。于是便开始了大规模地修建"三海"的工程。当时，内忧外困，清政府财政相当紧张。据记载，光绪十二年，河北、辽宁一带发生多次大的火灾，各路饥民纷纷来京城讨饭。光绪十三年，直隶先是大旱，继而黄河决口，物价飞涨，奸商横行。慈禧却不顾民众的死活，只管随心所欲地追求豪华奢侈的生活。

修建"三海"，首先涉及将中海西面的蚕池口天主教堂搬迁。这个教堂属于"三海"工程的范围，地势很好，登高一望，可以对皇宫禁苑一览无遗。因此，慈禧对这块地方非常欣赏。按说，解决搬迁问题并不困难，教堂是在中国的土地上，而且妨碍了最大当权者的利益。但是，经办的大臣为了早日满足慈禧享乐的欲望，又不得罪洋人，竟从海军衙门经费中开支白银三十余万两，将这块地方从传教士们手中"买回"，还送给传教士们一个更宽敞的传教场所，并且给他们一个个加官晋爵，真是令人啼笑皆非。

至于修建"三海"工程所耗的人力、物力、财力，更是惊人。贵重的紫檀楠木及细软摆设等，都是派人专程从天津、上海、广州等地采办的，有些成套的硬木桌椅，更不远千里、不惜重金从香港或东南亚采办而来。由于工程浩繁，期限紧迫，清政府指派醇亲王亲自负责，为工程监督、监修的官吏大员达一百余人。仅是工程所需木工就招雇了一万多人。慈禧对工程要求极为苛刻，指令各殿阁内外的油饰、糊饰，一律要"见新"，要完全按照她的懿旨设置，不许擅自更动。她一天两次派宠信太监李莲英去工地相看、督促，如同催命。这项工程计花掉白银两千余万两，而19世纪80年代清王朝驻德国公使李凤苞秉承李鸿章的旨意与德国伏尔铿舰厂打交道，买了两艘六千马力的"定远"与"镇远"铁甲舰，一艘两千八百马力的"济远"钢甲舰，才花了白银四百万两，修"三海"的钱，是买这些战舰的五倍。

"三海"工程结束后，慈禧便搬进去，开始了她的所谓"归政怡养"生活。慈禧归政后，一方面，恣意享乐、听戏、作画、玩赏珍品，甚至专门让人修了一条从中海仪鸾殿到北海镜清斋的小铁路，从法国进口了一辆豪华的小火车，供自己享用。更有甚者，她不愿意听到机车的声响，便摘掉机车，改由太监拉着走。另一方面，她始终牢牢地掌握着国家大事的裁定权，重要事情都要亲自听取大臣奏议，重要奏章和咨文都要亲自阅定，即使不在养心殿上，光绪皇帝的一举一动也在她的严密监视之下。

光绪二十年（1894）十月初十，是慈禧的六十大寿。慈禧作为一代女枭雄，在任何事情上都要高人一等。这次整寿庆典，她要争取超过历代皇后，乃至历代皇帝。为了搞好这次庆典，她早在两年以前就开始着手筹备。光绪十八年，皇帝发下谕旨，认为慈禧寿典是举国盛事，所有应备仪式典礼，都必须专派大臣敬谨办理，并成立了庆典处，抽调众多亲王、大臣专门负责办理庆典事宜。待到庆典时，举行了一系列筵宴、演出，其奢华靡费已到了无以复加的程度。为了满足自己穷奢极欲的需求，慈禧公开向京内外的官吏们索取寿礼。王公大臣谁也不放过这个讨好慈禧的机会，绞尽脑汁，多方搜劫，向她进贡各种珍品和钱财。其中仅在苏州定制各色精美袍褂多达一百三十五套，耗银达三万八千多两。庆典之日，有各项隆重仪式、奢华场面、大小戏台及名艺杂耍，还有星罗棋布的人造景观。慈禧的日常生活也极为奢侈，穿的是精制绫罗绸缎，吃的是精选山珍海味。

慈禧还恬不知耻地将自己神化，她曾把自己装扮成观音菩萨模样，端坐在所谓仙桃树下，并让一童子手棒仙桃和灵芝，念念有词地呼"佛爷"，向自己"虔诚敬献"。

然而正值慈禧庆寿之年，日本借口"东学党事件"出兵朝鲜，并袭击中国在朝鲜的军队，接着又挑起了对中国海军的"黄海大东沟海战"。就在这战火纷飞、国败民亡的危急关头，慈禧竟以庆典为重、国事为轻，对日本侵略者一再忍让，乞求美英等国从中"调停"。结果就在光绪二十年，慈禧"六旬庆典"进入高潮时，日军攻占了大连，大肆杀烧抢掠。一方面是生灵涂炭、血流成河、国土沦丧，一方面是升殿受贺、大宴群臣、赏戏三天。这是多么鲜明的对照！慈禧的投降卖国路线导致了中日甲午战争的失败，签订了丧权辱国的《马关条约》，承认日本对朝鲜的控制，割让辽东半岛、台湾和澎湖列岛，赔偿日本军费两亿两等，从而把中国进一步推向半封建半殖民地的深渊，加重了中国人民的苦难。在《马关条约》签订不久，北京城门口就出现了一副讽刺慈禧的对联："万寿无疆，普天同庆；三军败绩，割地求和。"在那样黑暗专制的统治下，竟然会出现这样的对联，说明人民已经愤怒至极。

在全国一片愤怒的谴责声中，台湾人民发出檄文，声言要杀死李鸿章、孙毓汶、徐用仪等卖国贼，慈禧也感到众怒难犯，不得不免去李鸿章直隶总督、北洋大臣之职，仅留大学士虚衔。孙、徐先后退出军机处。慈禧把失地赔款的责任推给光绪皇帝之后，就带上李莲英跑到颐和园享福去了。

甲午战争以后，随着民族危机空前严重和民族资本主义的初步发展，七八十年以来在少数先进知识分子中流传的改良主义思想，逐渐形成一股强劲的改良主义思潮。以康有为等人为代表，举起"变法""维新"的旗帜，向封建专制制度提出挑战。面对这种局势，光绪皇帝和慈禧太后的态度截然不同。

光绪帝很希望利用改良派这股力量对付后党，将慈禧手里的大权夺过来，使自己和国家的处境都得到改善。光绪二十四年（1898），光绪帝颁布诏书，正式表示了变法的决心。接着，他任用了康有为、梁启超、谭嗣同等人，一连发布了几十道改革的命令，决定修铁路、采矿产、办实业、开银行、改革官制、兴办新式学堂等。这些法令对于发展资本主义是有利的。这就是历史上有名的"戊戌变法"。

对于光绪皇帝的这些举动和变法维新者的一系列活动，守旧大臣们纷纷向慈禧反映，希望她尽快出面阻止。善于搞阴谋诡计而又阴险毒辣的慈禧，表面上不动声色，装出"既归政，则不再干政"的淡漠态度。但等光绪皇帝推行新政到了最热烈的时候，她突然动手，打了光绪帝一个措手不及。慈禧迫使光绪皇帝下令免去他的老师维新派翁同龢的职务，并逐回原籍。接着下令凡授任新职的二品以上大臣，都必须到她面前谢恩，从而控制了用人权。并且任命她的亲信荣禄为直隶总督，并且加文渊阁大学士，统率董福祥、聂士成、袁世凯的北洋三军，之后又取消了已经采取的各项变法措施，亲手葬送了这次使中国走向富强的机会。

镇压了变法维新运动以后，慈禧与帝国主义列强的矛盾日益激化。慈禧要对参加变法维新的骨干分子斩尽杀绝，但是一些重要的维新人物却在帝国主义国家的掩护下逃走了。康有为在英国人的掩护下逃到了香港，梁启超也在日本人的掩护下逃往日本。这对于唯我独尊、为所欲为的慈禧来说，实在是不能容忍。

慈禧囚禁了光绪皇帝，却对外界宣布光绪皇帝病得很重。各国公使不相信，要求派法国医生进宫探病，慈禧坚决不允许，在各国公使的极力强求下，才答应把法国医生召进宫来，去给光绪皇帝看病。没想到，这位医生看完病以后对人们说："皇帝血脉正常，根本没有什么病。"对此，慈禧很是恼火。

慈禧对光绪皇帝反对自己、支持变法运动一直耿耿于怀，因此她要废掉光绪皇帝，另立一个听话的皇帝。不久，她选中了端郡王载漪的儿子溥俊，将其立为大阿哥，准备继承皇位。没想到她这种做法竟遭到了中外许多人的反对。慈禧派人去说服各国驻京公使，让他们前来祝贺。但各国公使都不来捧这个场，使得慈禧非常下不来台。

这时，中国北方兴起了反帝灭洋的义和团运动。就连天津、北京也处处设"拳场"，反映了人民群众对帝国主义的极端愤恨。帝国主义列强要求慈禧对义和团予以镇压，并以保护使馆为名直接出兵。慈禧对义和团是"剿"是"抚"举棋不定。恰巧在这时候，有一个谣言传入慈禧的耳朵，那就是洋人发出最后通牒，要求她把政权交给光绪皇帝。慈禧大怒，决定向美、英、法等八个国家宣战。光绪二十六年（1900），慈禧召开御前会议，正式向八国联军宣战。

谁知宣战才几天，慈禧出尔反尔，竟派荣禄前往各国使馆慰问，表示愿意马上停战议和。荣禄亲自领兵来到北御河桥，在一块木牌上写着"钦差大臣荣禄，奉慈禧太后的命令，前来尽力保护使馆"。在战争进行最激烈的时候，慈禧派奕劻去慰问各国公使，送去瓜果、蔬菜、米面，放到使馆聚集的东交民巷街口，任由洋人自行拿用。慈禧还无耻地说："这是我关怀笼络外国人的一点意思。"充分表现了她对外"宣战"的骗局。在这种情况下，尽管义和团英勇战斗，不怕牺牲，也难以扭转不利局势，八国联军很快逼近了北京城。

光绪二十六年，慈禧扮成农妇模样，携带光绪皇帝和大阿哥，在部分大臣和太监的簇拥下，狼狈西逃。临行前，珍妃出面请求皇上不必西去，应该留下来处理和各国讲和的事情。慈禧平日最不喜欢珍妃，见她此时又反对自己，竟命令太监将珍妃推入井中淹死了。

在西逃过程中，慈禧这个不可一世的女人吃尽了苦头。但是，境况稍有好转，她又威风起来。逃到西安以后，慈禧把巡抚衙门作为行宫，又过起了纸醉金迷的生活。单是每顿饭选菜谱就有一百多种，鸡鸭鱼肉、燕窝海参，应有尽有，每天都要用二百多两银子。可慈禧却说，这可比在北京的时候节约多了！

早在西逃路上慈禧就派李鸿章充当全权大臣，与八国联军谈判求和。并用光绪帝名义发布上谕，赖掉她"宣战"的责任，并把她利用过的义和团与主战派大臣作为替罪羊，斩杀了主"抚"的刚毅、徐桐等人，以此讨好洋人；同时一再催促李鸿章、奕劻等与侵略者讲和。八国联军明知宣战责任在慈禧，也不再追究。因为他们发现慈禧仍可作为殖民者统治中国最听话的工具。这样，清朝军队与八国联军很快就勾结起来，扼杀了义和团运动。

光绪二十六年年底，外国侵略者提出"议和大纲"十二条，慈禧连忙下令："所有十二条大纲，应即照允。"没经过多少谈判，就于第二年九月签订了《辛丑条约》。条约规定：中国赔偿各国军费白银四点五亿两，分三十九年还清，连本带息共计九点八二亿两，以海关税、盐税等作抵押；允许各国在京、津和山海关驻兵；清政府保证禁止国内人民反对帝国主义的活动；等等。惊人的巨额赔款加速了中国人民的贫困和社会经济的凋敝，苛捐杂税又一批一批地压在了全国人民头上。而"使馆区"的设立、炮台的平毁以及北京至山海关一带驻扎外国军队，则严重破坏了中国主权。清政府还义务地替侵略者镇压中国人民的反抗。这就表明清政府已经完全变成了帝国主义豢养的走狗，卖国求荣的慈禧却为保住自己的地位而满心欢喜。就在光绪二十七年（1901）八月，西安城张灯结彩，锣鼓喧天，慈禧一行三千多辆马车，满载着金银、古董，浩浩荡荡起驾回京。此番东归，绝非当初狼狈西逃时可比，一路上竟然以黄沙铺路，大肆搜刮，极力挥霍，穷奢极欲。半路上，她突然接到李鸿章病死的消息，十分悲痛。李鸿章死前又向她推荐了袁世凯为直隶总督兼北洋大臣。

光绪二十七年十一月，慈禧一行回到北京，结束了西逃生活。她到京后十天，就举行盛大宴会招待各国驻华使节及其夫人，极尽献媚求宠之能事。

慈禧西逃回到北京后，仍然将光绪皇帝囚禁在瀛台，自己大权独揽，参照"西法"，整顿一切政事。实质上，就是更加顺从帝国主义的驱使和控制，使清朝政府进一步买办化。慈禧不打自招地说："我们现在全力实行整顿政事，就是为了以后给各国提供更大的实惠。"于是帝国主义加紧了对中国的经济掠夺，中国的民族危机进一步加重。在这种情况下，反帝反封建的革命斗争也进入了一个新高潮，孙中山先生领导的资产阶级民主革命开始兴起。为了抵制日益发展的革命运动，挽救自己的统治地位，1906年，慈禧开始玩弄"预备立宪"的骗局，实行了一些不伦不类、欺世盗名的改良政策。但是此时，一场大的革命运动已如"山雨欲来风满楼"，慈禧也即将走完她一生中最后的岁月。

慈禧这个挥霍无度的女人，哪怕在她生命将近终结之时，也没有忘记利用权力及时行乐。光绪二十九年（1903），慈禧心血来潮，提出乘火车去谒祭东西祖陵，但当时并没有从北京城通往东西陵的铁路，为了满足慈禧的要求，只得立即抢修，结果单是铁路铺修到东陵，就花了一百五十三万多两白银。她过七十三岁生日时，仅袁世凯就送她两套玄狐裘袍褂，一支旗妆大梁头横簪，两支伽楠香木中镶宝石珠凤，还有一枝一人高的大珊瑚。盛宣怀则送了一批宋、元、明三朝名家书画，又用一千两黄金，打造了九柄金光闪闪的大如意。其挥霍程度，可见一斑。

慈禧直到生命的最后一刻，也没有放弃权力。光绪皇帝死后，她立即立了醇亲王载沣的儿子溥仪为皇帝，定年号为"宣统"。当时溥仪年仅三岁，自然什么事也不懂，因此慈禧又一次发布懿旨："小皇帝年纪还小，应当专心学习，所有军国政事，都按我的训令施行。"第二天，慈禧便死在了中海仪鸾殿，终年七十四岁。慈禧死后，由徽号加谥号通称"孝钦慈禧端佑康颐照豫庄诚寿恭钦献崇熙配天光圣显皇后"。

慈禧的死，与傀儡皇帝光绪之死只一天之隔，而且帝后矛盾已是公开的秘密，因此，两人之死的关系，便成为历史上一大公案。后经检验光绪遗体与毛发，光绪皇帝确系砒霜中毒而死。虽然人们并未找到证据证明慈禧与此事有关，但慈禧仍是毒死光绪的最大嫌疑人。

慈禧一生给中国人民带来了巨大苦难。慈禧死后，慑于她的余威，清政府对她实行厚葬，又浪费了国家大量的物力和财力。慈禧的棺材，木料取自云南深山老林，光是运费就耗银数十万两。棺材成型后，用一百匹高丽布缠裹衬垫，然后油漆达四十九次之多，抬棺的杠夫分十几班，每班一百二十八人。出殡那天，送葬队伍达十几里，所过之处，凡有碍的建筑物，无论大小，一律拆除。从北京城到东陵，走了七天，途中这么多的人要设多少临时住所，已经不可计算。从慈禧断气到把她埋入地宫，折腾了将近一年的时间，耗白银达一百二十多万两。

慈禧厚葬的真正体现之处，还在于她的随葬品之多、精、珍、异。慈禧的随葬品之丰富珍贵，是世界上任何帝王都难以比拟的。在慈禧的珍珠凤冠上，最大的一颗珍珠大如鸡卵。其口中所含夜明珠，在夜间百步之内光可鉴发。其身旁所放的众多佛像，全用金、玉、翠和宝石精雕而成。其他翡翠西瓜、玉石莲花、蝈蝈白菜、珊瑚树以及各色宝石制成的奇贵珍品，共计二千多种，价值难以估量。

但正是这等厚葬，终于使她死后也不得安宁。民国十七年（1928），军阀孙殿英借军事演习的名义，将部队开进东陵，炸开慈禧陵地宫，当撬开慈禧棺盖时，慈禧面貌如生，似如睡觉，令在场者无不惊讶。据说当时

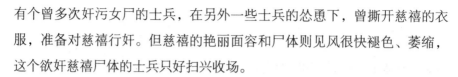

有个曾多次奸污女尸的士兵，在另外一些士兵的怂恿下，曾撕开慈禧的衣服，准备对慈禧行奸。但慈禧的艳丽面容和尸体则见风很快褪色、萎缩，这个欲奸慈禧尸体的士兵只好扫兴收场。

东陵大盗后，在全国各界人士的强烈谴责下，蒋介石曾下令严加惩办首恶孙殿英。孙殿英通过各种关系，将珍宝九龙宝剑、慈禧口含夜明珠、翡翠西瓜、朱红大朝珠等，分别送给了蒋介石、宋美龄、宋子文、戴笠等人，使此案不了了之。后来，被盗的慈禧陵初由溥仪进行收拾殓葬，后经有关部门重新整理，并将慈禧尸体进行防腐保护，重新入棺，向游人开放。

聪明绝顶、专横一世、给中国人民造成巨大灾难的慈禧，无论如何也不能料到，死后竟然会被人挖坟掘墓，落得尸骨难全。

第十章　清穆宗爱新觉罗·载淳皇后阿鲁特氏

阿鲁特氏出生于清王朝唯一的满人状元阿鲁特·崇绮之家，生性贤慧，知书达理。同治十一年（1872），她被立为皇后。时年同治帝十七岁，阿鲁特皇后十九岁。

在同治皇帝十七岁时，两宫太后决定为他选立皇后。经过层层筛选及一轮轮激烈的竞争，最后选出了十名拔尖的"秀女"。经第一轮挑选，先从十人中选出了四人，这四人将是一后一妃和两嫔。其中，刑部员外郎凤秀之女富察氏、翰林院侍讲官崇绮之女阿鲁特氏，即在这首选四人之中。当时，慈禧要立富察氏为后，慈安则说："富察氏虽然长得漂亮，但举止轻浮，不足以母仪天下。而阿鲁特氏雍容端庄，又知书达理，应是皇后的理想人选。"在两宫太后意见不一的情况下，又问同治皇帝和恭亲王奕䜣的意见，结果皇帝和恭亲王都同意慈安的看法，于是就决定立阿鲁特氏为皇后，立富察氏为慧妃。慈禧对此极不满意，但当时她还没有完全掌权，也只好服从大家的决定。

同治帝此次大婚，耗资十分惊人，经不完全统计耗费白银一千一百三十万两，相当于当时全国一年财政收入的一半。所幸同治帝与皇后成婚后感情甚好。帝后之间情趣比较高雅，相亲相爱，堪称相敬如宾。但由于慈禧太后对阿鲁特氏心怀不满，所以她看到皇帝载淳对阿鲁特氏好，便格外不高兴。于是就对皇帝的私生活横加干涉，不让皇帝与阿鲁特氏同居，"欲令慧妃专夕"。小皇帝载淳也有几分倔强，偏不依母亲，干脆谁的寝宫也不去，一人独居乾清宫。载淳与慈禧太后母子失和，更使慈禧太后迁怒于阿鲁特氏，认为是她挑唆儿子不听自己的话。这给皇后带来了厄运。

时慈禧爱看淫戏，皇后陪慈禧每看到淫秽地方时，都侧脸回避不看，慈禧对她很不高兴，并当面骂她是假正经。之后，慈禧便挑唆同治说："皇后性情高傲，不如慧妃贤淑，你以后要多召慧妃，少见皇后，以免影响政务。"由此，同治帝与母后慈禧更加不和。但慈禧却认为母子不和，原因出在皇后身上，于是便大骂皇后是"狐媚惑主"。皇后一时忍耐不住，遂言道："我乃奉祖宗之命，由大清门迎入，本光明正大，何言狐媚惑主？"慈禧认为皇后是在讥讽、挖苦她，恼怒难当，扑上去抓住皇后的头发，便连撕带打，竟将一撮头发连同头皮揪了下来，皇后顿时血流满面。而慈禧仍不解恨，又命太监以杖刑伺候，同治帝从未见过如此凶惨的场面，当场就吓得昏了过去，不日而死，终年二十岁。

阿鲁特氏与皇帝婚后两年多的时间，同居的日子尚不足两个月。这当然主要是由于慈禧太后从中作梗的缘故。皇帝载淳身死，庙号定为"穆宗"，尊谥用"毅"字。穆宗毅皇帝的称号定了，穆宗皇后亦须有一封号，慈禧太后在内阁拟呈的字样中，圈定"嘉顺"二字。这实际上是对阿鲁特氏的一个警告，意思是顺从始可嘉，即使是逆来也要顺从。此后，阿鲁特氏以泪洗面，过了不长时间，在光绪元年（1875）二月二十日半夜三更时分香消玉殒。距离同治帝死日仅差两个半月。在一百天内皇帝皇后先后去世，这在历史上极为罕见。

阿鲁特氏死时仅二十二岁。她活着时，慈禧太后对她百般挑剔折磨，死后的丧仪却颇隆重。当天即发出了一道上谕、一道懿旨，派礼亲王世铎领头办理，又加派恭亲王奕䜣主持，很是大操大办了一番。刚死时梓宫暂时安置在隆福寺。直到光绪五年，惠陵修好后，才与同治皇帝合葬在惠陵，光绪皇帝给阿鲁特氏加谥。到宣统年间又加谥，谥号全称是"孝哲嘉顺淑慎贤明恭端宪天彰圣毅皇后"。

第十一章 清德宗爱新觉罗·载湉皇后叶赫那拉氏

光绪十四年（1888），光绪帝载湉十八岁了，已到成婚的年龄。西太后慈禧吸取同治帝选后的教训，一手操办了光绪帝的终身大事。当时经层层筛选，已确定皇帝后妃的候选秀女五人。其中，站在最前面的是慈禧胞弟都统桂祥之女叶赫那拉氏静芬，站在第二、第三位的是江西巡抚德馨之女，最后两位是礼部左侍郎长叙之女。清制规定，凡选中的皇后，要由皇帝亲手赐给"玉如意"；选中妃子者，则赐给一对荷包。当时由慈禧坐镇，让皇帝挑选。光绪帝依次看了一遍，他看中了德馨的两个女儿，在他准备把"玉如意"递给其中一女时，慈禧瞪大了眼睛，用嘴暗示光绪把"玉如意"递给桂祥之女，光绪很不高兴。慈禧又怕德馨两女被光绪指选为妃，将来会与自己的侄女争宠，于是便不让光绪再选，而急忙命人匆匆把两对荷包直接塞给了长叙的两个女儿。这场皇帝立后选妃的大事，在慈禧的操纵下，就像一场傀儡戏，在台前的傀儡皇帝，只能忍气吞声，按慈禧的意思来办。

叶赫那拉皇后比光绪大三岁，婚后二人感情不好。光绪帝是慈禧胞妹之子，皇后是慈禧胞弟之女，慈禧原本是想亲上加亲，以便由她进一步把持朝政。因光绪认为皇后是慈禧特意安排在自己身边的密探，故常不去坤宁宫，使皇后备受冷落。软弱的皇后无奈，只得到慈禧那里哭诉，不免说一些皇帝宠爱珍妃的话。于是慈禧便经常辱骂珍妃，又责怪光绪对皇后无礼。这样，皇帝与皇后、皇太后的矛盾日益加深。

在戊戌变法运动中，慈禧"后党"密谋发动了宫廷政变，杀害了维新派谭嗣同等六人，并将支持变法的光绪帝囚禁于瀛台。这时，慈禧除安排皇后每月两次去看光绪外，其他任何人不得接近。皇后去时，也只是三言两语，彼此无话可说，帝、后之间关系非常冷淡，已有敌对之意。

光绪二十一年（1895），适值慈禧太后六十大寿，福州将军出缺，那拉氏皇后欲将此职位给她的舅舅，因珍妃颇得光绪帝宠爱，便让珍妃请于光绪帝，珍妃不悦，谢绝说："谁去说都是一样。"皇后十分恼火，认为珍妃恃宠而骄，竟敢违抗皇后的懿旨，气冲冲地跑到慈禧那里告珍妃欺压皇后。慈禧本来处处护着皇后，平时有对皇后小不敬者，都要受到严厉责罚，今天听说敢欺压皇后的竟是平日忌恨的珍妃，便火冒三丈，说一定要给皇后出气。

当时慈禧住在南海仪鸾殿，光绪帝住在瀛台，皇后和珍、瑾二妃住在同豫轩。慈禧马上传令同豫轩侍奉珍妃的宫女、太监等到仪鸾殿，当面询问珍妃平日的起居情况。慈禧太后暴跳如雷，大声喝问宫女太监，宫女太监惊恐万状，跪伏在地上，战战兢兢地说："珍主子平时很是谦和谨慎，从来没出过大差错。"慈禧听后更是大怒，怀疑宫女太监不说实话，喊过掌刑太监："给我打！"直打得太监皮开肉绽，仍和前面说的完全一样。

这时珍妃已赶到仪鸾殿，慈禧便把怒气转向她，让太监用掌打，命她说实话。珍妃一向被皇帝宠幸，如今当众受辱，痛不欲生，但仍不向太后低头。慈禧更加恼怒，下令夺其妃号，降为贵人，宫监减逐大半。这次后妃之争斗可以看作光绪朝后妃之争的一个缩影，对于这种后妃纠纷，有人完全归结为宫廷中的所谓"醋海兴波"，是不确切的。光绪朝的后妃之争除了风情醋意的原因之外，还反映了慈禧太后与光绪帝的矛盾。此后光绪帝更加厌恶皇后，她的生活更加孤独寂寞了。

有一天，慈禧太后到景仁宫去，行至流水观音地方，见撑船太监未穿宫袍，大怒，认为他们大不敬，下令杖打，当时宫杖未到，便下令让人拿轿竿打，直打得太监皮开肉绽，哀痛不已。等到了同豫轩，见皇后和珍、瑾二妃都因害怕慈禧的威风而吓昏过去了，慈禧连忙去告诉光绪帝，光绪听后，气急败坏地说："死就死了，此后永不立后。"慈禧太后见状也无可奈何。

有一次，光绪帝发怒，把皇后的发簪扯下摔碎，那簪子是乾隆时的遗物，皇后向慈禧诉苦，慈禧表情沉郁，没有多说话，只是叫她以后注意点儿。从这件事后，皇后与光绪帝分居，具体年月虽不可考订，到光绪死时已有十年了。

那拉氏皇后在孤寂的宫廷生活中，开始找些事干来填补空虚，她学会了养蚕。先取蚕子孵化，蚕生出后，每天喂新鲜的桑叶四五次，特命宫中数人晚上喂蚕。每天观察蚕的生长，吐丝做茧，见蚕变成蛾飞出，感慨万分，她或许从蚕的生长过程看到自己像蚕被束缚于茧中一样被束缚在宫中吧？丝成后，她还拿到慈禧太后那里去鉴赏，慈禧也取出年幼时所制的丝来与皇后的新丝比较，两者同样精美。

然而这种孤寂平淡的生活很快被八国联军的炮火给打破了。光绪二十六年（1900），八国联军攻陷北京，慈禧急忙乔装成农妇的模样，准备携光绪帝逃往西安。临行时，光绪心爱的珍妃求慈禧将她和光绪留下，设法与洋人交涉，以稳定大局。慈禧本就视珍妃为眼中钉，这时又听她这么说，更加恼火，便命人将珍妃推入井中淹死。

光绪三十四年（1908），光绪帝与慈禧相继去世，由年仅三岁的醇亲王载沣之子溥仪即位，是为宣统皇帝。宣统称光绪皇后为"兼祧母后"，尊为皇太后，上徽号"隆裕"，又称"隆裕皇太后"。由她垂帘听政，由溥仪的父亲载沣为摄政王。

隆裕为人，平庸无识，优柔寡断，比慈禧远远不如。慈禧在政治上残暴自私，但处理朝政上还算有些能力，对于王公大臣，也有一定的笼络手段。而隆裕则一切为其宠监小德张操纵，个人毫无主见，在政治上毫无建树。名义上是由她临朝听政，而朝政实权则多由他人操纵。

隆裕为政不及慈禧，在生活上的奢侈却与慈禧相去不远。她的贴身太监小德张胆大妄为，在宫外公开拉拢王公大臣，在宫内也是说一不二，许多他想干的事，给隆裕说一下便定了。先前宫中有几座佛殿，慈禧太后时年久失修，已经毁坏不堪使用。小德张怂恿隆裕修理，报销的钱数竟达二百多万两。当时内务府大臣李乐峰说报销不实在，并要求给予处分。隆裕知道这笔钱的经手人是小德张，便保持缄默，压下不问，隆裕与小德张的关系亲密，可见一斑。隆裕在服丧期间，按清制应换乘青色的轿子，制轿的费用竟达七十多万两，小德张经手这件事，贪污之巨，令人咋舌。

光绪死后，隆裕曾想仿效慈禧"垂帘听政"。等到奕劻传出慈禧遗诏立溥仪为皇帝、载沣为监国摄政王时，隆裕虽取得了军国大事的一定的决定之权，但离"垂帘听政"的美梦还相差甚远，自己又没有力量来实现这一美梦，她心中不快，以致迁怒于摄政王，与载沣发生了矛盾，后又受太监小德张怂恿，在宫中东部大兴土木，修建"水晶宫"，以为玩乐之所。按清代制度，在"国服"期间，不得兴修宫殿，然而隆裕对此并不顾忌。尤其在当时清政府正在兴建新式海陆军，所需经费极大，国库本来已经空虚了，建军的费用尚且不足，而隆裕不管这些，竟然命令度支部拨出巨款来兴修宫殿，以为个人娱乐，引起朝野的不满和议论。后虽然因为革命军起事而不得不停止，但这件事更显露了隆裕的平庸无识。

而载沣生性懦弱，在政治上也无主见，他在受命监国执政期间，里有隆裕掣肘，外受那桐等人挟制，他的地位虽是监国摄政王，并没有任何作为的余地。如对隆裕兴建"水晶宫"一事，本来可以用既"违反祖制"又影响建军的正当理由进行阻拦，但由于他怯懦怕事，不敢多说话，也就不置可否地听之任之。

宣统二年（1910）六月，载沣命毓朗、徐世昌为军机大臣。数日后，隆裕命载沣将这两个人撤去，载沣婉言相劝请求暂缓行事。隆裕毫不让步，载沣不得已，反驳说："太后不应干预用人行政大权。"隆裕也无可奈何。像这样隆裕凭自己的感情冲动来制约载沣的事情，屡屡出现。

光绪死后，隆裕在他的砚台内发现光绪亲自用朱笔写的"必杀袁世凯"的手谕，自己不敢决断，便交给载沣处理，载沣犹豫不决，与奕劻、那桐等人商量。奕劻、那桐力主保袁，让袁世凯借假病名义辞职回家。袁世凯辞职后，隆裕和载沣毫无远见，不把他控制在北京，反而是放虎归山，以致最终酿成大患。

1912年，袁世凯又与内阁大臣联衔上奏清廷，奏请清帝退位。奏折中大谈军饷紧急、海军尽叛、强邻虎视、人心涣散等。袁世凯还手捧奏折到养心殿来见隆裕太后，他一副故作悲痛的样子，一边耸动着双肩，抽缩着鼻子，流着眼泪，一边向隆裕太后断断续续地诉说着。隆裕一言不发，只用手帕拭着流不尽的泪水。坐在隆裕旁边的幼小无知的宣统皇帝，不知地上跪着的矮胖老头为何人，听不懂他嘴里说的是什么，也不明白两个大人因何啼哭，心里非常纳闷儿。

　　隆裕被袁世凯出色的表演弄得六神无主，不知所措，忙和王公贵族商量。皇族亲贵多把共和看成洪水猛兽，把袁世凯看作逆臣、革命党的奸细，并想方设法除掉他，载泽还弹劾袁世凯："前借口军饷不足，不能开战；后颁短期公债，勒捐亲贵大臣，合内帑黄金八万两，款近千万，仍不开战，是何居心？"隆裕被弄得将信将疑，更是举棋不定。

　　同年一月十七日，隆裕召集宗室王公召开御前会议，讨论是否实行共和的问题。奕劻和贝子溥伦主张自行退位，颁布共和。隆裕一听抱着宣统大哭。溥伟和载泽坚决反对，会议无结果而散。第二天，仍无结果，良弼、溥伟、铁良等王公大臣成立了保卫清室、反对议和的宗社党。

　　两日后，隆裕又召开御前会议，赵秉钧、胡惟德等人也参加了，一齐向清政府进攻。赵秉钧指出，由于革命党人力量强大，北方军队已不足恃，故袁世凯欲设临时政府于天津，要隆裕和王公大臣们讨论。王公大臣们立刻看清了袁世凯的嘴脸，一致反对，慷慨激昂。胡惟德、梁士诒用财政困难、军费匮竭、无法打仗、外国将来干涉等理由进行说服，没起作用。赵秉钧等人看到阴谋无法得逞，立即采取威胁手段，奏请："人心已去，君主制恐难保全，恳赞同共和，以维大局。"赵秉钧凶相毕露，指斥王公贵族会而不议、议而不决，声称再如此下去，就要辞职不干，说完扭头就走，胡惟德、梁士诒也愤然离去。隆裕吓得不知所措，会议依然无结果。蒙古王公纷纷出京，各回本旗，组织所谓"义勇勤王敢死队"。

　　几天的御前会议，弄得隆裕头昏脑涨，茫然不知所措，除了抱着小皇帝大哭外，没有其他办法。太监总管小德张和贪官奕劻、那桐受了袁世凯的贿买，从内部对隆裕太后进行恫吓。隆裕对小德张百般信任，小德张被收买后，整天像一条狗一样，拼命在隆裕面前危言耸听，说什么"各省纷纷独立，前敌军队撤不下来，外债无望，饷项难筹，若不答应民党的要求，则革命军杀到北京，您的生命难保"，倘能依从让位，则有"优待条件"，"仍可安居宫闱，长享尊荣富贵，袁世凯一切可以担保"。

　　奕劻为了迫使清政府屈服，不惜当众扯谎。有一次隆裕召见他，他进宫后对大众声言："革命军已有五万之众，我军前敌将士皆无战意。"见到隆裕后，又威吓说："革命党军队已有六万之众，势难与战。"数分钟

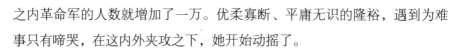

之内革命军的人数就增加了一万。优柔寡断、平庸无识的隆裕，遇到为难事只有啼哭，在这内外夹攻之下，她开始动摇了。

几天的御前会议都解决不了问题，隆裕仍命胡惟德转告袁世凯按召集正式国民会议办法与国民政府议和，袁世凯置之不理。二十四日，袁世凯上了一个奏折，一方面说南北谈判的伍廷芳复语悖妄，尚无头绪，仍与切实磋商，欺骗隆裕，一方面说他的病尚未好，继续请假，刁难隆裕。

尽管这样，隆裕仍未拿定主意。袁世凯又密令段祺瑞联合北洋将领电奏赞成共和、反对帝制。段祺瑞在其通电中说："昨闻恭王、泽公阻挠共和，多愤愤不平……压制则立即暴动，敷衍亦必全溃。……是动机已兆，不敢再为迟延。"要求实行共和。袁世凯在同一天也上奏清廷，提出清帝退位后皇室优待条件问题，并威胁说清政府如果不实行共和，他不保证清帝退位后受到优待。

宗社党的首领良弼被炸，京师震动，上朝时，隆裕掩面大哭说："梁士诒啊！赵秉钧啊！胡惟德啊！我母子二人性命，都在你三人手中，你们回去好好与袁世凯说说，务必保全我们母子二人性命。"

赵秉钧闻言首先大哭，誓言保驾，满朝一片悲声。王公贵族闻风丧胆，有些人潜往青岛、大连、天津的外国租界，藏匿不出。隆裕更是惊慌不已，为保全清政府，仍尽力拉拢袁世凯。良弼被炸后，隆裕颁发懿旨封袁为一等侯爵，并命退归藩邸的醇亲王载沣到袁世凯的住所传旨，督促袁世凯入宫谢恩。

袁世凯再三辞谢，恳请收回成命，隆裕命他不要推辞，袁再次上奏说自己"有罪当诛，无功受禄"。隆裕还是不准，袁三次上折申述："现在事变到这个地步而受高爵拢，祖制不容，现在危险日益迫近，困难很多，朝廷爱臣，不可让臣受到拿权柄要挟封赏的讥讽。"隆裕还是不准。袁又第四次上折说："现在大局震动，人心动摇，成败利钝，未敢预料。世变如此之大，已陷于水深火热之中，如果受这一高爵位，窃取如此高的荣誉，不单在前代人面前感到羞耻，也怕被后来人耻笑。"隆裕固执己见，一心想拉拢袁世凯，还是不准袁世凯的请求，袁世凯没有办法，只得接受。

隆裕一心想用封赏的办法拉拢袁世凯，使他效忠清室，袁虽接受了封赏，但他并不领情，继续进行逼宫活动。袁世凯为了夺取全国政权，一月二十九日命杨度在北京发起组织共和促进会，宣布目前主张君主立宪为时已晚，为救国家危亡，保全皇室，只有实行共和。

这天，袁世凯上奏："近议国体一事，已由皇族王公讨论多日，当有决定办法，请旨定夺。臣职司行政，惟遵朝旨。"催促清政府迅速做出选择，早早退位，并把一切推给朝廷自行处理，加紧刁难要挟。隆裕在其催逼下，整日抱着宣统皇帝痛哭流涕。载沣向来缺乏主见，不敢参与决策。皇室贵族束手无策，乱作一团。

隆裕所能采取的唯一办法是尽可能拖延时日。二月一日，她召开御前会议，提出来取虚君共和政体，即君主不干预国政的办法把皇帝保留下来。民国政府和袁世凯都表示反对。隆裕见无路可走，经过反反复复考虑比较，觉得保留性命，退位后享受优待条件，总比宗族覆灭的结局强得多。无奈，她只好做出了皇帝退位、颁布共和的决定。

二月三日，隆裕授袁世凯以全权，与南方协商清帝退位条件，袁的病马上不治而愈，当即把所拟的退位条件电告唐绍仪转伍廷芳。并密令段祺瑞以前敌将领的名义发表通电，电文说，现因几个王公阻挠共和，使全局危险，四面楚歌，万民受困，京津两地暗杀党林立，稍疏防范，祸变即生等。

1912年十二月，软弱无能的隆裕太后，在清宫养心殿战战兢兢地签发了《清帝逊位诏书》。从此，统治中国长达二百六十八年的大清王朝，在她手里正式宣告灭亡。同时，曾持续两千多年的封建制度，亦由此宣告结束。

隆裕太后退位后，仍暂居宫中，每日徒有虚名地以"教养皇帝""整饬宫闱"消磨日子。终因郁郁寡欢而病死，享年四十六岁，谥为"孝定隆裕景皇后"，葬于崇陵。

第十二章　清末帝爱新觉罗·溥仪皇后郭布罗氏婉容、妃鄂乐德特氏文绣

　　郭布罗氏婉容是内务府大臣荣源之女，原籍黑龙江省龙江县忙牛屯。婉容出身于世袭贵族家庭，其曾祖父长顺曾任吉林将军，其父荣源继承了祖上留下的大批房地产，后任逊清宫内务府大臣，其母爱新觉罗·恒馨是皇族毓朗贝勒的次女，人称"四格格"，她是荣源在原配夫人死后继娶的妻子。婉容自幼长于深闺，姿质天然，是一位富有教养的才女。

　　1912年2月12日，宣统帝溥仪逊位。根据《优待皇室条件》的规定，仍保留宣统皇帝尊号，逊位帝后与逊清皇室仍居紫禁城宫中。据记载，婉容被册立为皇后，却不完全是因其才色，而是出于某种偶然的"圈定"。1921年，溥仪年满十五岁，逊清皇室便开始为溥仪选立皇后。后位的归属，逊清室斗争依然激烈。时隆裕太后（光绪帝皇后）早已死去，剩下的端康太妃和敬懿太妃都想把自己的亲信立为皇后，并在议定时各执己见，互不相让。最后确定候选秀女为四人。遂拿出这四人的全身照片，让溥仪画圈决定。溥仪看了又看，比了又比，也分不出哪个最美。于是便拿起铅笔，随便在一张照片上画了个圈。此女是敬懿太妃的亲信叫文绣。这样一来，端康太妃就很不高兴。溥仪便又拿起铅笔，在端康太妃中意的照片上画了个圈，这就是婉容。这样溥仪先后画了两个圈，但清制规定皇后只有一人。最后还是考虑端康太妃的意见，确定婉容为皇后，文绣为妃子。

　　婉容当上皇后之后，其父被封为承恩公，其兄其弟均得赏护军参领，整个荣源家族都因婉容而获得了实惠。婉容是我国历史上最后一位得到迎

娶皇后礼遇的女性。当时清政府已被推翻十一年，中国社会已进入民主共和时代，但末代皇帝婚礼之隆重，较之封建社会帝王的婚礼毫不逊色。

1922年12月1日，是清逊帝溥仪的大婚之日，这天溥仪同时娶了皇后婉容和妃子文绣。大婚这天，迎亲队所经之路，均以黄土铺道，沿途观看者人山人海；迎亲队伍浩浩荡荡，军警、保安林立，军乐、鼓吹两班，彩装的汽车队、马车队、洋车队、清室及亲朋随从人员不计其数；皇后所乘的三十二抬金顶凤舆装饰华丽别致，十分气派；参加婚典的达官显贵、外国要员及中外记者共计数百人。其婚典的隆重场面，毫不逊色于历代帝王的婚礼，好像是大清王朝仍昂然犹存一样。婉容十分显赫地被立为皇后，入居紫禁城储秀宫，时年溥仪十七岁，婉容年近十八岁。

然而婉容虽名为皇后，但只是溥仪逊位后尚保留皇帝尊号的皇后。迎接她的已不是荣华富贵，而是孤独、凄凉与悲惨的生活。婉容自幼生长于官僚世家，生活条件比较优越。少女时曾在天津一所女子中学读书，又学得一些英文，琴棋书画样样都通。她入宫后不大爱惜钱财，有时脾气不好，为人不够随和，再加上她未生"皇子"，故溥仪与她感情不好，常不理她，两人既不同桌吃饭，也不同床睡觉。这样时间长了，婉容的脾气就变得更坏，还动不动就摔东西，难以伺候。

入宫后，婉容与一起被娶的淑妃文绣经常发生矛盾。在婚礼当日，溥仪就在无意中做了件损害后妃关系的事。按清室传统，在大婚前一日入宫的淑妃，要亲率女官及秀女在坤宁宫外跪迎皇后，但是，受新文化运动影响的溥仪却破除了这个旧制，宣旨免去了淑妃跪迎皇后之礼。这一下惹怒了婉容，此后后妃之间时常钩心斗角，从这里可看出婉容的爱虚荣。婉容对文绣颇为嫉妒，后来经常虐待她，使她十分痛苦。文绣后来竟多次考虑寻死。

婉容婚后在紫禁城里生活了近两年。其间虽身受宫廷家法的种种限制，但她是一位多少受过"五四"新文化洗礼的女性，入宫后仍没有放弃对美和自由生活的追求，她购买了许多新潮服装，将自己打扮得漂亮艳丽。她厌倦紫禁城里囚徒般的生活，渴望观赏城外大自然的美好景色，呼吸一下湖畔田间新鲜湿润的空气。有几次，她壮着胆子，与溥仪二人一起，以探亲为名走出宫墙，乘车在京城大街兜风，后来便游览颐和园和玉泉山。出游时几十辆汽车尾随其后，一路浩浩荡荡，好不气派。两年间，婉容还数次随皇帝出席过一些重大社交活动。如1924年1月13日，他们一起为溥杰结婚赴醇王府受双礼；1924年2月8日，他们一起参加醇王寿辰；等等。这是历代帝后都不可能有的殊荣。

婉容入宫后，溥仪曾先后聘请了两位英文教师为她教授英文。第一位教师是美国牧师的女儿师盈，第二位是美国女教师任萨姆。婉容英文水平提高很快，不仅口语好，还能写简单的书信。她在宫中给溥仪写过不少抒情短信，溥仪也用英文给她回信，并给她起了个英文名字：伊丽莎白。婉容还教会了溥仪吃西餐，开始吃时，婉容手把手地教他如何用刀，如何使叉，以及怎样吃等，后来，溥仪在婉容的影响下，渐渐地迷上西餐了。

在紫禁城的两年中，溥仪对婉容还是比较信任的，这从建福宫失火后溥仪要婉容为他守夜一事可看出来。1923年夏初，溥仪为查明珍宝失盗缘由，下令清查库存珍宝。偷盗的太监们为销赃灭迹，便放火烧掉了建福宫和附近十几座楼台亭阁。此时宫中又出现了太监报复伤人事件，溥仪想到平时他对太监的残暴，怕他们对自己行凶报复，就想挑一个可靠的人来为他守夜，挑来挑去挑上了婉容，他让婉容整夜守护在养心殿内为他壮胆。这段时间，两人感情还是融洽的。

婉容是一位富有同情心的皇后，每当她看到报纸刊出穷人挨饿或无钱就医、无力安葬的消息时，总要派人送去几元几十元。据1923年12月13日《事实白话报》载：由一群穷苦无告者组成的"北京临时窝窝头会"，一次就收到皇后使者送来的六百元大洋。婉容的行善乐施在京城是出了名的，不少人为之感动。表面看来，这时期的婉容悠闲快乐，其实内心里面有难言的苦衷，接近她的人发现她时常愁眉不展，她的贴身太监孙耀庭曾回忆说："起先皇后的脾气挺好，皇上常到她屋里来，可是很少在她屋里宿夜，只是来了说会儿话，玩玩就走。后来，皇上来的次数少了，她的脾气也变得不太好，有时候在屋里绣着花就停下来，面壁而坐，半天不吭一声。每当这时，我们就得格外小心侍候。"可见。婉容虽在宫中有令人羡慕的高贵身份，却不能像平民百姓那样享受夫妻之爱和天伦之乐，在这种虚伪无聊的环境里生活，婉容内心里充满了郁闷无聊。她也曾看书、写字、作画，后来就开始抽大烟，并让太监跪在那里给她烧烟，一烧就是半个小时。她的人生之路，从此开始一步步走向悲惨。

1924年，直系"讨逆军"第三军总司令冯玉祥发动"北京政变"，宣布废去大清皇帝与皇后尊号，驱逐溥仪及婉容出宫。溥仪夫妇一行出宫后，暂居醇王府，又居日本驻北京公使馆，不久溥仪和婉容移居天津日本租界张园。溥仪与婉容在天津住了七年，这是他们生活中最愉快的一段时光。虽然被赶出了皇宫，但他们同时也获得了自由。因为婉容少女时代曾在天津读书，熟悉地方，还有不少的学友，所以经常领着溥仪游览名胜古迹、参加社交活动、溜冰、滑雪、唱歌、跳舞，又常与不少外国朋友交往。他们每到一处，都有很多人惊异地围观，并称溥仪为"末代皇帝"，婉容为"明星皇后"。婉容每年过生日，都有很多显贵、朋友及外国友人携昂贵珍品光临祝贺，使婉容也发了大财。这时，溥仪与婉容都觉得住在天津要比宫中好得多。婉容还在继续学习国文和英语。

1931年10月，中国历史上发生了一件空前绝后的事情。文绣含泪给妹妹文珊写下遗书，准备自杀。遗书上说道："姊受专制家庭非人类待遇已九载矣！无日不以泪洗面，薄命如斯，夫复何言，惟逆来顺受、苟延残喘而已……世界之大，姊之所受压迫、虐待可为第一，姊之痛史谅吾妹皆知，无用姊再述，我经此惨变，实无颜偷生苟活，自杀之心甚切，况未来危险正多，姊命朝不保夕。若不幸而亡，念骨肉之情，千万代姊伸冤昭雪，九泉之下不忘大德！姊昨日欲自杀，念及我亲爱胞妹又不忍下手，呜呼！天何待姊如此惨酷耶？"她这次自杀，虽然未遂，但不久之后她勇敢冲出溥仪控制的封建牢笼，并在妹妹文珊的帮助下，竟冒天下之大不韪，破天荒地向清逊帝溥仪提出了离婚。

皇妃主动提出和皇帝离婚，这在当时简直是让人们无法想象的，一时间全国轰动，各新闻媒体及各界人士纷纷参与其中。尤其是潜伏的清朝遗老，多认为皇妃向皇上提出离婚，实属犯上作乱、大逆不道。于是这些封建礼教的卫士们，便乱箭齐发，对向封建堡垒挑战的文绣发起了围剿。如文绣的一个所谓族兄文绮，便向文绣来函道："顷闻汝将与逊帝请求离异，不胜骇诧。此等事件，岂我守旧人家所可行者？我家受清室厚恩二百余载，我祖我宗四代官至一品。且漫云逊帝对汝并无虐待之事，即果然虐待，在汝亦应耐死忍受，以报清室之恩。今竟出此，吾妹吾妹，汝实糊涂万分，荒谬万分矣！汝若执迷不悟，兄纵不能奈汝何，吾恐汝终不免为社会中人唾骂而死也。"

然而文绣为了自由和人权，对反对势力毫不妥协，开展了针锋相对的抗争。她曾对族兄文绮复信道："妹与兄不同父，不同祖，素无来往，妹入宫九载未曾与兄相见一次，今我兄竟肯以族兄关系，不顾中华民国刑法第二百二十九条及三百二十五条之规定，而在各报上竟然教妹耐死，又公然诽谤三妹，如此忠勇殊堪钦佩。吾兄教人耐死，系犯公诉罪。检察官见报，恐有检举之危险。至侮辱三妹，亦不免向法院告诉。"

文绣理直气壮地要求"必要与溥仪法庭相见"的强硬态度，使溥仪无奈地认法。为了不上法庭，不在公众场合丢尽"皇帝"的脸面，溥仪便请律师出面和解。经双方律师多轮会谈与磋商，终于达成了离婚协议，并由溥仪一次付文绣五万五千元终身生活赡养费。

文绣离婚后，在北京办了一所小学，并亲身任教，直至1950年病逝。终年四十二岁。她离婚后的二十多年，始终未嫁。她是中国历史上第一个敢于运用法律手段向皇帝提出离婚的皇妃，也是清朝最后一位入宫的皇妃。

1931年九一八事变后，侵华日军秘密将溥仪一行送到东北。1932年3月由日本侵略者操纵支持，将长春改名为新京，在新京成立了伪满洲国，溥仪任"执政"，年号"大同"。之后，溥仪当了傀儡皇帝，又改称为"满洲帝国皇帝"，婉容亦同时恢复"皇后"称号。从此，溥仪便公开走上了亲日叛国的罪恶之路。

溥仪上任一个多月后，伪执政府从长春市政公署搬到新修缮的前吉黑榷运局的房子，这里的八栋小楼在当时的长春是最好的建筑物。溥仪亲自为每幢房子命名，婉容和溥仪都住在缉熙楼内，溥仪住楼上西侧，婉容住楼上东侧，楼下是客厅和书斋，四壁用带有花纹图案的金黄色彩绸镶嵌，墙上挂着名画，墙角摆着落地大花瓶，整幢楼房布置得富丽堂皇。

婉容开始了"执政夫人"的生活，她心情非常兴奋，对自己的前途充满了幻想，但她很快发现，这里迎接她的不是尊严和幸福，而是新的禁锢。那是在溥仪就任"执政"三个月之后的一天，溥仪带着婉容和他的二妹、三妹坐上自己的汽车到大同公园去游玩，关东军得知后立即派兵将公园团团包围起来，硬将他们"接"回住处，并让他们保证今后不再发生类似事情。此事对婉容心情影响很大，她对"执政府"内的生活失去了兴趣，对再次身陷牢笼感到懊悔。

亲历了这一切的婉容也开始留恋在天津时那无拘无束、自由自在的生活了，于是，她寻找逃出"牢笼"的办法。据《顾维钧回忆录》一书记载，1932年5月，为调查日本帝国主义在我国东北的侵略罪行，国际联盟派李顿调查团来到东北，婉容乘机派人与代表团中的中国代表顾维钧接触，说她在此生活得很悲惨，一举一动都受到监视，要求顾维钧帮助她从长春逃走。顾深为感动，但表示对此无能为力。婉容只好留了下来，从此开始了她在东北长达十四年的软禁生活。

婉容在伪满宫中十四年的生活中，当"执政夫人"的两年还算是比较好的。这两年婉容偶尔还能出头露面，报纸上也常登出她的照片。这两年婉容的物质生活是很舒适的，溥仪每月分给她一千五百元，后随物价的上涨增加到三千元。婉容在"执政府"内有自己的膳房，虽然不能像在紫禁城中那样"吃一看二眼观三"，但仍然是荤素凉热五味俱全。伺候婉容的有四个人：两名太监和两名仆妇，还有一位名叫崔慧莆的小姐做她的闺中良伴，教她绘画、刺绣，陪她下棋、弹琴，以消磨无聊时光。

这两年中，溥仪与婉容的关系表面上还是可以的，但实际上两人之间的裂痕已愈来愈大了。两人一般很少交谈，溥仪偶尔在睡觉前去她那儿坐一会儿，夜深时便若无其事地走了。婉容心中极度冷漠、空虚和寂寞，时间一长便得了精神病，不过开始还是轻度的，不易被人察觉。

1933年8月，伪满"立法院院长"赵欣伯的妻子前往日本，婉容托她帮忙东渡，结果又没能成功。1934年3月1日，溥仪在日本帝国主义的操纵下，在全国人民的唾骂声中登上了伪满洲国"皇帝"的宝座，年号"康德"。当时，溥仪举行即位大典，他披戴着从北京取回的龙袍龙冠，祭奠受贺，盛仪非凡。日本关东军要员、伪满洲国大臣及当地各界贵客都来庆贺，独不见"皇后"露面，原来这是溥仪的决定。在溥仪担任伪满"执政"和"皇帝"期间，参加一切仪式和社会活动都不用"皇后"陪同。只有日本雍仁亲王"访满"是一次例外，因为雍仁来访前受天皇之命，要求同时会见"皇帝"和"皇后"。婉容是个有政治理想的女子，她一心想帮助溥仪完成复辟帝制的大业。她在宫中订了近十份报纸，每天坚持阅读，非常关心国家大事，溥仪对她的限制，使她非常苦闷，而这一切她又不敢对人讲，终日被无形的精神压抑和烦恼缠绕着。

缺乏性爱是他们感情淡漠乃至破裂的主因。每当溥仪夜深离去时，婉容便独自漫步庭院，当她抬头观看那轮银光闪闪的圆月时，不禁为自己没有欢乐的青春而叹息。她想起出嫁前在父母跟前那些自由快乐的时光。那时，她撒娇于父母膝下，人们称赞她的美貌、孝行和品德。而婚后一切都变了，"皇帝"女眷对她评头品足。名为"皇妻"，却得不到常人都能得到的性爱的欢愉。这个世界为何如此不公正啊！婉容心境如此，但在虚荣心和传统礼教的重压下，却不敢有所表露。

由于腐朽的宫廷生活过早地伤害了溥仪的身体，使他在青少年时代就从生理到心理上厌恶女人。有一次他去大连游览，一群年轻貌美的姑娘跪在海滨旅馆门前静候他的光临。溥仪见后立即将负责安排这次游览的官员召来痛斥了一顿，这些姑娘立即被赶走了。以后凡是溥仪要去的地方，女人事先都得躲开。可想而知，婉容与溥仪的婚姻是毫无幸福可言的。但由于极强的虚荣心作祟，婉容宁可做"挂名妻子"，以保持"皇后"尊贵的身份，也不想与溥仪离婚。托婉容之福当上"皇亲国戚"的她的父亲和兄长也绝不会容许她离开溥仪。

然而，婉容毕竟是位有七情六欲的年近三十的少妇，在自己正当的生理要求长期得不到满足的情况下，便与别人发生了私通。起初，婉容经别有用心的哥哥和佣妇牵线，与溥仪的随侍祁继忠发生了关系。后来祁继忠作为伪满将校后补生，被溥仪送到日本陆军士官学校留学。其后婉容又与溥仪的另一随侍发生了性关系。婉容与人私通之事溥仪长期被蒙在鼓里。1935年，在婉容怀孕即将临产时，溥仪才弄清了真相。

溥仪为此嫉恨无比，为了泄愤，他首先将正在日本留学的祁继忠和仍在宫中的那名随侍借故开除，接着提出与婉容离婚，废掉皇后。作为"太上皇"的日本关东军司令菱刈隆没有批准溥仪的要求。离婚不成，婉容从此陷入悲惨境地。临盆时，婉容双膝跪地，泪流满面地哀求溥仪，希望他能承认即将出生的无辜的婴儿，溥仪坚决不肯，最后允许孩子出世后可送到宫外由婉容之兄雇保姆抚养。

孩子出生后，婉容为了孩子的安全只好咬咬牙叫佣人把孩子抱走了。此后，她按月给哥哥支付抚养费，她做梦都想见到那个美丽、活泼、可爱的小女儿。她万万没想到，"小婉容"出世半小时就结束了幼小的生命并被溥仪让人把她扔到锅炉里烧化了。此事一直瞒着婉容。分娩之后，婉容被溥仪打入冷宫，一举一动受到严格监视，连亲属也不得进见。在一连串不堪忍受的打击之下，婉容的精神彻底崩溃了。她不梳洗，衣冠不整，不剪指甲，指甲长了往肉里弯，很快由一个花容月貌、身材窈窕的"皇后"变成了一个蓬头垢面、骨瘦如柴的令人恐惧的活鬼。对于相随多年身患重病的妻子，溥仪毫无恻隐之心，甚至以赴旅顺"避寒"为名，把婉容甩在宫里不管。冷漠和孤寂之中的婉容，只好整日以烟为伴，烟瘾日重，烟毒日深，处在慢性自杀之中。十年冷宫生活，不仅重创了婉容的精神，也摧残了她的身体。在伪满末年，她的两条腿已不会走路，需别人架着才能挪动，两眼近乎失明，见人要以扇遮脸。尽管婉容已成了这般模样，但日本帝国主义出于政治上的需要，仍在利用"皇后"的身份招摇。如1935年4月溥仪访日，伪满报纸报道说，"皇后"听说"皇帝"已平安到达横滨，十分满意，"皇后"陛下观看了"皇帝"访日拍摄的纪录片如何如何高兴等。这纯粹是扯谎。

1945年8月11日，溥仪按照日本关东军的命令，将"政府"迁往通化临江县大栗子沟。8月15日，日本天皇宣布无条件投降，溥仪亦同时宣布再次"退位"。8月17日，溥仪按照日本侵略者的通知，由通化临江县急忙赶到沈阳，在沈阳机场准备逃往日本时，被苏军逮捕押往苏联。婉容和伪宫内府的其他人，先后由大栗子沟逃到临江，在临江由八路军将其送到通化。婉容这时仍患疯病，有时唠唠叨叨，有时大哭大闹。这时，多亏善良好心的玉琴同情、照顾她，才使她勉强地活下来。不久，长春、通化解放，婉容身边的人被分批送走。因婉容当时病重，无人收留，只好由部队暂管。后部队要行军打仗，带上她实在不便，就只好把她留托于地方照管，后死于敦化，时年四十二岁，死后葬于何处，至今无人得知。这位末代皇后的一生坎坷不幸，她的后期生活及结局也是可怜而悲惨的。

全国解放后溥仪在抚顺战犯管理所经十年改造，于1959年12月被特赦，后到全国政协任文史专员，1962年与李淑贤结婚，1963年11月10日受到周总理等中央领导的亲切接见。1967年10月17日，溥仪因患肾癌去世，其骨灰盒初放北京市八宝山人民骨灰堂。后根据中央指示，于1980年5月29日，在全国政协礼堂为溥仪举行了追悼会，并将骨灰盒移放于八宝山革命公墓第一室。后根据李淑贤等人的意见，并经中央有关领导同意，又将其骨灰盒移葬于河北易县"华龙皇家陵园"，陪葬者有1942年死去的溥仪的"祥贵人"谭玉玲及1997年去世的溥仪夫人李淑贤。